桂學文庫·廣西歷代文獻集成

潘琦 主編

龍啓瑞集

1

廣西師范大學出版社
GUANGXI NORMAL UNIVERSITY PRESS
·桂林·

圖書在版編目（CIP）數據

龍啟瑞集 /（清）龍啟瑞撰. —桂林：廣西師範大學出版社，2012.12

（桂學文庫. 廣西歷代文獻集成 / 潘琦主編）

ISBN 978-7-5495-2736-6

Ⅰ. 龍… Ⅱ. 龍… Ⅲ. 龍啟瑞（1814～1858）－文集 Ⅳ. Z429.52

中國版本圖書館 CIP 數據核字（2012）第 242690 號

廣西師範大學出版社出版發行

（廣西桂林市中華路 22 號　郵政編碼：541001
網址：http://www.bbtpress.com）

出版人：何林夏

全國新華書店經銷

廣西民族印刷包裝集團有限公司印刷

(廣西南寧市高新區高新三路 1 號　郵政編碼：530007)

開本：787 mm ×1 092 mm　1/16

印張：124.75　　字數：1996 千字

2012 年 12 月第 1 版　　2012 年 12 月第 1 次印刷

定價：2400.00 元（全 4 册）

總序

潘琦

21世紀以來，隨著各地社會經濟的快速發展，與之相呼應的地域文化研究蔚然興起，呈現出多種地域文化研究競相迸發、研究成果累累、各種學理學説迭出的生動局面，有力地推動與彰顯著社會主義文化的大繁榮、大發展。廣西桂學研究，即誕生在這一時代大背景下。桂學是廣西最為重要的文化地標之一，它以廣西社會、歷史、文化、思想、藝術、科技、工藝等為研究對象，是具有鮮明廣西地方特色和民族特色的理念和學説的總和。桂學作為『學』，是一種能正確地、合理地呈現廣西客觀社會歷史文化與現實文化的系統知識的學問、學理和學説。

桂學研究無論是在時空上，還是在範圍及內容上，都是一個龐大的、系統的、廣泛的工程。其中，對廣西歷史文化的研究，是桂學研究的首要任務和重要內容。而對歷代形成並留存至今的關涉廣西的文獻遺存進行系統的整理、研究、保護、出版，又是進行歷史文化研究的首要内容，是保證桂學研究能够持續深入推進的學術基礎。為了全面、系統地整理相關文獻資料，廣西桂學研究會成立後，特在内部設置了古籍整理出版委員會，職司廣西歷代文獻的整理出版與保護工作。《桂學文庫·廣西歷代文獻集成》叢書的策劃與啟動，便是這項工作的重要成果之一。

桂學研究會由何林夏、蔣欽揮兩位副會長牽頭，組織專家學者開展了卓有成效的工作，在廣西壯族自治區圖書館、廣西壯族自治區桂林圖書館及廣西師範大學圖書館、廣西師范大學出版社以及有關單位的大力支持與積極協作下，意在蒐集現存的所有廣西古籍的《桂學文庫·廣西歷代文獻集成》將陸續出版，為桂學研究提供源源不斷的堅實史料支持。桂學研究會將在一個較長的時間内，集中力量，籌措資金，全面、系統、整體、有序地推進整理出版工作的持續進行，希望藉助於這種長期務實的工作，為桂學研究向更深、更廣的方向發展，提供翔實、系統、完整、可靠的史料，推進桂學研究各項事業的持續繁榮。

以整理、研究、保護傳統文化為出發點的古籍出版，在一定程度上起著繼承、弘揚地域歷史文化的作用。古籍作為歷史文化的重要載體，其本身即是珍貴的歷史文化遺産，它不僅記載著歷史發展的生動進程，同時也集自然之美與人文之美於一體，書於竹帛的歷史記載、華美辭章是我們瞭解歷史、解讀歷史、研究歷史、承繼民族優秀文化的主要途徑、可靠依據、重要史料。《桂學文庫》的整理出版，更因廣西本身鮮明的地域性、民族性特徵，而具有顯著的多重價值。

一、研究性價值。桂學研究以研究廣西歷史文化為切入點，即首先需要研究廣西文化的産生、源流、特色，探討廣西歷史文化與其他地域或國域歷史文化之間的關係。為此，需要通過廣視角、多層面、全方位的探討，以究明廣西歷史文化發展的脈絡，做到知根知柢。先秦時期，廣西為百越之地，秦統一嶺南後，廣西開始行政建置納入統一國家的版圖，並出現於此後各種史料的文字記載中，經歷代的文化積澱，已經形成了大量的文史文獻資料與考古資料。這些遺存流傳至今，都是廣西地域文化的珍貴財富，更是建立和支撑桂學研究的寶貴財富。我們通過對這些資料進行系統、全面的整理出版，並在此基礎上開展全面的研究與考察工作，將有利於加深對廣西文化的源流、性質、内涵、特徵、地位及影響等的理解，得出符合歷史實際和歷史文化發展規律的結論。同時也能為社會學、民族學、歷史學等領域的研究提供豐富的研究素材，為文化研究的多學科共同繁榮作出積極的貢獻。

二、教育性價值。古籍兼具知識性與情感性學習兩種功能。中華文化歷經千年，其所積澱留存下來的古籍，包羅萬象、博大精深，通過對存世古籍的閲讀，有助於我們加深對古代文化的理解與體驗，掌握古代人文知識、古文知識、古人寫作技巧，領略古文之精彩，增進對地方發展史的瞭解與認識。與此同時，通過對古籍中所記録的重要歷史人物的人生經歷、治學經驗、高尚思想品德和自强不息的成長道路的認知，對於今天提高我們自身的精神境界和文明修養，都會是一種有益的啟迪與教育。

三、開發性價值。古籍作为歷經千年的文化積累，有著豐富、深厚的文化內涵，蘊含著先人的智慧，同時保持著原創性、傳承性、地域性、多樣性的特點。通過對古籍所記載歷史文化等內容的研究，今人可以擷取其精華，作為現代文化藝術創作的藝術源泉與靈感來源、拓展文藝創作題材、開發文化資源、創新文化產業，使先民的文化生命通過古籍的傳遞，重新生發出新的藝術活力與價值。

當然，任何事物都因產生於具體的歷史空間而不可避免地被自身的歷史性所局限，產生於歷史中並留存至今的古籍也是如此。面對種類繁多的古舊典籍，需要我們用批判、借鑒的眼光去加以審視，要本著去粗取精、去偽存真、古為今用的原則，充分發掘其所具有的優秀文化價值。今天，我們重要的任務之一，即是從精神上、思想上接應優良傳統，並通過繼承優良傳統而獲取更多的精神與思想資源。歷史不能複製，它只屬於它具體存在的那個空間和那段時間，但歷史又永遠不會消失，只要人類生命還在繼續，歷史就必然活躍在人們的精神生活裹，並影響著人类文明的繼續向前發展。

我們希望以《桂學文庫·廣西歷代文獻集成》相關整理成果的持續不斷出版，向世人展示廣西優秀的歷史文化資源與人文傳統，能為方興未艾的桂學研究提供充足的資料支持，為桂學研究的向更深更廣推進有所貢獻。希望桂學研究能在繼承吸收廣西優秀的歷史文化遺產的基礎上繼往開來、勇於創新，服務於今天廣西文化的大發展、大繁榮的歷史需要。

出版説明

廣西桂學研究會自2010年成立以來，即將整理出版廣西歷代留存至今的各類文獻列為學會的重要工作内容之一，並成立了專門的出版委員會職司其責，其動議之一，便是協調所有從事及志於研究、整理、保護的單位、個人、專家、學者，共同促成《桂學文庫·廣西歷代文獻集成》的整理出版。

本套叢書的宗旨，是想通過整理出版歷代形成現仍存世的桂人文獻及關涉廣西的文獻遺存，為從事桂學研究的學者提供推進研究所需的翔實、可靠、系統、全面的資料，為桂學能在學者們持續不斷的長期研究中向深廣發展打下堅實的文獻基礎。

面對歷代留存至今種類繁多、卷帙浩繁的廣西文獻，本書在編排上以著者為主綫，通過查考相關資料著録及文獻存藏信息，努力將同一著者存世的全部著作蒐羅淨盡，匯為一書。

在出版形式上，本書採用整理一種、出版一種的方式，以及時向學者提供各类文獻，並希望憑借這種方式聚沙成塔、集腋成裘，最終將關涉廣西的文獻遺存全部展現於桂學研究者面前。

為保持相關文獻的真實性，避免因整理不當而對原文獻造成的誤讀與誤解，本套叢書對納入整理範圍的文獻，採用全文影印的方式出版，旨在為學者的研究提供最本真、最可信的資料形態。

與影印存真相應，我們也組織相關領域的專家學者，為所整理的著作，按照統一的格式撰寫了解題，冠於各書首册。解題的主旨：一則簡述著者生平等信息，使用者可據此對撰著者有一直觀的瞭解；二則簡介歷代目録著録情況並著作的主要内容，以明文獻傳承源流與撰著主要價值所在。

我們希望本套叢書的出版，能為桂學研究的發展繁榮提供充足的文獻支持，為桂學研究向深廣推進貢獻一份心力。桂學研究，首先是對廣西傳統文化與歷史的繼承與吸收，其更重要的意義，則在於在繼承基礎上的開拓創新，推進今天廣西文化的繼續發展，如果本叢書的整理出版能够起到其應有的作用，我們將深感與有榮焉。

解題

《龍啟瑞集》收清龍啟瑞著作九種：《經德堂文集》六卷，《經德堂文別集》二卷，《南槎吟草》一卷，《浣月山房詩集》五卷，《漢南春柳詞鈔》一卷附《梅神吟館詩詞》一卷，《經籍舉要》一卷，《爾雅經注集證》三卷，《古韻通説》二十卷，《字學舉隅》一卷，分編為四册。

龍啟瑞（1814—1858），字翰臣，一字輯五，清廣西臨桂人。父龍光甸，嘉慶二十四年（1819）舉人，歷任武陵知縣、台州同知，以廉潔幹練聞名。龍啟瑞，道光十四年（1834）舉人，二十一年（1841）第一甲第一名進士，即辛丑科狀元，初授翰林院修撰，二十三年（1843）任順天府鄉試同考官，二十四年（1844）充廣東甲辰科鄉試副考官。二十七年（1847）『大考翰詹二等七名』，陞用侍講，七月簡湖北學政，其間著《經籍舉要》。三十年（1850）丁父憂回籍。咸豐元年（1851）太平天國運動興起，廣西巡撫鄒鳴鶴奏辦廣西團練，以龍啟瑞總其事。二年（1852）太平軍圍攻廣西省城桂林，七月桂林之圍得解，龍啟瑞因守城有功，議功陞侍講學士，賞戴花翎。五年（1855）回京，六年（1856）四月陞通政司副使，十一月提督江西學政。七年（1857）三月遷江西布政使，遇蝗災，教民驅捕以治。八年（1858）九月，憂勞成疾，卒於任上，卒時家無餘財，其側室何慧生於其卒後，尋則投繯自盡以殉夫。龍啟瑞生前著作多種，或已刊行，或存手稿，其子龍繼棟於其卒後，整理刊行。龍啟瑞生平事具《清史列傳》二百六十七《儒林三》及《清史稿》。

龍啟瑞自幼苦讀，涉獵面廣，於古文、音韻之外，亦工詩詞。龍啟瑞少從呂璜遊，從其學古文，後隨姚鼐弟子梅曾亮習古文義法，步趨桐城派後塵，不遺餘力，為桐城派後期中心人物之一，與呂璜、朱琦、王拯、彭昱堯並稱『粵西古文五大家』。龍啟瑞古文立論師承桐城諸派前輩，亦有獨立見解，認為時人獨尊歸有光、方苞，『束縛天下後世之人趨於隘』，主張活用古文義法，以救時弊。龍啟瑞的古文著作多保存在《經德堂文集》中。古文之外，龍啟瑞於音韻學亦頗有造詣，博取漢代以降音韻學各家之長，著《古韻通説》二十卷，成一家之言，其『通韻』之説，考據精審，在『本音』、『轉音』等方面頗有見解。古文、音韻之外，龍啟瑞亦工詩詞，其詩以古體見長而宗蘇、黄，其詞則奇婉綿邈，頗為時人所重，況周頤在《粤西詞見》中將他與王拯、蘇汝謙並稱為清代廣西『三大中興詞人』。龍啟瑞的詩詞多保存在《南槎吟草》、《浣月山房詩集》及《漢南春柳詞鈔》中。

《經德堂文集》六卷：《内集》四卷，《外集》二卷，光緒四年(1878)六月龍繼棟京師刊本。左右雙邊，半葉十一行，行二十八字，雙行小字同。上下粗黑口，單黑魚尾，版心鐫書名卷次及葉碼，無本版大小字字數，無書耳。框高一九八毫米，寬一三八毫米。内封篆字題『經德堂文/内集四卷/外集二卷』，牌記鐫『光緒四年六/月刊於京師』。卷首冠《經德堂文集目録》，正文首卷卷端題『經德堂文集卷一/内集』，署『臨桂 龍啟瑞 翰臣』，版心鐫書名卷次及葉碼。綫裝，一函三册，開本高二七〇毫米，寬一五七毫米。

經德堂為龍啟瑞、龍繼棟父子共用室名。龍繼棟(1845—1900),原名維棟,字松岑,一字松琴,號槐廬、吉庵,龍啟瑞子,曾任《古今圖書集成》校讎。龍繼棟「博涉群籍,喜馳騁文詞,通小學,工篆隸」,同治元年(1862)舉人,十年(1871)官户部額外主事。光緒九年(1883),户部尚書閻敬銘、御史洪良品等上書查辦雲南軍需報銷案,雲南司主事孫家穆、太常寺卿周瑞清等人被革職查辦,時户部主事龍繼棟亦牽連其中,被革職下獄,後發放軍臺效力贖罪。三年後其父執李使相「資君千金繳臺費」,得釋,「回主萬全縣講院,課諸生有義法,四方多故」。十七年(1891)重刊《古今圖書集成》,兵部尚書孫毓汶委其校讎。二十年(1894),官復原職。二十五年(1895)辭官,旋主講江寧尊經書院,光緒二十六年正月卒,年五十六。著有《槐廬詩學》、《槐廬詞學》、《古今圖書集成考證》二十四卷、《十三經廿四史地名韻編今釋》,纂修《光緒鹽城縣誌》十七卷,生平事具繆荃孫撰《前户部候補主事龍君(繼棟)墓誌銘》。

《經德堂文集》六卷：卷一至卷四為《内集》，卷一收論二十七首，卷二收序十七首、贈序八首、書後八首，卷三收雜記十六首、書十三首，卷四收傳狀六首、碑誌八首、祭文一首；卷五至卷六為《外集》，卷五收論三首、序跋七首、壽序一首、書十七首，卷六收書十二首、雜著一首、祭文二首、駢體文七首。錢基博評曰：『大抵論學不廢考據，而不甚重考據；論文不廢義法，而不專重義法，皆承桐城家之緒論。』

《經德堂文別集》二卷，光緒四年龍繼棟京師刻本。版式同《經德堂文集》。内封題『經德堂文/別集二卷』，牌記鐫『光緒戊寅/臘尾栞成』。正文首卷卷端題『經德堂文別集上』，次行署『臨桂 龍啟瑞翰臣』。綫裝，一函一册，開本高二七三毫米，寬一六〇毫米。

《經德堂文別集上》收書檄二十二首，附注云『自此至下篇《經籍舉要後序》皆視學湖北時作』，計有《到任告示》、《隨棚告示》、《責成派保示》、《嚴禁夾帶示》、《嚴禁匿喪示》、《嚴禁匿名揭帖示》、《復試告示》、《復試臨場示諭》、《曉諭生童講求音韻示》、《勸諭鄖陽府生員入省讀書示》、《牌示》、《勉勵不得選拔諸生示諭》、《月課書院示》、《曉諭書院生童示》、《與書院諸生論文諭帖》、《考古牌示》、《生員考古草率牌示》、《補取經古童生牌示》、《扣除考古荒謬童生不准入正場牌示》、《責成廩保牌示》、《獎勵舉發槍冒及懲戒認保槍冒之廩生牌示》、《嚴飭認保槍冒之廩生斥革究辦牌示》。

《經德堂文別集下》收書檄十八首，計有《諭生童來郡應試各宜安靜牌示》、《扣除不另補牌示》、《嚴禁武童技勇夾帶示》、《馬步箭不入格不必考試技勇牌示》、《武童技勇牌示》、《嚴飭新進武童復試玩延牌示》、《發還月課卷札》、《頒發五經詩題經解札諭》、《嚴飭鬧糧阻考札》、《幕友條約》、《致家中親友書》、《約束家人手諭》、《留任告示》、《附取士條規》、《督行季課札》、《經籍舉要後序》、《勸諭通省團練文》、《致各府紳士書》。《經德堂文別集》所收書檄，對於考察有清一代科舉制度及龍啟瑞思想，具有重要價值。

《南槎吟草》一卷，道光二十四年(1844)粤東西湖街效文堂刻本。半葉八行，行二十二字，四周雙邊，白口，單黑魚尾，版心鎸書名及葉碼。内封題『南槎唫草』，卷首冠《序》，末署『道光二十有四年十月齊年生思堂王銘鼎謹序』；次《題辭》，貴州王銘鼎、石埭沈衍慶、番禺張維屏、番禺梁信芳、番禺陳其錕、南海譚瑩、香山鮑俊、番禺梁國瑚等人撰；次《跋》，末署『乙巳冬十月受業南海譚瑩頓首謹跋』。正文首卷卷端題『南槎吟草』，署『臨桂龍啟瑞輯五』。卷末葉末行下端雙行小字鎸『省城西湖街/效文堂刊刷』。綫裝，一函一册。

《南槎吟草》將龍啟瑞早年所作律詩、絶句裒為一集，計有《出都門作》、《過河間獻王墓》、《沙堤行》、《道旁見田家二首》、《東阿道中》、《固鎮題何氏别墅》、《渡淮》、《廬州》、《新晴行山澗作》、《晚宿店埠》、《大峽關》、《桐城》、《黄梅江漲以舟濟五十里阻風不得行榜人進香稻白魚甚美詩以紀之》、《題潯陽館驛》、《過廬山遊東林寺》、《石耳峰》、《曉發》、《偶作》、《東軒》、《明珠篇》、《發萬安行山溪作》、《道中雜詩》二首、《曉行即景》、《大庾嶺謁張曲江祠》、《南雄江上》、《夜泛》、《觀音巖》、《舟夜寄懷》、《峽山寺》、《歸猿洞》、《三水縣》、《三十六江樓》、《花田》、《闈中即事八首》、《瀕行諸生餞於花埭賦此誌别》三首、《七絶四首寄張南山先生》、《舟中雜詠》六首、《中宿峽》、《補遊水月觀》、《秋懷四首》、《喜遇王恭三同年至韶關又言别賦此以贈》、《晚望》二首、《十八灘》、《泰和大令沈槐卿同年衍慶泛舟相送至廬陵賦此以贈》二首、《滕王閣》、《過黄梅紀所見作》、《追憶蘇君》、《大雪憶庾嶺梅花》等凡七十三首。龍啟瑞詩作題材較廣，尤以題贈式的乘興詩和懷古式的感賦詩較多，符葆森《國朝正雅集·寄心盦詩話》評曰：『余初讀龍翰臣學使《南槎吟草》，奇才妙筆，狀難狀之景，達難達之情，一以真意剴切寫之。嗣讀其全稿，有雄渾者，有婉麗者，莫名一格，尤在寄旨遥深，詩外有事，關心民物，得古採風之遺。非僅以賡酬雅韻也。』

《浣月山房詩集》五卷：《内集》三卷，《别集》一卷，《外集》一卷，光緒四年龍繼棟京師刻本，版式同《經德堂文集》。卷首冠《浣月山房詩集目録》。正文首卷卷端題『浣月山房詩集卷一／内集』，次行署『臨桂 龍啟瑞 翰臣』。綫裝，一函二册，開本高二七一毫米，寬一六〇毫米。

全書按年編排，收龍啟瑞律詩、絶句等凡五百四十首。卷一《内集》收辛丑二十四首，壬寅三十一首，癸卯七首，甲辰五十九首，乙巳十五首；卷二《内集》收丙午十七首，丁未二十四首，戊申三十六首，己酉十六首，辛亥三首，壬子十四首；卷三《内集》收癸丑二十七首，甲寅十四首，乙卯四十首，丙辰二十九首；卷四《别集》收癸巳七首，甲午十五首，乙未七首，丙申十五首，丁酉二十九首，戊戌十八首，己亥七首；卷五《外集》收癸巳一首，甲午三首，乙未四首，丙申八首，丁酉十二首，戊戌一首，己亥八首，辛丑八首，壬寅二十首，甲辰十二首，乙巳五首，丙午三首，丁未一首。龍啟瑞為詩雄深蒼遠，長於刻畫山水景物，工於用典，巧於比興，善用白描，風格奇麗，詞風清秀，饒有畫意。

《漢南春柳詞鈔》一卷，清龍啟瑞撰，附《梅神吟館詩詞》一卷，清何慧生撰，光緒四年龍繼棟京師刻本。綫裝，一函一册，開本高二七〇毫米，寬一五九毫米。

《漢南春柳詞鈔》一卷，半葉十一行，行二十八字，左右雙邊，上下粗黑口，單黑魚尾，版心鐫書名及葉碼，無本版大小字字數，無書耳。框高一九二毫米，寬一三七毫米。封面題簽題『漢南春柳詞鈔/梅神吟館詩草合一册』，卷首冠《漢南春柳詞鈔目録》。正文首卷卷端題『漢南春柳詞鈔』，次行署『臨桂 龍啟瑞 翰臣』。卷末有《跋》，末署『光緒五年己卯(1879)正月男繼棟恭識』。

《漢南春柳詞鈔》收詞凡一百一十二首，計有《臨江仙》、《水龍吟·重陽》、《湘春夜月·秋燕》、《蝶戀花·秋海棠》、《綺羅香·燈》、《如夢令》、《滿庭芳》、《賀新郎·送春》、《探春慢·時辰表》、《永遇樂·為江夏陳子宣題相鶴圖小照》、《江城子》、《洞仙歌》、《滿庭芳·秋後移植桂花作》、《暗香》、《瑣窗寒·書中乾蝴蝶》、《踏莎行》、《醜奴兒慢·不倒翁》、《綺羅香·燈花》、《高陽臺》、《滿江紅》、《百字令》、《春從天上來》、《水龍吟》、《慶清朝》、《緑意》、《綺羅香·冷布》、《好事近·舟次寫懷用朱希真漁父詞韻五首》、《浣溪沙·

贈王少鶴比部荔浦軍中》二調、《丁香結》、《浣溪沙》九調、《菩薩蠻》、《采桑子》、《憶蘿月》、《攤破浣溪沙》、《望江南雙調》、《南鄉子》二調、《淒涼調》、《摸魚兒》、《解珮環》、《沁園春·效俳體》、《如夢令》、《醉太平》、《憶少年·約漢武秋風辭意》、《醉蓬萊·題畫麻姑》、《武陵春》、《念奴嬌》、《探芳信》、《江城子》、《瑤花慢·河東看桃》、《江南好》八調、《高陽臺》三調、《浣溪沙》二調、《瑣窗寒·贈内》、《減字木蘭花》、《浣溪沙》、《摸魚子·瀟湘舟次寄内》、《南鄉子》、《齊天樂》、《夜行船》、《憶舊遊》四調、《攤破浣溪沙》二調、《解連環》、《浣溪沙》二調、《陌上花》、《蝶戀花》、《念奴嬌·登襄陽城望隆中懷古》、《玉漏遲·立秋》、《瑞鶴山·七夕》、《卜算子》、《阮郎歸》、《陌上花·野菊》、《臨江仙》、《高陽臺·七夕立秋》。

陳乃乾贊龍啟瑞詞云：『近代以經師工填詞者，以啟瑞為著。』據卷末龍繼棟光緒五年《跋》云，此書於龍啟瑞生前即已成書，未及刊刻而龍啟瑞卒，原存手稿精寫本一册，龍繼棟携至京師，同治十年(1871)寄曾國藩為序，無果，此本亦未歸還。後龍繼棟據家藏抄本副册讎校，而成此書。

《梅神吟館詩詞》一卷：梅神吟館詩草，梅神吟館詞草，清何慧生撰，版式同《漢南春柳詞鈔》。内封篆字題『某神唫館集』，牌記鐫『光緒四年臘/月栞於京師』。卷首冠《序》二則，首則末署『咸豐六年十月瑞安孫衣言序』，次則末署『年侍生平湖張金鏞簒』；次《題詞》，灌陽蔣達、全州蔣琦淯、仁和邵懿辰、海寧何國琛等人撰。正文首卷卷端題『梅神吟館詩草』，署『善化何慧生蓮因』；次『梅神吟館詞草』。卷末《梅神吟館集跋》，末署『光緒己卯春正月既望長男繼棟謹識』。

何慧生（？—1858），字蓮因，湖南善化人。咸豐三年（1853）龍啟瑞原配去世，遂嫁為龍啟瑞繼室，工詩詞，善書畫。徐世昌《晚晴簃詩話》云：『蓮因於咸豐癸丑歸翰臣方伯，甫五載，翰臣卒，投繯以殉。邵半巖有題其《梅神吟館集》云：「三湘秀色入房帷，八桂才名動主知。金殿臚句原首唱，彩毫同夢忽雙枝。不勞點竄修眉筆，無限翻新詠絮詞。便恐紅窗希覓句，年年文葆得佳兒。」蓋初歸龍氏時也。』

《梅神吟館詩草》存何慧生作律詩、絶句凡五十六首，計有《將進酒》、《君馬黄》、《王孫遊》、《烏夜啼》、《春閨雜詠三首》、《長江秋夜》、《擣衣》、《沁香亭》、《野望》、《清明後郊行》、《秋夜》、《秋懷二首》、《江行二首》、《懷二姊》、《對酒》、《春日閒居》、《遊白龍洞》、《擬古》、《思婦歎》、《感事四首》、《悼亡姊》、《過亡姊所居》、《聞人述桂平近事》、《放言四首》、《桃花》、《寒夜吟》、《擬古二首》、《古意》、《長相思》、《閒坐》、《山行》、《二姊寄贈冬衣賦此報謝》、《感時》、《棄婦詞》、《秋閨怨》、《題鄭小谷先生靈鬼香匳集》、《又截句六首》、《朱伯韓先生見示先世遺墨敬題其後》、《贈外》、《衡陽旅次寄外桂林》；《梅神吟館詞草》存何慧生所填詞四首，計有《人月圓·寄外》、《浪淘沙·思親》、《浪淘沙·寄外》、《浣溪沙·七夕》。

何慧生歿后凡二十年，其詩詞方因龍繼棟用心搜求、保存而得刊刻。何慧生所作詞多慷慨悲歌之什，尤以七言絶句《放言》為著，論者謂其有『磨盾横槊，拔刀殺敵之概』，孫衣言評其詩詞云『固亦未離乎婦人女子之詞，而頗能劘切時事，發明義理，異於所謂相炫以文辭者』。

《經籍舉要》，光緒十九年（1893）袁昶中江講院增訂本。半葉十一行，行二十八字，雙行小字同。左右雙邊，上下粗黑口，單黑魚尾，版心鎸書名及葉碼，無本版大小字字數，無書耳。框高一八九毫米，寬一三三毫米。内封篆字題『經籍舉要』，牌記鎸『光緒癸巳仲冬重/栞於中江講院』。正文首卷卷端題『經籍舉要』，附《附録吴晴舫學使告示六條》、《跋經籍舉要》、《家塾課程》、《寫日記簿之式》、《中江講院添設季課示》、《尊經閣募捐藏書章程》、《中江講院建立經誼治事兩齋章程》等。《經籍舉要》卷末附跋語，末署『道光二十七年（1847）十一月日提督湖北學政升用侍講翰林院修撰臨桂龍起瑞識』。綫裝，一函一册，開本高二四九毫米，寬一五四毫米。

道光二十七年七月，龍啟瑞出任湖北學政，著手著《經籍舉要》。道光二十八年（1848）《經籍舉要》書成，刻成後『板置江漢書院』。光緒七年（1881年），《經籍舉要》重刊，袁昶《跋經籍舉要》云：

『此本久燬，予游海王村偶得之……先生之冢子松岑計部假以重瑚，予乞刷印百本以遺邑子。』光緒七年本較道光二十八年本多書名一頁，内封篆字題《經籍舉要》，牌記鐫『光緒七年二月重刊于京師』；正文首卷首行上端題『經籍舉要』，下端題『經德堂』，而道光二十八年本無此三字。光緒七年本删去了道光二十八年原有的《孔子家語》、《孔叢子》、《惜抱軒十種》，加入了原本没有的《晏子春秋》，還對原本中先秦諸子的順序作了調整。總體上説，光緒七年本為龍啟瑞長子龍松岑經德堂家刻本，對原本改動不大。

光緒十九年(1893)袁昶於中江書院重刻《經籍舉要》，在道光二十八年本的基礎上作了較多改動：新增書名一頁；將原書提要與附注分開，附注用小字，提要用大字；在原書基礎之上新增書名與附注，新增書名下均附『增』字，共百餘種，新增附注則與原本附注混淆在一起，難以區分。

《經籍舉要》著録圖書，或於書名之下作附注，或於其下附提要，簡要介紹圖書的作者、版本、内容、分類等，以便讀者更好地瞭解、尋求與利用圖書。《經籍舉要》於經、史、子、集四部之外，新設約束身心之書、擴充學識之書、博通經濟之書、文字音韻之書、詩古文詞之書、場屋應試之書等類。新增類目都有很强的針對性：為提高學子修養，推薦約束身心之書凡十一種；為了寬學子知識面，特設『擴充學識』一類，推薦《四庫全書總目》、《困學紀聞》、《日知録》、《十駕齋養新録》等書凡七種。龍啟瑞的《經籍舉要》雖有時代局限，仍不失為一部成功的推薦書目，作為第一部推薦書目，為以後推薦書目的蓬勃發展奠定了堅實基礎。

《爾雅經注集證》三卷，光緒四年龍繼棟京師刻本。半葉十一行，行二十八字，雙行小字同。左右雙邊，上下粗黑口，單黑魚尾，版心鐫書名卷次及葉碼，無本版大小字字數，無書耳。框高一九八毫米，寬一三八毫米。卷首冠《爾雅經注集證序》，末署『道光二十八年十二月臨桂龍啟瑞序』；次《爾雅經注集證引用書目》。正文首卷卷端題『爾雅經注卷上集證』，署『臨桂龍啟瑞 男繼棟恭校刊』。綫裝，一函一册，開本高二七〇毫米，寬一五七毫米。

《爾雅經注集證》凡七十五條，《爾雅》十九篇中除《釋樂》篇外，均有集證。龍啟瑞備引盧文弨、阮元、錢大昕、段玉裁、邵晉涵、郝懿行、臧鏞、武億等諸家之説，『折衷數子，博采群言，於發疑正讀之間務求講明，至是諸説不同者則擇取其至善』，采擇群言，以資考證，於諸家之説後或下按語，或申釋其説，但求簡便以為家塾便讀之書，不求閎深，『凡所易知及無關小學者皆不復録，以學者探抉閎深，自有諸家之全書，在此特為家塾便讀之本，故無取其繁焉』。

《古韻通説》二十卷，同治六年（1867）粤東省城西湖街富文齋刻本。内封題『古韻通／説廿卷』，牌記鎸『同治六年／十月刊成』。卷首冠《古韻通説序》，末署『同治五年丙寅冬十一月馬平王拯序』；次《古韻通説總論》。正文首卷卷端題『古韻通説』。卷末附《古韻通説原跋》，末署『咸豐五年歲在柡蒙單閼暮春之初通家晚生馮譽驥謹識』；次《古韻通説跋》二則，首則末署『同治六年丁卯小春上瀚受業孔廣鏞謹識』，次則末署『同治丁卯重陽令節受業南海譚瑩玉生』；次《古韻通說略例》；次《古韻通説題辭》，末鎸『粤東省城西湖街／富文齋承接刊印』。

卷首《古韻通説總論》，就古書音韻問題，分別作專門論述，主要内容為：《論古韻寬嚴得失》、《論平上去入四聲不可缺一及論古韻有某部闕某聲之誤》、《論部分標目》、《論方音合韻轉聲》、《論詩以雙聲為韻説文以雙聲為聲》、《論入聲四則》。

《清史列傳》卷二百六十七《儒林三》評龍啟瑞撰《古韻通説》云：『啟瑞切劘經義，尤講求音韻之學，貫穿於顧、江、段、王、張、劉、江諸家之書，而著《古韻通説》二十卷，以為論古韻者自顧氏以前失之疏，自段氏以後過於密，江氏酌中，亦未為盡善。陽湖張氏分二十一部，言凡言古韻者分之不嫌密、合之不嫌廣，惟分之密、其合之也脈絡分明，不至因一字而疑各韻可通，亦不至因各韻而疑一字之不可通。啟瑞服膺是言，故其集古韻也意主於嚴，而其為通説也則較之顧氏而尚覺其寬，不拘成説，不執私見，參之古書以求其是而已。其論本音、論通韻、論轉音皆確有據依，而以論通説總之，故以名其全書焉。』

《字學舉隅》一卷，清龍光甸、龍啟瑞、黄本驥輯，翰林院增輯為《翰苑初編字學匯海》，光緒十二年(1886)京都琉璃廠秀文齋藏板。

《翰苑初編字學匯海》，半葉八行，行十五字，雙行小字行三十字。白口，左右雙邊，單黑魚尾，版心中鐫書名卷次葉碼，版心下端鐫書寫者名氏。框高一九三毫米，寬一三九毫米。封面題『翰苑初編字學匯海/潘祖蔭/署一册』，内封鐫『光緒十二年春開雕/字學匯海/京都琉璃廠秀文齋藏板』。卷首冠《序》，末署『光緒丙戌新正上元蔭軒徐桐識於都門寓齋』；次《原序》，末署『道光十八年歲在戊戌長至前三日知湖南黔陽縣事臨桂龍光甸識』。綫裝，一函四册，開本高二六八毫米，寬一五六毫米。

黄本驥（1778—1853），字仲良，號虎癡，湖南寧鄉人。少孤，與兄本騏互相師友，砥學礪行，自幼嗜學，淹通經史，尤癡愛金石，有癡名，名著湖湘間。道光元年（1821）舉人，官黔陽縣教諭。黄本驥生平好編訂古籍，著有《聖域述聞》二十八卷、《歷代職官表》六卷、《皇朝經籍志》六卷、《郡縣分韻考》十卷、《三志合編》七卷、《避諱録》五卷、《詩韻檢字》一卷、《三長物齋文略》六卷等，《清史列傳》卷七十三《文苑四》有傳。

《翰苑初編字學滙海》四卷：卷一《字學舉隅》，首《增訂韻辨摘要》，次《正訛》；卷二《字學便覽》，首《辨似》，次《增訂校正沿誤》，次《附摘誤》；卷三《字學舉隅續編》，首《字學舉隅續編》，次《音義異同》，次《諸字誤讀》，次《續正訛》；卷四首《敬避字樣》，次《抬頭字樣》，次《對策條例款式》、次《磨勘條例摘要》，次《朝考殿試規矩》。

據卷首龍光甸序云，此書為龍光甸、龍啟瑞父子等據陸費墀《四庫全書辨正通俗文字》增輯而成，朱琦評其『是編斟酌古今，芟繁挈要，且其意在舉隅，亦猶干禄字書之以規矩準繩示人』。全書分三部分：首《辨似》，次《正譌》，次《摘誤》。《辨似》部分對形體相似、容易混淆的漢字加以辨析，其中有二字相似、三字相似、四字相似、五字相似、偏旁相似等五類；《正譌》部分則說明文字的正體和俗體，『凡正體之字大書，俗字旁注』，體例清晰，一目瞭然；《摘誤》部分則說明了文字用法的衍變。

據同治十年孟春琉璃廠懿文齋刻本《字學舉隅》卷末龍啟瑞《跋》云，此書為龍啟瑞、黃本驥編輯，書成後，初刻於長沙，再刻於京師，後張仲眉又校正重刻於南靖官舍，龍啟瑞以此三本『互證而詳校之，增其舊之所闕，而易其未安』，四刻於京師，後數經翻刻、重刻。

《續修四庫全書總目提要·經部·小學類》於《字學匯海》條下云：『蓋清代典試士子，以文字點畫為先，點畫所差，以韻為的。至若抬頭避諱等字，所關尤巨，偶涉差誤，即遭擯棄，此士子所以日夕孳孳，口維心誦而不敢忘也。自《辨正通俗》、《字學舉隅》諸書出，而翰苑之士，奉為楷模。至若《臨文便覽》、《字學藏本》，復詳考訂，規矩謹嚴，辨正承用，罔敢或越。』故《字學舉隅》在京師刻成不久，即於同治年間為翰林院重刻。今可見較早之翰林院重刻《字學舉隅》，為同治十年琉璃廠懿文齋刊本，封面題簽附注云『同治辛未孟春新鐫』。同治十年刻本《字學舉隅》在内容上對原書未作增删，而在形式上則有一個變化，即請馮承熙、余聯沅、李士彬、楊頤、朱以增、賀爾昌、崇綺、邊寶泉、張人駿、楊慶麟等十幾位翰林分别書寫，在每葉的版心下端鎸繕寫者姓名。

《字學舉隅》在防止使用錯别字、正確使用語言文字上有較為重要的作用，『足為士林楷模』，對參加科舉考試的士子尤為重要，故書成後，翰林院於光緒九年(1883)重編《字學舉隅》，『皆求翰苑工書者詳加考正，分繕成篇，更匯其通，汰其濫，擇其要，正其訛，增其所未詳，補其所不及，兼旁注小目，以便翻閲。其楷法工整，尤足為士觀摩焉。而《敬避》、《抬頭》、《殿試規程》諸端，雖非字學，然亦士子應試者所應知也』，故於原書之後附《字學舉隅續編》、《敬避字樣》、《抬頭字樣》、《對策條例款式》、《磨勘條例摘要》、《朝考殿試規矩》等篇，裒為一書，名曰《翰苑初編字學匯海》，以便士子應考。故本書選用《翰苑初編字學匯海》本《字學舉隅》，以窺清代科舉考試用字之規範，藝林風尚之所趨，文字辨析之所在。

需要説明的是，本書在整理中為便於讀者使用閲讀，對原書無文字内容的白頁作了統一刪除，其他未做改動。此外，由於古籍刊印過程中印製條件的限制，以及後世保存中的一些客觀原因，部分底本文字偶有漫漶，在現代技術允許的條件下作了一些處理，其他則一仍其舊。

馬豔超

目録

經德堂文集

經德堂文
內集四卷
外集二卷

光緒四年六月刊於京師

癸酉冬十月朔日據唐氏十萬卷樓抄本朱王兩先生評語加批

經德堂文集目錄

卷一內集

卷二丙集

經德堂文集卷一

內集　　臨桂　龍啟瑞　翰臣

論二十七首

論知人

凡所謂知人之難者失於闇者十之七失於矜者十有三闇者貿然於心不肖者幸其然而君子轉可無憾以彼固未嘗知有我也惟自恃有知人之鑒者求之太急而出之甚易求之太急則情僞不能周知出之甚易則勢有所不暇擇夫是故小人可摹擬以求合而君子或恥介於形迹之間以求進世固有惡衣菲食而見爲廉柔聲下氣而見爲恭繩趨軌步而見爲慎聖人亦知夫廉恭慎之理之不盡乎是也而不得不求之於是者我操乎其常而待人之應乎其變耳如必惡衣菲食之爲廉則籃縷之夫得

之矣必柔聲下氣之爲恭則便辟之子昌之矣必繩趨軌步之爲愼則選懦之人託之矣且其蔽不止此又將舉天下而惟吾意之從儻旣乎其實而其迹不如是者反以爲與吾忤而擯之是猶求美玉而所寶者燕石也甚矣人之好僞也觀其外不察其內循乎其名不求其所安惟異於衆之爲賢惟類於己之可貴迨其人不效則曰我固操常理以求之安知彼之以僞嘗我也卽我固不能無失而因此可以招致賢士吁受人之僞而樂之則必誤天下之事而亦安之人見夫僞者受之以進而僨事又不當以重罰也則亦何樂乎日爲其眞者而以自苦哉然則知人之法如之何曰無徇其迹無蔽於私凡人之迎吾意而來者皆詳察之使不得遁則吾之眞聰明出矣而又於其與吾立異者時察其賢也而進之庶幾吾之所守者不失其常而取人之道亦不鄰於隘乎

論取人

漁者施網罟於江湖將以得魚也而所以得魚者不係乎網罟也獵者張罝罦於藪澤將以獲禽也而所以獲禽者不係乎罝罦也耕者庤錢鎛於泥塗將以得穀也而所以得穀者不係乎錢鎛也今使祛網罟而責澤人以漁屏罝罦而責山人以獸捐錢鎛而責農人之稼穡雖至愚知其不可也然遂恃此三者以爲盡乎得之能事則悖矣惜乎世之用人者挾可以得之之具而其用意乃出於山澤田野之人下也天下之人材衆矣吾多其途以求之雖有至賾莫能舍吾法而遁焉而又爲之寬其格以幾乎得半之道則人之不入吾彀者寡矣而其究也求之者冥然應之者熒然上與下嘗抱夫兩不相遇之憂而求合乎渺不可知之數幸而遇之如飛蓬之相逆於太空迴波之相値於大澤耳否則衣褐食藿以老死於田間者

蓋不可勝數矣此非任法而無精意行乎其間者下亦以名迹相應上失其權而無所恃故耶或曰今之人不古若矣復言揚行舉之制則慮其詐僞相蒙也復中正九品之條則慮其愛憎失實也復搜訪巖谷之例則慮其虛聲純盜也用人者萬不獲已姑從而試之聲律對偶以覘其博考之經藝帖括以驗其專進之論說策略以觀其辯而又爲之糊名易書嚴禁請謁舉天下之所以防弊者於取人之道十居七八而士之躬行仁義堯言舜趨者亦往往而出矣今夫士之數與農工商賈相爲乘除者也而爲士者得與於科目與不得與者又相爲對待者也天下雖衰未嘗無士士雖陋未嘗無科目則進而與於是選者一如天道之有寒暑往來地道之有山澤高下人道之有貧富壽夭羣聽夫一定不移與萬有不齊之數而莫克操乎理之所必然人見夫士所常習之術與所以得之之道如是其

甚常而無足異也則其待士也必輕人輕而士之自待也亦不得重斯卽聚市人而拔其儔執塗人而授之官其忠信之質明察之用且將掩士人而出其右所不能者特文字聲韻儀文周旋之末耳夫能文字聲韻儀文周旋者既未足以爲治而爲治者或並此而不工則與向所謂市人塗人者何異焉而猶曰豪傑不世出之才往往出於其閒者則以後世取人之塗太隘而其格又太寬隘則不能不由寬則嘗試爲之而卽效此非科目能致豪傑之士而豪傑之士或有時而出於科目耳夫先王之道不恃夫人之自然而然而恃吾有以致之不恃夫天與人之適相值者而恃吾之用人有可以維持乎天道今三代之法既不可用魏晉之制亦長僞而不可行則由有唐以至於今後王之經久常行而爲是必不獲已者亦曰立制貴於因時而利不十不變法耳夫聖人之所貴乎餼羊者謂其羊存而

與子睟論科目相表裏而謂不恃吾法而默以上之好惡其義最精 伯韓

禮可復也如不求一日之復乎禮而兢兢以一羊相從事則天下將必指
羊以爲禮而其究廢禮而用羊後世人才之得失何以異此爲今計者科
目既不可廢則莫若嚴其選以存其眞使天下之人怵然於仕之不可倖
而稍稍爲之破除成格以待奇杰之士又於其紛煩靡密交而不慙者歸
之適時致用而無取其華焉則人皆知吾所以用法之意而不惟徒法之
是倘夫爲上之好惡所以示一時之趣向而成一代之風俗者也况乎取
舍人材之大者哉未嘗以精意屬之而徒恃吾法吾恐巨魚奇獸之卒遁
乎山林湖海而蕪穢之旁良苗亦將不植已

論用人

凡今之治其家者婦主中饋子弟治生業妾御紡績僮奴課耕饁而其家
事治使有一人之易其業焉弗得也其於身也亦然耳目司視聽故物無

不應也口司飲食故味無弗別也手能運故重可舉足能步故遠可致使有一官一骸之易其用焉亦弗能也任天下猶任一身也任天下之人猶任一家之人也然而有不能者中失其權而外有所蔽也人之行能相越也非特知愚賢不肖之別也卽知之與知賢之與賢而其所受有不同者焉小知之與大知小賢之與大賢而其所處又有宜不宜者焉聖王之治無他因天下之材以治天下之事各得其平而我無容心焉耳禹能熙帝之績者也使宅百揆棄善稼穡者也使主后稷契明禮讓者也使敎百姓皋陶善刑使作士伯益善禮使作秩宗夫五臣者皆聖人無不能也而舜獨分職以命之者人各有專長故也如舍其長而用之則五臣不能致唐虞之治況其下焉者乎且從古之天下固未嘗一日無才也今以甲所能辦之事而使乙治之是乙違其用而甲無以自致也不得已而又以丙之

地處甲則士之違其用者多矣逮所事不辨必盡舉一切之人而易置之夫然後才與不才雜進而才者或反為不才者之所誤於是天下始有乏才之患夫人主之經營天下猶匠者之作室也大者為楹次者為梁又其次者為櫨楹與楹相齊而後得其平梁與梁相準而後得其正櫨與櫨相比而後得其均如以奔走之才而據乎公孤之位是楹之未得其平也以坐鎮之流而責以艱難之任是梁之未得其正也以諫諍之儔而置之牧養之地是櫨之未得其均也此不待風雨漂搖而已有岌岌不終日之勢矣聖人知天下之不易人而治也所以取之者甚寬辨之者甚嚴使其人之分寸長短一寓於目而皆有不容誣之量故上之責望者未嘗過而下之報稱者未嘗難也伊呂周召不擇地而生者也苟處之得其位用之盡其材則今之人有能為伊呂周召者矣共工驩兜亦不擇時而有者也苟

抑之使無其階阻之使無其勢雖有共工驩兜亦將無由自見矣若夫中材之士既得所位置而自奮於功名之路則天下之人材庸可旣乎故夫治天下者非無人之患而不善用人之患也人家卽式微未有舍其子婦而恃鄰之人以爲生者人身雖至弱未有外其形骸而仗人之力以爲强者要卽吾家所有之人與吾身皆備之物使之各操其事各效其能而無有不順焉耳然則是豈無本哉曰在心之持權而已

論得人

自古極難治之世苟非大無道之國爲天之所棄絕而不可救者則必生一二人以維持其敝使其君幸而拔之於儔人之中授之以將相之任總攬獨斷然後其志行其國安不幸而沈淪湮沒或間隔於讒臣之口不得大用則斯人遂廢而天下事亦至於不可救故夫因時而生才者天也生

時而始為必不得已之計也三代以前其所為生財者固殊矣彼其時郊鄙之外平原廣澤貨之棄於地者尚多四民之布於國中者農蓋得十之五而尚不足以盡地力其園廛漆林又加其賦以抑之故當時言富國者大抵以闢草萊易田疇為先務夫土地者衆人所託而不得專其利者也農者又勤手足以養其生者也故上取為井田而不怨下守為世業而不爭固其民樸亦其道然也自秦漢以來凡天下利權之所在蓋有不止於土田者矣而輿圖之擴也日益廣生齒之積也日益多於是謀利之方寖雜靡密而朝廷之科禁益繁而不可勝載則本業不足而逐末者衆之過也本不足而末衆是上下交弊之道也蓋自齊管氏官山府海之後固未有得其長策者已譬猶百口之家僅給以百畝之田弗能養也而又不得於百畝之外而取贏則必就其園圃蔬果之屬而仰息焉夫仰息於園圃

蔬果之屬則其利微而其勢亦有所止矣苟再充其無厭之欲則惟有盜竊已耳嗟乎時不幸而處於三代以後致心於養民之君子窮而無所爲計則豈眞遺物之不仁而理財之術終不可用耶竊嘗觀後世之謀國者固亦有纖悉而爲之者矣漢武帝時大司農錢匱而桑宏羊始立平準之法唐元宗時經費空乏而宇文融始以括羨田逃戶得幸宋神宗時以國用不足放青苗錢至於有明末造患貧因發內使開各省銀鉛銅礦歷稽其時廟堂非無願治之君朝廷不乏曉事之臣乃不知變計而必出於此者特以天下固別無可生之財而他術或不能濟其急耳卒之所得者細所喪者鉅所益者寡所損者衆潤分乎吏卒而怨結乎廟朝脂竭於閭閻而利資乎寇盜試起當日之君若臣而問之夫亦何苦而爲之哉雖然彼數者之策誠誤矣而吾有以知後世之言利者固未有不類乎此者也何

也太上立法次守法又次無法至於無法之時而欲以非法之法矯而勝之則其背道旁出而不可禦者其途雖百而其心則一而已禁其法而不得試其心必有所不服逮其試之則雖悔而不可復矣吁此非不爲天地留其有餘者耶此非奪萬民之所託命者耶此非但知生財之利而未覩其害者耶此非卽知其害有所倖而嘗試爲之者耶以吾論之則不然漢武帝不窮兵外夷則不必立平準之法而用足矣唐元宗不縱心宴樂則不必括羨田逃戶而賦充矣宋之時苟能節郊賚養兵諸費不必行青苗法而國贍矣明之時減宗祿節宮闈糜費不必稅礦之使而左藏饒矣舍確然可據之法而僥倖於不可知之事不求之宮庭之內而加意掊剋於四海之民此所爲得不償失而究至於無得歟然則謀國之大計可知已損上以益下而不專壅乎利源要在持之以大而事不煩去之以漸而民

不恕則足國之道在其中矣然所以如是者何也以今之天下有不可同於先王之世也生人多而土田之利盡也利源衰而生財之道窮也彼見其如此而悖先王之法以求勝是謂無策我守先王之法而裁以因時之意乃得爲救時之善策也夫爲政之道貴視乎其時而已時則未能而欲強致之是無異施桔槔於井榦之旁而欲溉千畝之田也有立見其涸而已

和論

和者古聖王所愼擇而用之者也古之所謂和者衆賢謀一事而無所違世之所謂和者合賢不肖而使之同歸於一致古之所謂和者眞是明而人不得挾私以相戾世之所謂和者是非混而責之以必從夫使混賢不肖一是與非而天下之人遂羣然平其心柔其氣相率而歸於和猶之可

也賢與不肖者處則賢者之氣不相下而不肖亦必不相容卽不肖能隱忍以求合而賢者決不苟同以邀譽是強之爲和而適以致其不和也今將使君子與小人共圖一事君子爲義小人則爲利矣又使君子與小人共講一學君子爲己小人則爲人矣其義與爲己者是則利與爲人者非是非生於人心之同然猶五色之有黑白五臭之有薰蕕也今混黑白爲一色而置薰蕕於一器曰吾但取其和而已有不爲之閉目而弗視掩鼻而卻走者乎且君子之於天下亦欲其事之有成而已假令賢不肖並處是與非並行甚則不肖加乎賢非者逾於是又甚則以賢爲不肖而不肖反爲賢是者爲非而非者反爲是於是而所謀必成所行必當推而放之四海而準舉而措之庶事而安則賢者亦姑需忍以求濟焉而古之聖賢猶曰枉尺直尋而利有所不爲吾未聞枉己而正人者也聖賢之言其亦

不和甚矣豈不謂如是則直道乃得信於天下上合乎天理下順乎人心刑賞中而政教修禮樂興而大化流反是則將爲跬步之行一日之居而不可得也然則廉頗藺相如李光弼郭子儀之事何如曰此私讎也非公義也私讎不可不和不和則尋釁隙而廢國家之大計是爲不忠公義不得强和强和則徇人失己而終不能有益於事且獨不聞古之人有上殿爭如虎而下堂不失和氣者乎彼之所遇皆賢所執或有是有不是而倘不肯阿意曲從博和衷共濟之美名而不自諱其爭若此若遇一與己不類者將庭斥之面唾之猶恐不足矣而謂可依阿淟涊如諂臣媚子之爲耶古之人有孔光張禹者知王莽董賢之亂國而委蛇其身與之從事彼其人皆有醇謹之行誠慤之質其於古所謂同寅協恭者蓋優爲之其容身自全疑若可釀休祥而迎善氣者五代時馮道祖之遂以其身事數姓

和而不和各有流弊
篇中歸重善用其和
最有分曉而於徒和
者痛下針砭是有關
世道文字

而莫之恤充其所至彼亦務爲和而過者耳卒之見效如此後之人主倘安取和臣而用之哉故古之善用其和者莫如藺相如郭子儀而尤善者莫如劉安世最不善者莫如張禹孔光其最不堪者莫如馮道道固無足議也禹光之所爲亦世之君子所訾笑之以爲不齒於人類者矣而其端皆由賢不肖是與非之混淆始然則用和者其可不愼所擇哉

眞說

物成於天而效用於人有以貴乎曰惟其眞之爲貴人之用世也亦然金之爲寶而銅錫之爲佐玉之爲美而璹瑊之爲器狐白之爲珍而犬羊之皮之爲服天下不爲銅錫璹瑊犬羊而有累於金玉狐白也卽銅錫璹瑊犬羊亦不自以爲非金玉狐白而必爲之似也今之爲僞者曰吾能塗飾以爲金陶燔以爲玉黏綴以爲狐白是三者麤觀之未必不賢於銅錫璹

劉載中尚有未極點達云云

瑊犬羊也不惟賢之而已又將掩其眞者而上之使人不惟金玉狐白之爲貴世之能識眞者鮮矣見其行愿也而以爲溫恭色莊也而以爲誠篤議論奮發也而以爲有康乂之才堅愎自任也而以爲有決幾之勇因世之爲溫恭者不惟直躬而惟行愿爲誠篤者不惟心敬而惟色莊爲康乂者不施之於政而取快於言爲決幾者不審度於心而求盈於氣而士之剛毅木訥者於外著之氣象或有不足則轉爲斯人所詬病此無惑乎塗飾之金陶燔之玉黏綴之裘所以見用於天下人之見之者鮮不以金玉狐白相視而其價反出於金玉狐白之右也或曰君子之道如之何曰大道不以時異不爲物遷惟其實而已矣洪荒之瓦礫不如當前之瓴甓刻畫之衣裳不如市門之襦袴眞與不眞之辨也眞則銅錫瓀瑊犬羊也而不爲嫌不眞則金玉狐白也而不爲貴君子自度夫身之可用與力之能

出入經籍之間甚[illegible]
理充近周秦諸子
再能東[illegible]而陳言
[illegible]振注
一家言惟有集之一字[illegible]
減乎蓋識不了了矣於
乎獨有見地用筆[illegible]
所外[illegible]讀

至者行爲其得爲金玉狐白則命也其或時而爲銅錫瓀珹犬羊亦命也要之不爲塗飾之金陶燔之玉黏綴之裘則固其心也心之正者不敝於天下故君子不作僞以釣名

性情

自天而之人之謂命自人而承天之謂性周行於天地之間之謂氣附麗於人身者謂之質感於物而動者曰情充其情之所至曰才各有所依焉之謂習因其自成而名之曰品命斷善而無不善者也性有善而無不善者也氣出乎善而雜乎不善者也質有不善而妨乎其爲善者也感乎物則情有誠有僞殺於事則才有順有逆因乎人則習有美有惡辨其羣則品有上有中有下造物之生人也有願其爲小人而不願其爲君子者乎有衆與之以爲君子而亦閒與之以爲小人者乎無有也則命之斷善而

無不善可知已弒父與君之惡非人所生而有也貪殘暴戾之子當其孩提見操杖而逐其父者未有不奔走號呼以求救於人也此謂性有善而無不善也非乎然則丹朱商均越椒叔虎之事如何曰氣也質也得乎天地清淑之氣者爲知人賢人得乎天地駁雜之氣者爲庸愚爲不肖愚不肖之氣濁而不可爲清戾而不可爲淑而猶未絕乎清淑之原也至濁之極而爲渾沌戾之極而爲窮奇檮杌則下愚之性也下愚之性生而可識如杞柳然其可以桮棬者質也若夫拳曲臃腫規之不圓揉之不直則不可謂非質之弊矣故曰氣出乎善而雜乎不善質有不善而妨乎其爲善也喜怒哀懼愛惡欲情也其善爲體也至微而不可見其動爲用也放縱而不可極聖人賢人順乎性而節之縱之者則才也故又曰情有誠有僞而才有順有逆若夫因其順而推之使無不順因其逆而推之使無不逆

則非其才之獨任也而習相與有成焉蘭芷之旁其服自芳溲勃滿廐十年有臭非其衣與土之性然習或使之也西北穴居之子生不識絲竹引而置之吳越經年而能操其器習於舜則舜習於桀則桀美惡之所由判也孔子之論人也曰中人以上可以語上中人以下不可以語上自其性之兼乎習者言之也又曰惟上智與下愚不移自其性之未卽乎習者言之也兼乎習故必要諸中人以爲斷未卽乎習則舉夫兩端之至極而中人可見也故曰品有上有中有下也要之由命而至於質其說有三而皆可以統於性由情而至於品其說有三而皆可以究於情性情者自天而之人之界也君子敬天而盡人故不敢以氣質爲天之所命則性之理以全而其體尊不敢以才習任己之所爲則達情以盡性而人之品貴呼性情之論自孔孟而來如百家之好爲異說者其亦有不足辨矣若其故則

吾不可以不知也

明論

明足以照一身者用之一室而不足矣明足以照一室者用之天下而不足矣明足以照天下者用之一身與一室而或不足矣螢之灼灼也燭之爚爚也日月之赫赫也明而至於日月止矣而有不足者有所蔽焉故也天下之物侈矣其以機相應者物衆而我孤其以情相感者物先而我後則吾之明固已居乎不可恃之數矣鏡之瑩然也虛其中而物畢納水之澄然也立乎其前而毫髮畢見夫以鏡水與日月則不可同年語矣然人不畏日月而畏水鏡者徧乎物而物得有所遁不如納乎物而物有所不得遁也夫日月之無私照謂其有所不照而不害其無不照也世之學者不能有所不照而不害其無不照而妄希日月之明不已悖乎

續柳子厚封建論

柳子之爲封建論其辭甚雄偉矣所言罷侯置守之利雖百世之聖人莫能易也惜其謂封建非聖人之意而自里胥積而至於天子以是爲生人之初凡此皆務快其辭說而不軌於理道者也請以鴻荒之事明之開闢之初其生人男女而已因男女而後有夫婦有夫婦而後有父子有父子而後有兄弟有兄弟而後有君臣其類日繁則其地日廣一人不能獨理則分其父子兄弟以治之父子兄弟又各分其父子兄弟焉於是有百戶之鄉有千室之邑有萬家之國是故有天子而後有諸侯有諸侯而後有縣大夫有縣大夫而後有鄉閭之老自天子以至鄉閭之老大較皆始於一而推於萬立乎其尊而卑者從而聽命焉非如柳子之說一任夫人之自爲而聖人初無意於其間也古聖人之爲天下慮至深遠矣制其田里

樹畜也而置之長布其禮樂政教也而立之君分之茅土以報其功錫之冕服以彰其德其不率者則有削地黜爵之制甚不率者則六師致討以移之無所慮於列侯驕盈黷貨事戎也柳子所論徒見夫衰周之時天下無王者之所爲耳夫使天下果無王卽郡邑牧守愈爲患矣而何私其土子其人之爲慮耶柳子又曰漢知孟舒於田叔得魏尙於馮唐聞黄霸之明審則拜之覩汲黯之簡靖則委之若改爲封建則其術不可得施其化不可得行此疑不知古者諸侯歲貢士於天子之制也且古者士不得志於其國則可以載贄而出疆蓋其變天下之人才愈深而其用人才之途愈廣矣如漢之時則徐孺子郭林宗之儔苟不得仕則伏蓬蒿終老耳此猶可謂封建之失乎然則柳子之說非耶曰柳子所論三代以後則是也其論三代以前則非也天下之物極必反而其數以窮而後通彼三代諸

侯其享國卜世蓋有視夏殷周爲久長者卽以周之七雄論之齊楚燕受封八百年魏韓趙自其初爲大夫時約二百餘年其取多用宏驕盈矜夸固已爲陰陽之所忌而又呑滅弱小以自長雄譬彼摯蟲猛獸初食人之肉久亦將爲人所食者也天故假手於秦以弊之逮秦滅六國而五代之有功德者無一存焉斯卽湯武復生亦斷不能復建邦設都之制也其繼秦而帝者亦然苟或不然則吳楚七國之亂起矣要其意與法俱失者半子弟多而功臣少也提封太廣而末大不掉也然則如周之建國其可乎曰烏乎可周之初人未知有戰爭呑滅之事漢則去戰國未遠而劉項之爭如昨日焉人人有匹夫崛起之心而思得尺寸爲自逞之計兼又地大物衆天子之巡守有不能周諸侯述職於方岳者或經數月不得達稍離遠其疆域則耽耽者伺其後矣故秦廢封建不可復也此非秦人之罪而

論亦雄駿非常幾與柳文相敵 振注

封建之流極其必至於是而不可挽也吾請得而更柳子之言曰封建非聖人之所不得已也意也繼乎秦雖聖人亦不能爲封建廢封建非聖人意也勢也或又曰漢之封建郡國居半其王侯則置傅相以監臨之使不得有於其國如此則並行不悖矣然而亂之所始必由封建或牽率其郡邑傅相以從之又安見爲得耶古之政有名雖甚美而必不可行於今者孰若井田封建井田一廢則均天下之端不可復封建一廢則公天下之端不可復先王之制有以盡天下之大利而不能不俟後人之與時爲變通也世雖治行井田未有不亂世雖安行封建未有不危非井田封建之禍天下也泥乎法而失其意者之爲之也苟能親親而賢賢貴德而尚功則雖阡陌守宰之法因而致唐虞三代之盛不難也余故卽柳子之說而申論之亦無取其苟同焉

隱公論

天下有爲其事而害其名者吾愛其名矣不爲其事可也天下有惜其名而不足以成其事者吾尸其事矣不急居其名可也季札曹臧之讓國也彼避之惟恐不免也所謂愛其名而不爲其事者也伊尹放太甲於桐周公踐阼而治處羣疑衆謗之際而卒毅然其不惑彼其心蓋謂吾之所欲成者事耳至於名則不啻泰山之於毫末也而卒之事之濟也隨而歸之以至美之名惜乎隱公欲爲讓國之事而不知出於此也隱繼室之子也長而賢苟無桓於次當得立使隱毅然居君位而不疑國人亦必無有譏其爲篡而隱乃欲成父志而反之桓隱之於親其可以無憾矣今有方食而執芻豢之味者而曰吾弗食人必有所不信也何也食固在其手也有執刃而臨羊豕之牢者而曰吾弗割人亦有所不信也何也刃固在其手

也社稷宗廟之重器其美不啻於食也而賞罰刑政之權其利乃過於刃隱雖曰討國人而諭以致位於桓之意其能盡信乎爲隱計者莫若躬攬大權而不急居其名懷以德人孰敢不服威以刑人孰敢不畏以義正桓之爲公子而以恩信結國之故舊大臣百歲後桓可以爲賢君諸大臣無敢專權以抑其上如是則視時之可禪而禪之可也身退功成自諸國人而告於先君之廟不亦休乎計不出此乃汲汲焉惟名之是圖圖名之念急則其迹轉疑於僞於是姦邪之臣得乘其間而進之以邪謀蓋嘗試論之以爲隱之所以待桓爲不薄矣其心惟恐桓之不得立也乃因一日無端之愬遂從而弑之以攘其位然則公之所以自甘卑損而惟恐不得當桓之意者亦何益哉隱之待桓愈厚則桓之疑隱愈深隱之讓桓愈急則桓之逼隱愈甚是可謂急欲居其名而終不得善全其名者也夫公卽毅

然而居之曰不讓則未知桓之終不得讓者也以急居其名而使其志之不獲成然後歎古聖人處疑謗之時而有不讓以全其讓者其仁智爲不可及也哉

宋伯姬論

春秋書宋災宋伯姬卒三傳釋之皆以爲待姆不至守義而死獨左氏譏其安而不婦或問如伯姬者可以爲賢乎曰守禮不違於經自殘其身而貽子以殺母之名賢者不爲也然則春秋錄伯姬之始卒繫而不殺何也曰伯姬固賢也特不如傳之所云若實如傳之所云則其詞之繫而不殺也亦宜竊嘗以情揆之伯姬當日尊爲國之大母火作公當來救婦人之義保姆不在宵不下堂然從子則無不可者且當時亦不聞有公來救而姬不去之詞也如傳之言則必宋公不在國而後可或宋公所救有急於

姬者而後可否則有待傅姆之時而謂公不得至也有是理乎曰然則傳之所傳果盡無其事與曰事或有之而不盡如傳之所云也伯姬蓋猝然遘於火火始至而不知其害之烈遂稍遲以待其姆逮姆至火烈而奔而救之則無及矣雖然事吾知其如此也若夫道則吾有以知其不如此也蓋古之言道者曰凡義所在有死無二又曰身體髮膚受之父母不敢毀傷此言守死之道苟未至於義必當死之時尙不可殘殺其身以墮父母之遺體也伯姬卽不待姆而自脫於火君子尙不得謂之非義何也天下之事常變固自不同也如以處常之禮而責之處變之人則臨干戈而爲揖讓亦謂之義可乎若夫春秋之所以詳而錄之者則有說矣聖人之作經也嘗於事之近正而易惑者則不惜大爲其詞以明之伯姬之事聖人有以知其必傳於後世也傳於後世而婦人女子有聞而慕之者將殘其

身以立名惑於禮之近似而忘其大義不如詳錄之以示其尊崇之意而於納幣也則書致女也則書衛晉齊之來媵也亦不一其書若曰姬之賢固非待其卒而知亦無因其卒之一事而遂賢之也夫如是則天下皆知姬之有以爲賢而不致矜其事而數其行之過故三傳之言惟左氏爲近正而於經之意則猶有所未盡也然則公穀之說將何所本乎曰春秋大意非聖人所親授後儒守其常而不能通其變遂於其行之過正者而亦以爲不可易焉申生急子之流其所以處死者皆是物也雖然如二子與伯姬之志則亦可以無惡矣

論伯夷叔齊

震川歸氏謂伯夷叔齊未有祿位於朝於君臣之義分甚微至以女子之在室爲夫守節者比之竊嘗讀之而疑其言之不概於理也夫伯夷叔齊

去之而二字

非伏處草茅而農夫牧豎之子也諸侯世及嗣子與國爲體國家鼎革異姓踐阼凡在冠帶之倫猶當責以率土同仇之大義況剖符竹而傳及子孫者乎伯夷叔齊遇武王之順天應人尚不肯食其粟以死此其所以爲烈蓋如婦人之誓絕二氏守死明志而例以在室之女則固二子所不應受也夫君臣之義之不明於天下也過而責之倘慮人之有詞以自逭至於前賢大中之行而亦以過正者例之是益之偷也吾不可以不辨

孟子

昔孔子周游天下而曰如有用我吾其爲東周竊以爲孔子不得大用於時苟得大用當必率諸侯以尊周室不爲桓文之假仁義而已如欲佐時君以王則非聖人素志也非聖人德則不至而時有未可也逮孟子時人知有七國而不知有周斯時有能行文王之政者其於王猶反手之易故

於梁襄王則對以不嗜殺人而一天下於齊宣王則勸勿毀明堂而行治
岐之政噫孟子之言孔子所不忍言也孟子所能爲孔子之所不爲也斯
不亦聖與賢之不同而不可通其志乎曰時也聖賢悲天而閔人天與人
皆與時爲移易春秋之時周猶有可復興之勢戰國則周並無七十里百
里之地不足以基湯文之業而文武成康之遺澤泯焉天下之亂苟非得
救民水火者而禍猶未已也孔孟之心易地皆同也心同而疑其言之異
也何哉夫戰國諸侯秦爲大秦政嚴急於理不應王也而諸侯皆畏其蠶
食相與會盟約從以謀其後議者又曰不當賂秦以地而相約並力西嚮
於是則秦可以弱而六國不至於亡吁天下之爲秦者多矣弱一秦安知
不又益一秦也將使吾子孫弱而事之抑將再爲合從以拒後之爲秦代
者乎由吾孟子之言則天下俛首聽命矣雖百世無秦可也由此觀之時

者聖賢之所務也而爲國者往往昧之自弛夫可用之力而樂與夫無窮之禍此大亂未息于天下而聖賢之所以見擯於時也後有處危亡之勢者得孟子之言而行之其於國家之事庶有濟乎

陳平周勃論

古之大人弭天下之亂者必有不得已焉故與其有亂而吾弭之不如無亂而吾安之爲愈也與其既亂而止之不如及其未亂而先止之爲愈也夫亂不亂存乎天天之所爲非人所得知也而君子終不以天之難問而廢夫人力所自盡者則以救諸目前之可恃而俟諸將來之難自必也火之焚於室也雖里巷之人猶將走而救之不俟其爇及於吾廬也既及吾廬將有不可爲者矣惜哉以平勃之賢處可預防之勢而其計乃出於救火之人下也呂后初臨朝平勃與高帝諸臣共列將相之位方其欲王諸

呂先問王陵陵不從復問平勃夫亦自知不義而懼爲大臣之所折也假令平勃附王陵之正堅執高帝之約呂氏雖橫安能重違大臣而恣行已意且其時兵權尚不歸呂氏呂后欲假產祿以王實欲假以兵權之漸也杜亂源者必以漸始則莫如先使之勿王產祿產祿不王兵權不歸呂氏平勃可安坐而弭其釁何呂氏之能爲或又曰呂后陰鷙如平勃不從亦必中以他事去之去之無益不如隱忍以成吾事是又不然大臣之事君也於吾力之可正者則正之不敢徼幸於異日而姑待焉且設是心者亦謂平勃知呂后年齒已長彼即旦暮晏駕產祿庸子終無能爲耳此尤爲悖之甚者萬一產祿既王呂后未死而二子不爲天所祚則國家之事更諉之誰任乎高帝之與呂后論相也首王陵次平勃豈不陰識陵之守正而欲二子有以佐之歟既不能佐又從而非笑之其成功蓋亦天幸焉而

未可據以爲能也夫平勃之事既往而不可復矣而後之爲人臣而值事變者愼毋藉口於有待而終至於不可及哉

伊尹五就桀解

余讀孟子書嘗疑伊尹五就桀之說及觀柳子所爲贊以爲是伊尹之大心乎生民而欲速其功蓋知尹之深者莫柳子若也旣思而疑之以爲尹苟如是則無以處湯湯一見尹之賢必擧之爲相而與共天祿位豈肯令其栖栖皇皇爲是席不暇煖者耶尹於桀爲五就於湯必有五去謂湯不知其去耶不足以爲明謂湯爲知其去而不留焉在其爲任賢也然則孟子之說爲果無其事歟曰非也尹之去蓋湯使之爲之而冀桀之終能一用耳一薦之不已而至於再再薦之不已而至於三三薦之不已而至於四五湯於是知命之不可易尹於是知事之不可爲遂決然舍桀就湯而

無疑是尹之於湯也未嘗去而其於桀也則疑若五就焉尹之明非不知桀之終不可為而必往復焉回翔焉若有所戀而不忍去者湯憂桀之深望桀之切以為一旦能聽尹之說而用其身則天下可不至於亡已亦無樂乎放伐之事湯之心即文王三分有二以服事之心而其薦尹於桀者亦文王薦膠鬲於殷之意古聖人忠於所事而不利天下之人才以私已也漢末有荀彧者曹操辟之以比張子房司馬昭壽春之役亦引鍾會為謀主而寄以腹心之任向使操與昭有湯文之志則當引二子而立於漢魏之朝獻髦之惡不若桀紂操昭之柄重於湯文天下雖危未必無救於敗也惟後人不能心聖人之心以無負其所事為之佐者亦樂居於俊傑識時務者之名而以尹之去湯就桀為藉口則安知不以心乎生民欲速其功之說移而用之於其主豈非柳子之言階之厲耶然則孟子何以不

言湯使之曰孟子之意將以明尹之自任言湯則尹之自任者不見且於辭亦不應爾也否則伊尹亦管氏之流矣

君氏卒 隱公三年

此一人也左氏書曰君氏則以爲隱母公穀書曰尹氏則以爲周世卿蓋嘗卽春秋之書法而反復求之而知其說之皆不概於理也夫尹氏之見於經也屢矣然皆屬於王國之事而書之如不屬於王國之事則當書曰周尹氏不當直謂之爲尹氏也然則王子虎劉卷之卒何與曰二人皆以盟會通於諸侯不言周而可以見義且春秋之義諸侯同盟則赴以名凡卒未有不書者此豈如立王子朝之事而著氏以惡之歟然則左氏之說不近似矣乎曰謂之爲婦人是也謂之爲隱母則非也母不可以言君氏其言君氏固有以知其爲隱夫人也夫人也而不謂夫人從公志也隱尙

不敢自成其爲君而肯自立其夫人乎史不沒其實而書之曰卒其曰君氏者猶魯人之稱公氏定公元年宋人之稱夫人氏也襄公二十六年不敢成其爲夫人故但曰君氏也此亦如姒氏之卒於定公時而不得備夫人之禮耳或曰如子之說則前所謂夫人子氏者何人曰桓母也桓母則何爲不葬曰公不臨故不書葬也然則前所謂惠公仲子者何人曰子氏爲桓母則仲子之爲孝妾蓋可知也此截然三人也而左氏亂之而爲二公穀又以前二者爲婦人而茲爲男子焉昔人所謂經以傳而汩者不其信夫

及晉處父盟文公二年

此處父來盟經何以不言公惟不言公是以知處父來盟也通春秋之盟不言公者四隱元年及宋人盟於宿莊二十一年及齊高傒盟於防文十年及蘇子盟於女栗暨此而已以情事揆之惟盟宿爲微者尚未可知此

三盟必皆公也如傳之言則公適晉何以不書諱適晉可以殺恥則必不書此盟而後可以免恥也夫列國之大夫因來聘而盟者多矣此不書來聘者非來聘也傳曰晉人以不朝之故來討公此其可信者也來聘可書而來討不可書也竊意其時晉必有責言於魯魯惟恐失大國之歡也乃汲汲焉因處父而與之盟故次年公遂有如晉之行也不然晉襄亦繼文之賢主焉有宗國來朝而使其大夫亢而與盟者乎或曰不目公微者也則未聞涖盟於大國而敢以微者往也處父之不氏者蓋闕文也其不地國內也

逆婦姜于齊 文公四年

左氏謂卿不行非禮爲出姜不允於魯之兆公羊謂娶乎大夫故略其詞是二說者皆非也夫納幣既以上大夫矣豈親迎之時而反以微者行乎

若謂娶於齊之大夫則亦何取乎納幣之時而以吾卿行也故二傳之言不若穀梁子之爲得之也穀梁子曰其曰婦姜爲其禮成乎齊也其逆者誰也親迎而稱婦或者公與曰婦者有姑之詞也其不氏何也曰夫人與有貶也此其說亦有未盡者婦固爲對姑之詞是時聲姜見存意欲重其母家故使公親迎於齊惟公受夫人之命以往故曰逆婦姜于齊也若臣子則雖姑在亦當稱夫人宣元年遂以夫人婦姜至自齊成十四年僑如以夫人婦姜氏至自齊是也其不言公何也諸侯之親迎禮也出疆而迎非禮也今公以夫人命而遠迎於齊可謂溺私愛而棄其社稷人民之重者其不書公亦猶及鄭師伐宋而不書公及晉處父盟而不書公之類是也其不曰公以夫人婦姜至自齊者亦猶是也然則莊公何爲不諱曰莊公忘父讎而娶其女罪之大者也文公除喪而即娶罪之小者也小可諱

而大不可諱也然則夫人有貶乎曰何貶乎爾娶者公也受母命而迎於他國者亦公也姜何罪其不氏猶氏也姜固爲其氏矣其或書或不書者史異文耳或曰此譏姜自逆其婦也亦非也春秋史臣載筆之詞以公爲主沒公可以見義如沒婦人則疑於公且疑於使他臣子之詞矣此左公羊之所以誤也

冬十月壬午公子遂會晉趙盾盟于衡雍乙酉公子遂會雒戎盟于暴 文公八年

此四日閒事耳經何以兩書公子遂左氏曰珍之也劉氏敞曰非也若兩稱公子爲褒者僖三十年公子遂如京師遂如晉則貶矣彼不謂貶何耶左氏解經其意固陋然以與僖十年之事相提而論則不可也三十年之如京師遂如晉者遂受命于君之時固知其因此兩事而出者也且非惟

因此兩事而已若曰周固吾之所不得已也卒事而已將如晉矣故書之曰遂遂者繼事也亦疾辭也譏其事王朝不如事霸國也若此之會盾與會戎則未知遂出國之時果有戎之請盟以否若戎請盟而遂因而盟之也則當書之曰公子遂會趙盾於衡雍遂會雒戎盟于暴又何必其詞之繁而不殺也其繁而不殺者有以知其非繼事也非繼事則不得以三十年繼事之例例之也然則兩稱公子遂何也曰史例也史有一人兩事相連而及者則卒事不更名桓五年冬州公如曹六年春正月實來之類是也玃且之卒得連日食之下叔公之卒得與祭同日此亦省文之驗也有一人兩事不能從同者則名因事而分見僖二十八年晉侯侵曹晉侯伐衛及此之類是也桓十二年冬兩書丙戌成十五年宋華元出奔晉下宋字四見皆事各爲書之義孔穎達曰兩書宋華元者宋人再告也亦通若以爲褒貶之所在則惑矣

宋人及楚人平 宣公十有五年

此宋楚之君躬任其事者也何以書之曰人公羊子曰外平不書此何以書大其平乎己也其稱人何貶何爲貶平者在下也非也既大其平乎已而又何在下之貶乎穀梁子曰人者衆詞也平稱衆上下欲之也亦非也鄭則欲平矣楚果欲平乎楚之臣欲平矣楚之君果欲平乎夷考其事蓋子反私與華元盟而後告於王者也然遂據是以爲經之貶二國則不可也春秋之義有君則責其君君弑君出始責其臣且子反可謂專矣華元則無罪也安得宋與楚之俱人乎龍子曰人之者微之也宋與楚俱有罪焉爾楚之罪在使行人不假道而故激怒於宋而頓兵以危人國猶其後焉宋之罪在逞忿以殺行人而故結怨於楚而負固以苦吾民猶其後焉使行人不假道與逞忿以殺行人經不可得而貶之也則於此之平貶之

著楚以欺弱黷武之非而殺宋以挑釁殘民之罪故以兩國之君臣而詞若有所不足道者也若以爲貶二國之卿是舍其大而責其細也曰然則楚子圍宋曷不可貶乎曰貶楚子慮其失宋人也且安知著其爵者之非正其罪也

鄭伯髡頑如會未見諸侯丙戌卒於鄵 襄公七年

此鄭伯之卒弑也弑之則何爲不言弑史從赴告非聖人之所得私易也公羊子曰爲中國諱也非也若實以弑告聖人亦安得爲之諱乎然則聖人遂終爲之隱而莫之正耶曰聖人之意固已見於經矣經曰鄭伯髡頑如會未見諸侯此已見鄭伯之至乎會地也既至乎會地而不見諸侯則必其國之大臣有所挾而止之焉其曰丙戌卒于鄵者緩詞也公羊子曰傷而反未至于舍而卒斯言得之矣左氏所謂及鄵子駟使賊夜弑公者

詞猶有所未盡也若及鄭而弒之則未見諸侯之詞贅矣竊謂聖人之爲此也微其詞以待學者之疑使因以參考其遺文而亂賊之名雖幸逃於一時必不能欺乎後世曰然則聖人之於史也固亦有曲筆乎曰實也非曲也且聖人固已筆之削之矣其曰鄭伯髡頑如會丙戌卒於鄵者魯史之舊文也其曰鄭伯髡頑如會未見諸侯丙戌卒於鄵者筆削之微旨也夫論史書之例則如前之所紀者矣而其中之委折不得而見也春秋所以有待乎聖人者誠有待乎此也

盜殺鄭公子騑公子發公孫輒 襄公十年

此尉止司氏堵氏侯氏子師氏五族也而書之曰盜望溪方氏謂盜者陰賊而不知爲何人也非也春秋之法有身不爲惡而必治其人者晉趙盾宋歸生之徒是也有身爲惡而終沒其名者鄭五族衛齊豹之屬是也身

不爲惡而假手於人茍不正其名以爲之罪則亂賊可逃於法外而操刀者獨被惡名是爲不公身既爲惡而尙欲爭其名茍不沒而賤之以深爲之恥則姦人倖其可列於人數而犯上者愈得其志是爲不明不公不明非聖人之所以垂世教謹亂源也春秋之書盜殺者四其三皆可舉其人昭二十年盜殺衛侯之兄縶爲齊豹哀四年盜殺蔡侯申爲公孫翩及此年之事其不知主名者惟哀十三年盜殺陳夏區夫一事而已若如方氏之言不得謂此三者皆左氏傳聞之誤也且凡以賤而殺貴者其迹未有不近於盜者也齊豹固嘗爲卿矣然其事實陰賊小民之所爲自處於盜則亦盜之而已後世如荆卿之刺秦王張良之擊秦政事之近於義者也而作史者亦書之曰盜如方氏之言則千百世之後豈有不知誰何而必作曖昧之詞寄其罰於不可知之地乎曰然則王札陳招楚棄疾之徒春秋何以不書之曰盜曰王札則矯君命也偃師之死其君實與聞焉

者也棄疾則所殺者弒君之賊非以其身爲大臣而貴之也皆不可書之曰盜書之曰盜則必如止之帥賊豹之伏甲而可也若蔡侯之事則傳之未得其實者也陳夏區夫之事則實所謂不知何人者也夫天下雖有凶殘之人當其殺人未有不自以爲直者而聖人乃夷之於不屑稱道之人則所以奪亂賊之氣者不旣多乎

楚子虔誘蔡侯般殺之於申 昭公十有一年

春秋之法諸侯滅同姓書名此楚子殺蔡侯也非同姓且猶未至滅其國也比事而觀與邾人戕鄫子蔡人殺沈子同耳況鄫沈之君無罪而般則弒君之賊也何爲彼不名而楚虔以名或曰惡其誘也則十六年楚子誘戎子嘉殺之又何以不名也或曰虔固弒君之賊也春秋之法不以亂治亂也斯言得之矣雖然猶未深觀於聖人之意也夷考楚子麋之卒也虔

實弒之而猥以飾詞赴於諸侯聖人因魯史舊文雖明知虔之姦謀而無所據以見義故於書楚子卒之後旣連書公子比出奔晉以伏其案而於此又顯斥其名將使後之學者讀其文疑其罰之過重而深求其所以致罰之故若曰虔固弒君之賊也此無異以般誘般以般殺般耳討般而以名則虔也爲何如人哉夫春秋之惡惡未有大乎亂賊者也而限於舊文而不得盡其法者則鄭伯髡頑楚子麇之卒而已聖人於髡頑之卒則委曲其辭以見之於麇之卒而不得書弒則因殺般之事以著虔之名而正其罪是天下之亂臣賊子雖巧於諱匿而無所逃矣所謂其義則某竊取者殆此類也

春秋王不稱天辨

春秋王不稱天者三莊元年冬王使榮叔來錫桓公命何氏云不

言天王者桓實行惡而乃追錫之尤悖天道故云爾文五年春王使榮叔歸含且賵何氏云含者臣子職以至尊行卑事失尊之義也三月王使召伯來會葬何氏云去天者不及事刺此失喪禮也

古之言春秋者不一其最善莫如孟子孟子曰春秋天子之事也是故孔子曰知我者其惟春秋乎罪我者其惟春秋乎蓋天子所修者魯史而所持者周天子之權也守天下者莫貴乎天子正天下者莫重乎天子之權惟周天子不能自持其權故孔子卽空文以寓賞罰而爲之代行事是春秋之所以尊王者以其名分存也若其實則非聖人之所得而議也假聖人而得議周之事則所僭者乃天之權而曰春秋天子之事者不亦小哉異哉何休氏之以王不稱天爲譏刺是非之說也天王之號自夏商以來未之或改也彼所謂天王者吾不知始於何時毋亦春秋時人之言如是

聖人亦沿而不改歟如謂其爲刺譏也者則桓之行惡宜絶之於生前何以十八年之內書天王使人來者三而獨一貶於身後之錫命耶若成風之歸含賵與會葬則前此天王使宰咺來歸惠公仲子之賵者抑又何説若謂含爲臣子事會葬爲不及時是含其大而責其細不應當天王以重罰也嘗考公羊成八年傳曰其稱天子何元年春王正月正也其餘皆通矣[illegible]公羊本意蓋謂稱王者爲正其餘或稱天子或稱天王皆可以類相通何氏欲自圓其前説遂不深言所以相通之義而贅之以刺譏是非之文夫旣曰刺譏是非則所謂相通者何在舍明明可據之傳而倡爲異説是欲尊執己見而不顧削足以適屨也何其悖哉夫因天下之無王而託王以行法已又黜削之而自干夫無王之罪斯固孔子所不敢爲而孟子所不敢信也其亦可以無辨已

論外臣書歸書入例

春秋外臣之書入者四惟許叔入於許善其有興復之美其他如鄭良霄宋公之弟辰及仲佗石彄公子地欒大心大抵皆叛臣書歸者六惟宋華元陳侯之弟黃衛公孟彄為無大罪佗如衛孫林父楚公子比皆黨援大國卒成篡逆之事晉趙鞅則身為畔逆因韓魏之援而得返國者也其書復歸復入者三曰衛元咺宋魚石晉欒盈而已晉趙鞅及鄭良霄宋辰諸人之罪不薄於魚石欒盈孫林父與楚公子比則較之元咺殆有甚焉而不書復歸與復入者何曰鞅固未出其國也不出其國不得言復歸也鄭良霄宋辰諸人及欒大心或自許或自曹或自陳衛孫林父楚公子比皆自晉自者有所由來其歸也易矣亦不必言復也然則衛元咺非自晉歟曰元咺之迹不與趙鞅諸叛人同且國無內援非公子比之類其歸而無

君命則輙之孫林父又有間也書復歸從晉志也曰復者不宜復者也咺於叔武之殺可以去矣不甘於一去而訴君於晉因藉晉之勢以擯其君而已專其國其與欒盈魚石之盜邑以叛者相去幾何哉若趙鞅宋辰諸人則不必言復而叛君之罪已明矣故曰大夫無復道者此說是也

春秋君弒賊不討不書葬

此公穀之說信乎曰有可信者有不可信者其可信者皆魯國之事也其不可信者皆他國之事夷考魯之見於經者十二公其三公者實弒隱桓閔內惟桓公見弒於他國齊人殺彭生以藉口彼襄公者强敵諸侯聖人獨寬魯以討賊之義所以原其迹而諒其心也隱公閔公之葬在桓僖卽位之時當時君臣必不肯以無禮待之計國史之文未有不書葬者聖人獨削之以見義其所以教天下萬世之爲臣子者至深且遠也獨持此說以

求他國之事則不然蔡般之自立也而景公書葬許止之弑晉也而悼公書葬後儒求其說而不得乃創爲著臣子之極變與紹止之說以明之雖然有以知其非聖人之意也春秋魯史也其責魯之臣子必不與他國之臣子同如公穀之說用之於魯可以見義而獨不可例之他國蓋經書他國之葬者因魯人之往會也魯人之往會者必有魯君之命如以責他國臣子之義例之是魯之棄國君之命者爲無說矣然則他國君弑恆不書葬者何也善乎鄒氏之言曰國亂君弑葬者多不如禮鄰國亦不往會故不書也鄒氏以此說槪魯與他國之事吾則謂公穀之說可以責魯而他國之事則如鄒氏焉惟其然而蔡許二君之書葬者又何疑乎

經德堂文集卷一

經德堂文集卷二

臨桂　龍啟瑞　翰臣

內集

序十七首　贈序八首　書後九首

劉詹巖先生三徑遂高圖册序

古之有高世之志者，其於世必有所遺。利祿名位，常人之所騖也，而君子有時去之。姓字書於竹帛，光榮被於里閭，雖豪傑有志之士赴之恐不及，而君子毅然不顧。立其身於魏闕之上，而繫其心於江湖之下；居於榮顯赫懿之地，而寄情沖淡寂寞之鄉。其身之不能去也，則託意歌詠，若一日未能置諸懷；及其奉身而退，則恬然自足於中，而無所營於外。此古今功名之士所視爲難，而厚於自待者獨以爲甚便。吾於永豐劉詹巖先生而一見焉。先生壯年登第，供奉

內廷旋奉
命視學山左秩滿歸以資例得進詹事先生又被
恩遇居禁秩超擢當不次人方謂臺閣公輔在指顧間而先生獨於是時
乞假歸養
天子恩允不數日就道方是時詹事府以懸缺需人奏至一再先生循例當必得二親又迎養京師其勢可不去即去而稍緩數日可遷秩而去先生獨介然自行其意計其時朝之士大夫私相贊歎或駭且疑者參半先生固不與之謀而亦有不暇計也豈非有高世之志視天下之物無可以勝其意者哉余幸以館閣從先生後而以不常接見爲憾今年冬十月嶺南使事畢北歸道出章江先生方主講於廬陵之鷺洲書院進謁承教至日昃不忍去先生因出所爲三經遂菴圖命綴言簡端余謂觀先生之命

圖而其志可知也因舉平日所折服於先生者而爲之序

謝伊人樂律考成序

古樂之亡久矣孔子與顏子論爲邦曰樂則韶舞放鄭聲孟子對齊宣王曰今之樂猶古之樂非孔子之言正而法孟子之言通而濫也王者治功既成規模明備非考訂中和之聲遠稽隆古則無以協上下而承天庥世道衰微諸侯欲行王政要在嘘德養和與民休息君臣同德內外無怨無聲之樂播於朝廷斯則鐘鼓磬鐸鐲鐃各因其俗用之可也由此觀之循本者尚德操末者習器孔孟之言非道有不同所與言之人異也自漢興以攻伐取天下薄先王之治爲不足爲叔孫通小儒不能復古樂躋漢德於唐虞三代之盛文帝溺於黃老一切制作謙讓未遑降及安世房中之歌其義頗近於淫靡矣自是以還雅樂不興然漢唐之盛終不害其爲治

者則以强本節末澤潤生民而爲樂之本猶存也然而古器散亡元音消歇或義存矣而用闕或物備矣而數乖用之郊廟不足以洽神人之和用之朝廷不足以宣上下之情則於太平之治猶不能無憾焉蓋無其德者不能舉其器有其德者又患無其文鐘簴藏在故府矇瞍僅以備官此三代以前守國者之失也制法缺略因陋就簡聽古樂則惟恐臥聞新聲則不知倦此三代漢唐以來君若相之失也如以孟子救時之言而用之承平之世此不惟後之君臣有以自便而古樂之興復將望之於何日歟吾鄉謝子伊人清和徹悟性近乎樂積數十年之心力覃精研思攷古今律吕尺寸短長之分聲音清濁高下之宜著樂律考成一書其書首樂律次樂器次樂聲而以樂舞終焉探其本而竟其用其精微之至雖未知於古人何如然亦可謂詳博者矣方今

聖淸以和樂治天下元音之奏始於廟朝信乎協箾韶而遠世俗矣考訂闕遺或時有資於儒者之一得苟有用我謝子其亦夔曠之流亞歟惜乎吾學不足以訂正其疑力又不足以張之使其信於今而傳於後也因爲論用樂之理如此云

文廟崇祀錄序

古者無廟而有學記曰凡始立學必釋奠於先聖先師謂若唐虞有夔伯夷周有周公魯有孔子皆各就其國祭之無則與鄰國合焉其教春誦夏絃讀書執禮其物干戚羽籥是其爲師也傳而其爲學也近隋唐之際始詔天下州縣皆立學尊孔子爲先聖以門人高弟配焉後州縣之學又廢乃立廟以行釋奠之禮然則自有孔子而聖師之道始專而一自州縣之學廢而廟享之制始尊而嚴事固有失於古而得於今者亦順乎時而惬

人心之同然而已雖然古之學者去聖師之時未遠其居處之地又不越乎鄒國故凡聲音笑貌言語行事學者皆得耳聞而目接焉自入學後所習皆禮樂之事夫以常行之禮祀至近之人故得心神斂肅容節安謐內以固其肌膚之會而外以遏其匪辟之萌古者士行修而學校有裨於實用率是道也今之時去孔子遠矣鄉僻學者至不能舉其世系加以四配十哲東西兩廡先賢諸儒之位次偶入其中固已瞻仰惶惑又所爲籩豆簠簋笙磬柷敔之屬率皆近今所未嘗用目覩焉而莫名其器手操焉而莫成其聲則雖日近夫聖師之廷猶不能知夫禮樂之教人之意也又兒終歲未嘗一至沒身未獲一覩者哉然則欲復古者教人之方莫若使今之廟如古之學使人人皆能言聖師之所自出而其禮物樂律之備習於身而日與之爲接登其堂而如將遇之夫如是乃能洒濯其心而不流於

不肖惟然則應城熊子所輯
文廟崇祀錄者宜爲君子所亟取者乎始熊子之爲是書以今日廟學之
尊去聖久遠末學小生不能講明其故故其書備列先聖及諸賢先儒之
本傳而歴代所作之贊附見焉禮儀祭器詩歌樂舞一取諸
本朝金石碑記之文並綴於後而以六代之
聖制冠於卷端推熊子之心固欲以襃崇之典見聖道之日隆實欲使天
下之人得見是書者皆如親炙聖門而與七十子之徒上下議論而又因
以日習夫禮樂之故使其愧怍不形而姦慝不生然則欲復古者教人之
方而使今之廟如古之學其必由乎此余不敏承乏是邦固以教人爲責
者則見熊子此書其能不忻然喜肅然敬而願與多士共受而習也乎遂
述廟學源流而爲之序

張氏說文諧聲譜序

言古韻者江氏以前失之疏段氏以後過於密失之疏者如以巨網絕流蛇鱣蝦蟹時多逸出而吞舟之鱗其能漏而逃者尟矣此用力少而成功多也過於密者如以隄束水在處與水爭地而又區其中為某家之園某家之埦少有溢出則多為之防以禦之故其疆界井然條目周慎卒也防之者愈多而溢之者愈急或至浸淫潰決而不可窮是二者皆不能無弊抑知必得三代以前之韻始可讀三代以上之書今三代之韻雖不可得亦將就其文而尋其緒則其可見者未嘗不昭然在也今論者復以陸法言之韻律之至其不合則分析出入以就之而仍不敢改其二百六韻之目此所以紛紜轇葛徒足以瞀亂學人之耳目也又其甚者復雜以字母呼等之學變亂舊文一從新意夫辨聲音之清濁調脣吻之高下音學字

學原非小補然試思古人作詩之始詎有是哉且古今聲韻代有不同南北喉舌不無差異此以爲是彼以爲非深究所由迄無定論本欲辯晳愈覺絲棼是則不古不今難爲典要者也今欲斬其繁蕪除其枝葉莫若即古人所用之音以求古人所協之韻字與字相聯而音以具音與音相應而韻以成不拘牽於二百六韻之目不旁雜以字母呼等之論直截了當開卷瞭如此亦可謂破末俗之拘攣極文人之所快者矣某受性愚惷學殖寡昧自通籍來京師始知爲古文聲韻之學因聚宋吳才老氏明三山陳氏本朝昆山顧氏婺源江氏金壇段氏高郵王氏武進劉氏曲阜孔氏歙江氏之書讀之於王氏劉氏集中復知有陽湖皋文張先生諧聲譜之作惜其書未刻不得見年來奉使武昌始得就先生猶子仲遠令君讀之知是書爲先生稿本而嗣君彥惟卒成其業以詩韻爲經以說文爲緯其

於韻也則緜聯繩引如祖孫父子必有譜系之可尋其於字也則類聚羣分如主伯亞旅各有部居而不越因韻以考其字之偏旁而知同形者古音必同部因字以考其韻之通轉而知異用者古韻必異音其部分標目以詩中先出字爲建首一洗紛紜轇轕之習其書較段氏爲密而不失之拘嗣是劉申甫禮部有詩聲衍之作分部較詳然皆推先生之意而廣之未有能加密於此者蓋談古韻之書至此爲集其大成也屬試事旣畢遂從見告長日樓居因取舊日所著音論續之訂以先生之說成古韻通說十卷其大致不能越先生之範圍中惟論入聲處頗有異同又先生所分之水部彥惟所分之質部其去入兩聲分合出入亦爲小異好古苦晚不能就正於先生父子閒因仲遠令君將刻是編竊幸得附名簡末兼著拙書所以得成之由自來言古韻者疏密之故將以復於令君令君博古有

吏材官於水鄉其於隄防疏濬之法詳矣觀前之言其亦不能無慨於中也

與盋山房集序

歲庚寅侍伯父紫垣先生於里門始識蒼厓黃先生先生談吏事一言而善余雖少心識之後先生起復官山右余亦隨侍宦游湘沅間逮通籍來歸先生已乞身林下因得修同館後輩禮謁見顏沖以和詞粹以溫往日雋傑廉悍之氣隨齒髮俱變於是歎先生之德之進而吏材之不足以盡先生也惜奉教未久而余返京師獨時時從鄉人問先生起居聞先生主講秀峯書院所裁成後學甚衆不數年先生歸道山余適奉
命視學楚北先生嗣子恪齋以與盋山房詩文集來示且屬爲之序余謂先生爲民父母爲人師皆有所成就不孤其任少年好學至老不倦身隱

道尊所言皆歸於篤實於聖賢心性之學尤三致意蓋先生之心實有見於道而非徒其文之爲貴而已某不敏昔承先生獎借今無似以副厚期讀先生之文猶憶躬陪杖履時窗外薔薇盛開和光冲融盎然心醉日月再代哲人徂逝思之不禁邈然而增感也

諶雲帆詩序

昔歐陽子謂詩窮然後工論雖偏激而理實如是及觀於本朝而其說乃爲不信本朝詩人如阮亭尚書之享美名大福者固不具論外此朱竹垞宋牧仲施愚山沈歸愚查初白諸人類皆貴顯或晚達成大器嘗試論之本朝詩人其取精也博其儲材也富雖巨細長短不同大約山海容納物無不備非僅如唐宋詩人取工於一言一詠褊嗇固陋者之所爲也故言既昌明而遭遇亦隨之近日壇坫差不如曩昔之盛士之負其能於吟詠

耆乃時見於山陬草澤閒如溆浦諶雲帆其一也始雲帆爲弟子員取舍多不與時合故所遇益窮然獨喜爲詩人皆知其名而□之雲帆益肆力爲之不少懈蓋積二十餘年而得千有餘篇今年夏訪余於武昌閒出以示余余服雲帆之才之博氣之壯將使詠歌廊廟與竹垞初白諸人追逐上下或莫知其後先即不幸而抑塞阨窮如唐之郊島宋之惠崇與時鳥候蟲自鳴天籟以聳有力者之聽而增其聲價殆過之無不及者而乃不一遇僅以廣文黃先生知而好之噫可歔也已雖然所貴乎詩人者非取其排比字句刻畫景物而已必斷合於風人之旨而立言有補於世此不可於詩求之也多讀書以蓄其理廣涉之事物以窮其變而發於詩者特餘事焉昔之人所以詞達而名成者其在茲乎夫境之窮達有不足論而學之在我者不可不自盡也雲帆蓋視余爲直諒之友也故以是進之若

其詩之極工者則覽者當自得焉不俟余言也

朱嚴溪忍字輯略序

忍之說著於唐張公藝其用之不能無弊先儒論之詳矣然古之言忍者曰必有忍其乃有濟夫子亦曰小不忍則亂大謀蓋聖賢之所以制心豪傑之所以處事未有不由乎此者覷所以用之何如耳越王句踐之於吳漢高帝之於項籍文帝之於趙佗以能忍而得者也晉以相忍爲國晉懷愍忍於屈辱南宋忍於偏安以能忍而失者也顧其用之於一身與用之於國與天下又自有辨夫人之身其朝夕聚處者父子兄弟其地不越乎階庭里巷而其事細及於豆羹簞食屐履衽席之閒往往爭之則賊恩而未必其有益而不爭則所全者大故言忍之道用之於國則十得其五用之一人一家之事不啻十得其八九矣此忍字輯略一書余亡友朱君嚴

溪之所爲諄諄致意也始君遭時不遇嘗試艱苦而其朝夕隱微之地尤爲人所難言君處之若無事然交游間未嘗見其戚戚比疾亟乃授此書於同里王孝廉曰君其爲我刻之且必得余同年馬君梅巖跋之而龍君翰臣爲之序嗚呼君之苦心具於此矣此所以處人生之至難而無憾也至不幸而無年亦有命焉豈其負不能忍以至於斯極哉若夫徵引之詳博議論之懇切讀者固能知之後之處家庭者可藉以消鬱怨養天和則是書之爲益於無窮也余既不敢負君生前之語又嘉王君能終人之事也遂不辭而弁言簡端道光二十有六年歲次丙午季冬月乙丑同年生臨桂龍啟瑞序

彭子穆遺稿序

往余同里交游能詩者有商麓原書濬曾芷潭克敬龔茂田一貞關梅田

脩四人皆才而早世平南彭子穆昱堯差後出余時已舉鄉試至京師子穆亦以舉人試禮部子穆曩從學使國子監司業池公受業學益閎敏宏達又從受古文法於鄉先生呂月滄璜至京介王少鶴錫振得交梅先生伯言梅先生古文爲當代宗匠子穆少鶴暨朱伯韓琦唐仲實啟華及不肖每有所作輒相就正得先生一言以爲定而蘇虛谷汝謙故茂田密友在京閉門卻掃與君談詩學尤精邃諸君自司業池公梅先生外皆吾粵人也方是時海㝢承平既久粵西僻在嶺嶠獨文章著作之士未克與中州才儁爭騖而馳逐逮子穆與伯韓少鶴仲實先後集京師凡諸公文酒之讌吾黨數子者必與語海內能文者屈指必及之梅先生嘗曰天下之文章其萃於嶺西乎子穆於吾黨中學尤博氣尤偉極其才之所至可無所不到乃自庚戌會試後相見於里門時潯郡多盜君倉卒歸卒顛連抑

塞以死君友劉少寅乃取藏稿於其家乞余讀之紙墨黯昧篇葉殘脫蓋其詩存者僅十之七文之存則不及其半大較經呂梅兩先生點定余爲之手自編校汰其重複與不必存者以爲致翼堂詩文如干卷而子穆之遺稿始完而可讀君之詩初學唐人游廣州後始得力於蘇語尤奇肆文則早年似柳子厚未至永州前作及見梅先生後其神韻益近震川蓋君之詩文皆分爲二等每變益上要充子穆才力所至奚止於此其竟止於此者命也天苟欲成子穆之學則將畀以韓歐蘇氏之年乃未至於子厚而倏以死詎不重可悲耶吁子穆已矣其後子穆死者獨伯韓少鶴仲實盧谷暨吾數人在耳比嘗與諸君言人必有自重其生者其在世人或不知其可貴而自視要不可褻今吾里獨吾數人者存如幸天假之年以成其未竟之學在子穆亦藉泯其遺憾其可以目前之所得而自足耶子穆

君儒駢散亦異凡於古文境則似歐陽六一 伯韓

之詩文仲實將擇其尤者刻於涵通樓師友文鈔其全者余爲之鈔副存仲實所仍以原稿畀少寅俾還其家蓋凡余之所不錄者皆不足存也子穆與余交最晚而期余有甚深者今爲之釐訂其稿亦藉以報知己於地下獨惜少年同學如麓原茂田諸君輩其遺稿散失不復可問因爲之愴然以悲焉編既成遂以是言置之簡首時咸豐癸丑月日里人龍啟瑞序

紹濂堂制藝序

自功業道德之儒不世出而世遂以時文爲詬病夫誠見乎雷同勦說束書不觀終日從事於臭腐熟爛之物幾不知有古今天地之大及措之於世則茫乎不知所以爲如是謂時文之誤人也亦宜然自有明以來以制藝取士

國家因之閱數百年其間忠臣孝子魁人傑士出於其中者幾十之七八

今試取其文讀之與其人無不相符合雖功力有至有不至然皆非世之爲文者所得而及焉則信乎時文之不足以誤人而人之有所見於時文外者其文乃因之益重嘗試論之以爲古之善爲文者其人皆不屑以文人自命者也無論韓柳歐曾二蘇之儔其立身制行皆能卓有表見即時文中如有明之唐歸金陳

本朝之方靈臯李安溪陸稼書張素存其人皆不僅以時文見而天下之善爲時文者無以過之然則謂時文之不足觀人而達於吏事亦鄙夫小儒之言而未足與於疎通知遠之道也吾鄉周景垣先生以庶常改知縣分發河南逮知湖北德安府事凡所至皆有聲大吏於疑難事皆倚君以辦而先生暇時獨好時文凡書院課士府縣考試率皆自爲擬程積之旣久得若干首並合前科舉時所作都爲一集謂某爲粗知此事者而見示

焉某因謂先生之才之學其見於時文者特其小小者耳而已非凡手之所能爲且又能處繁劇之任而優游有餘居高明之位而誨人不倦其施設展布不又即此而可見哉今先生方觀察吳中吾知其立身行道必有希蹤古賢爲斯文增重者而世之以時文爲詬病者讀是集亦將翻然悟矣

朱約齋先生時文序

昔姚姬傳先生謂經義可爲文章之至高而士乃視之甚卑因欲率天下爲之嘗精選名家文爲一編以迪後學乃自先生殁未及百年而時文之道日益衰獨時觀二三鄉先生之作固超乎流俗而多存古義猶有姚氏之遺風焉要其致此者無他昔之人學而今之人不學耳蓋自有明之唐歸金陳梟我

朝國初諸名大家其人類皆學有本原沈潛乎經訓通達乎世事發之爲文僅一端而已今不深探其本而惟就區區之緒餘摹擬形似剽竊聲句逮其倖得則曰是亦爲文焉否則曰吾固學先輩而誤者也吁文豈若是易易哉先輩亦豈若是之誤人哉吾鄉約齋朱先生以乾隆乙酉舉於鄉時値海內經學之盛而先生伏處偏隅有志於學無書可觀僅得先輩所遺昭明文選藝文類聚二書讀之而先生之文遂卓然有以自立於世今其文孫少香銓部所刻爲存員堂稿者是也吁人苟如先生之嚮學何患無書可讀苟能讀書以積理用之爲文文奚有不工不然則昭明文選藝文類聚二書於制舉何與而先生讀之因以通於經義此其故可深長思也今士人於制藝既不肯竟學其稍知取法者則又貌爲先輩而不究其所由然之故如先生者可謂知所從事矣夷考先生生平以舉人得知縣

洊歷至直隸永定河道所至皆以循良治行著稱又知先生能緣飾經術通達國體而非拘拘於帖括章句者之所爲也即其不苟於爲文信之矣世有讀先生之文而憬然於學之不可廢則時俗不足以相限而文章之道乃益尊余嘗欲用姚先生之言以詔告吾鄉之後進今讀先生之集益見文之高卑系乎人之用力因爲士之自勵於學者勸也

通麇生所藏書目序

通麇生既歿之四月友人龍子既取其遺稿於家將梓焉並屬其兄子世墀錄其書目以示於是讀之而泫然曰嗟呼此吾故人之遺蹟也夫以嘗曰好之之篤雖聲色貨利不足以役其志也其購之之勤則飢寒勞苦不足以動其心而其校讎之精且詳則艱危困頓未嘗一日或離乎手故其所藏雖未極於浩博而切於學問者爲多今若人已矣吾獨綣綣於是目

者蓋吾友之精靈具在將使其後嗣子孫知前人聚書之難而欲其守之勿替也通麗生蚤時務為繁博之學逮其卒之年始聞乎道然則今之所存抑又若人之糟粕也雖然吾之輯而錄之者又發於情之所不能已也

經德堂藏書錄自敘

余年少不知好學稍長則溺於應制詩賦文字是時雖有書亦不暇讀既來京師古今碑刻之所聚也則好法帖閒朋輩贈答又好為詩是二者之書嘗聚而讀之而於六經史册諸子百家之言猶未足以投其心而生其愛也年來自好俱息稍喜從事於斯而典籍浩博家少藏書欲有所觀或不能具假之於人猝不可得乃漸次求之於肆或乞其副於師友之家蓋迄今四年而得書四千餘卷於是以經史子集為類因所得之先後錄而存之夫四千餘卷之書比之於藏書家或未能十一也然較予前數年所

見則未嘗有矣且由是充之以至於萬或數十百萬皆今日之積也抑又聞之古之學者將以讀書而求明道焉道之不明而徒務博於書則惑矣然未有能讀書而終不明其道者也夫書者道之所存而又爲余之所好而將來未有所止也則今日之爲是錄也其又安能以已乎哉

聖域述聞後序

右聖域述聞一編長沙黃虎癡先生所輯　家君宰黔陽時爲之刊行者也書成郵寄京師啟瑞俯而讀仰而歎曰夫子之道大矣不待言而彰也後王者作欲動民嚮學之忱而顯示以隆重師儒之意於是有褒崇之典有秩祀之文春秋釋奠取弟子之賢者配焉其次者又合食於兩廡蓋自漢唐以迄於我

聖清廟學大備而其禮樂器數代有沿革羣弟子諸儒生平行事從祀先

後名有等差非考之載籍則不可得而詳儒者束髮受書白首而不知聖門之堂故其可乎雖然如此者有二弊習故蹈常不暇深究此自安固陋之失也若夫淹雅之才高明之士方以矜奇炫博爲能事涉聖賢無甚新異又爲議禮所不急而置之故周秦以來之鐘鼎彝器及名公鉅人里居閭巷生卒年月博學者可考而知而於此或問焉不能答所謂昧厥先後者也是編之述首歷代廟祀及位次而尼山世系從而敍焉羣弟子諸儒之從祀者又從而敍焉旨纂輯舊聞述而不作將以備後學之參稽存膠庠之實錄可謂典而核約而盡者矣較之多識異物者孰爲末孰爲本也昔太史公登仲尼之堂觀其車服禮器諸生以時習禮於其家至低徊留之不能去今讀是編者雍雍乎如置身籩豆簠簋之旁而爲之升降拜跪於其際也肅肅乎愀乎如入鄒魯宋衞之邦而親見夫七十子之遺蹟也

其與升堂而觀其器物者何如其與觀諸生之揖讓進退者又何如哉世有聞先聖之風而奮然興起者是則流傳此書之意也夫

重刊朱子小學序

國家以實學取士自十三經四書外特表章朱子小學一書凡童生入學復試論題務用小學書在律令乃行之旣久或徒爲具文承學之士束書不觀然則古昔養正作聖之方與

聖天子造就人才之意胥於是而不可見歲丁未啟瑞奉

恩命視學楚北故友漢陽劉君棐雲寓書拳拳勸重刻朱子小學時以試事匆促未及爲後二年始克成之竊取其意而爲之序曰古者小學教人之法特詳乎灑掃應對進退之節禮樂射御書數之文然是其迹焉而已故聖人教弟子先以孝弟謹信愛衆而子游譏子夏之門人小子爲無本

豈非內以正其心術外以謹其節文弟子固當有所兼盡而不遺歟秦漢以降學校之政不修古者教人之法澌滅殆盡其法學童試五千字以上乃得爲吏是既習古者之一藝即可爲入官任事之階逮及魏晉齊梁淫靡之詞與詩書之教熄聲律對偶口授耳傳父兄以干祿爲急子弟以速成爲心爰及五季之衰其風蓋如一日有宋大儒朱子出得聖賢不傳之道統於千載之上既以其學註四子之書使成童之徒知趨嚮復輯曲禮少儀內則弟子職諸書定爲小學原朱子之意蓋以凡人之性幼則易教而入學之初貴有當務之爲急如射御之事今非學人所用書數則習而能之其他禮儀應對之迹又各有古書所載與時俗之宜未可定著爲一編之論惟此倫常日用之事行之耄耋而不盡教之孩提而易從者其說皆散見於經傳而未得其滙歸於是總而輯之以爲教小學者之明法蓋

其意思深長而其方益切而近矣夫文藝之事工則躬行之誼薄利祿之習盛則學問之道衰爲父兄者不望子弟之砥礪名節而惟取巍科博顯仕之爲務爲子弟者日習熟於記誦詞章之學不復以聖賢之道爲先不知讀書而不通爲子爲臣之道雖貴爲卿相猶鄙夫也爲學而身不齒於聖賢之林雖多文爲富猶無學也然則居今之世而爲古之儒舍朱子小學奚所從入哉啟瑞不敏幼承家訓頗習是書及通籍游京師復博訪通儒如漢陽劉君者爲之講明其義此書舊行天台陳氏註頗病其缺略劉君舊藏有無錫高氏註本爲完備因假得校讀之並爲補正若干條附於後惜書未刻而君卒矣此余所以務成君之志而思教其鄉人者也方今
皇上廣厲學官楚北之士又多秀良知勉於學讀是書者感發而興起焉安見今之人材不如古也道光二十有九年秋八月翰林院侍講提督湖

北學政臨桂龍啟瑞序

四禮從宜序

古昔聖人緣人情而制禮依人性而爲儀人情之所弗安聖人弗能强也記曰非天子不議禮此言世有先後時有古今惟聖人者出乃能參酌乎時宜而制爲經久常行之道使其下畏而愛之則而象之然後家國和樂教化行而風俗美也三代以前尚已其儀節之美備名物象數之詳且悉非好爲文也不如是而其心有不得盡耳秦漢以還始以爲無用而一切去之夫惡委曲繁重而樂趨於簡易者人情也上無以導之猶慮民之習而化上有以導之則民何憚而不樂爲故古禮之不可復漢文帝叔孫通諸人之過也斯民之去古也遠三代上之文爲制度不接於目於此而欲强之以隆古之道必拂人性而有所弗安然遂任其簡陋疏略荒忽謬悠

或寖至於悖棄典常而失其性此有心世道之君子所以愁然憂之而思挽末流扶世教者爲亟亟也淸江楊文恪公舊輯有四禮從宜一書其言冠昏喪祭各爲一篇酌古準今通人情而適世變余同年聊攝安大令宰楚之穀城憫其俗之不習於禮乃與廣文蕲水蕭君復校是書而刻之將以示邑之士民而問序於余余謂公之書誠善二君之意誠美矣雖然禮教之不行於今非一日之故也婚嫁多蔽於家人婦女之說喪與祭多雜以二氏之術求其志乎禮者十無一二焉非毅然自拔於流俗者莫能復古而爲衆倡也二君其先講明於學校而勸諭於世家大族則閭閻之興起或庶幾焉夫禮之用不同其爲教則古今一也今之儀較古簡矣然大聖人化民成俗之意實寓乎其閒士苟能體此書而行之因博觀夫會典通禮之全以推見夫

聖帝明王不相沿襲之義則斯民之興行有由而古禮至今爲不亡矣詎取其儀云爾哉

粵西團練輯略序

今天子初元廣西羣盜之起蓋數年矣其芟夷撕滅大小以數十計比其訖事恆得力於民間之團練於是朝廷命順天府尹無錫鄒公鳴鶴巡撫吾粵鄒公因奏留今陞布政使前廣西按察使調任甘肅按察使吳公鼎昌偕今陞河南布政使前廣西右江道嚴公正基總理團練而以在籍紳士福建道監察御史朱琦翰林院侍講龍啟瑞聯屬其鄉之人使歸於率先是琦啟瑞嘗受命於前中丞鄭公祖琛董辦本邑團練至是始設局省垣遴柬紳士隨同委員周歷各郡提點勸諭凡數閱月而通省之團務普成於是章程册籍薈萃省局啟瑞

擇其規條之尤善者與其公牘文字之有裨時務及團名丁壯義烈事實可備他日掌故者分以四門彙爲一編名爲團練輯略爰執筆而爲之序曰自井田守望相助之法廢而衞民者專恃於兵自兵力之不足始藉助於民間之團練團練者卽古寓兵於農之意而變通其法以適時用者也然考諸古自晉惠帝大安二年鎭南將軍劉宏討張昌始有義軍之名同時周玘賀循輩皆以薦紳先生起兵於家以討昌之黨石冰卒滅之南朝以來如裴駿曾悉達周迪之屬類以鄉兵捍賊取勝開元後府兵法廢諸州始團結民兵安史之亂諸州皆置團練使然當時之土兵多爲武夫悍卒所訕笑間嘗推尋其故蓋有人倡率則治無人倡率則敗威令之迫於上者鮮效義憤之激於民者有功其大較然也今粵西團練徧於外郡無所強之而事成有以導之而民從其故何哉被盜賊之患深保室家之情

切而習於攻戰之事熟也蓋自道光二十一年後夷務起粵東粵西鄰省毘連地方大吏於梧州辦理防堵事平後壯丁失業猾黠之徒相聚爲盜煙販鹽梟之屬從而附和又外郡地多山場曠土嚮招粵東客民佃種數世後其徒益繁客主强弱互易其桀者或倡爲西洋天主教以蠱惑愚民用是黨滋益多州縣官欲繩以法則恐生他變欲據實上陳則規避處分而畏干時忌逮釀成大患則破敗決裂不可復治而斯時之民甚者或經十餘戰次亦還徙數四弱者或流離轉死山谷强者則率其父老子弟與賊抗拒以保聚於鋒鏑之閒蓋粵僻處荒裔

王師調發難以時至本省兵馬各有守地顧此失彼輒不相及即及之而兵力不足或用爲借助爲其嚮導比比而是然至是而富家巨室捐資以助饟者丁壯冒白刃膏塗原野者紳士之督率奔走者或轉戰破賊經歲

不家食者用民之力亦幾於盡又得文武大吏督兵壯勦除然後地方寇盜幾於蕩平
聖天子軫念邊隅嘉與粵西人士能自相捍衞紳民有殺賊立功者立予甄敘賞過其勞殆爲吾輩初意所不及究其所以得此者固非一朝夕之故也後之覽者知其所由然則所以爲難之故蓋可識矣凡團練之精壯者大抵見賊多處也不然則民力之富厚者也不然則得賢有司倡率之者也三者不可得兼而就今日已成之事論之尤以賢有司爲急蓋有司賢則總團之紳士治總團之紳士治則分理之紳士治而一方之團練可得而治也有司不賢則視紳民如外物紳民亦從而外之甚則用不正之人參預其間雖已成之團練可以復壞夫民經流離散亡之後幸而恃有團練又賴賢大吏之力始可勸厎於成至不幸有司不賢則可以壞之復

歸於弊夫家有芒刃人知戰鬬用以殺賊則可愛反其道以行則甚可慮也事之弊則爲吏者有以藉口而斯民適受不韙之名又豈今日始事之所及哉然則是編之成固有待乎其人而非徒以成法待將來也旣以復於諸公遂質之侍御而弁諸卷首時咸豐二年正月旬有一日總理通省團練在籍翰林院侍講臨桂龍啟瑞序

是君是臣錄序

嘗觀古來之治亂天必生一代之君亦必有一代之臣使有其君而無其臣則雖爲善而無爲之贊襄雖爲惡而無爲之附和是猶未得爲治亂之極也使有其臣而無其君則俊傑將至老於蓬蒿而僉壬或擯斥而不得志要所以持其權者獨有人君而已君而賢則以賢召賢衆賢升而不賢者退而治之形成矣君而不賢則以不賢召不賢衆不賢升而賢者退而

亂之形成矣故治與亂豈有異術哉賢否定於君身好惡決於君心然則人君之好惡乃君子小人所視爲進退而天下安危向背之原所從出也夫古來君臣之際遇至不一矣其因際遇而成爲治亂之局者亦不知其幾矣然未有求治之君而不欲其臣之賢者卽未有臨亂之君而不自賢其臣者有明知其賢而不能用之者亦有明知其不賢而不能舍之者有旣用其賢而他人猶得以言辭閒之者有旣以不賢見棄仍夤緣他事以得進者夫不能判貞邪之界者失在於多蔽不能盡愛惡之量者失在於自欺不能割昵比之私者失在於多慾夫惟明察之君有以辨人倫之臧否而不惑誠篤之辟有以盡一己之性情而不貳嚴正之主有以絕左右之讒說而不私然後僉壬遠屏衆正盈廷而至治之馨香乃可翹足待也故禹皐稷契之奮庸非若人之自致於赫懿也明而揚之者之效也共驩

苗鯀之見棄非若人之自甘夫勦絕也放而殛之者之力也否則溷棼之朝不乏忠良之佐而混濁之世亦存彰癉之條其如無舉而用之者何哉博稽史冊所載臣之有待於君者恆多而君之有待於臣者恆少及其用之也則能盡其才者恆少而不能盡其才者恆多而讒諂媚悅傾險邪僻之人又多乘間抵隙伺君子之盛衰而與時競進此天下致亂所由易致治所由難也夫人君莫不欲享安全之利而求免於禍敗之危則宜思進君子以求安全遠小人以防禍敗然則省躬以端好惡脩己以正儀型其諸爲取人以身之本而帝廷賡歌交儆所爲重望於元首者乎某不敏竊嘗攷諸兩漢以來以君爲綱以臣爲目目之中分致治之臣若干品致亂之臣若干品人各摘敘其生平事蹟於下簡而不繁使後之讀者知爲致治之主則必有致治之臣應之與治同道罔不興苟爲致亂之主則必有

有君而後有臣鑒往所以知今安危治亂之迹各以類應焉先生此凡得失違得失不謂之象備之古今也 伯韩

致亂之臣應之與亂同事罔不亡而爲臣子者知取其所當法去其所當戒書成竊取朱子釋中庸之意名之日是君是臣錄謹撮其要旨於卷端庶幾鑒古知今之助而於保邦制治之本實不無小補云

贈潛山李大令序

潛之爲邑處萬山中桐城之龍眠浮山自東北邐迤而下每夏秋積雨溪水驟發壞廬舍侵城郭衝盪漂沒吏此者率日治水不暇給歲甲辰余奉使過其地見其橋梁修整溝渠清利沿城護以沙堤堤傍竹樹森映以萬計城野民居怡然有自得之色時山右李君善旭宰是邑以地主誼來見爲言初任時值秋初霖雨彌月僉言大水將至君急召吏民備竹籠數千百實土石視田中之高者培之下者補之水之可爲渠者疏之原隰當衝決者堤之前後四十餘日晝則周行相度抵暮露宿田野間事甫集而水

果至得無患言次君引手自循其鬢曰今之皤然皓白者皆旬月中之所致也賴

天子福衆庶獲全使善旭從容措手於疏濬蓄洩諸務比三四年水潦歲至不爲災今茲豐稔倍於他日中田所刈之粟使者尙其食之而飽乎余聞之起而慨然曰今

天子以百里之命寄於縣令出則傳呼辟道入則放衙高臥躭逸欲嗜聲利摴蒲飲酒其賢者則又賦詩作字誇文人結習以爲樂事至不即問或又從而生事者比比也焉有未事而預恤民之急且不憚其身之勞至於是哉如李君者可謂今之所罕矣方今河防待治甚急

九重日夜焦勞於上西北議行屯田事初有端緒誠得如君者十數輩用之天下事可坐而舉也李君勉乎哉因於其別而贈之以序

送顧太守序

爲天子吏守地數百里丞倅令長之官贊襄奔走於下六職之吏抱卷册以進者朝至夕不絕於庭出則州縣供帳訖於所屬之境官至是宜可以自行其權矣然而上之藩臬之使有以阻其勢而不得爲又上之則督撫不假以權使得自便於繩墨之外於是州縣之吏逆知其守之不足恃也令行而違之政出而訾之而又欺其勢之稍閡於民其至乎守之前者皆不外乎我所已治者也乃面從而心違如手臂拘攣不相爲用故今之爲太守者上之不能如督撫藩臬之權而體又不可自夷乎下下之不能如州縣之自有其權而民又不可使隔於我如是則接上難而使下尤難雖然上之人有疑吾攬權者矣有疑吾自治其民而亦不可稍予以權者乎下之人有疑吾侵其權者矣有疑吾與若其治其民而或病於過用其權

者乎吾於權之自彼出者則尊之彼樂吾尊也則相信而不忍忌於權之與吾共者則分之彼感吾分也則相愛而有所樂從夫如是庶可行吾志於上下之間而爲吾之所欲爲道光二十有五年六月某某出守潯州先生名家子留心經世

命下之日兢兢焉以不習吏事爲慮日諮詢吾鄉人之官京師者利弊纖細必舉以告而又慮初出於外事上接下之情有所未洽不能自行其權以達其志也而下問於愚陋無知之人余謂先生慨然有志於古之爲吏其肫然之志殷然之色有以感動於遠隔桑梓數千里外之人而謂不足以孚僚屬而結於大吏乎因爲言守之所以難而歸本於誠之可以自信者敬獻於先生願先生擇其可行者而遺其不可行者則某之受治也不已多乎

送王定甫南歸序

士之能立名行著風義節概取信於師友不辱於鄉黨寄之以萬金之貲而弗利託之以六尺之孤而弗遏抑之至一介之賤而弗以爲辱爵之以三公之貴而弗以爲榮此其人必有確然自信之志百折不回之氣艱忍決絕之行激昂慷慨之心其事之未著則愚者笑智者疑雖朝夕親暱之人終莫測其意之所至而卒之事之立也固卓然有以自見於天下未嘗稍徇乎流俗人之意而使其事之不必成朱壽昌棄官而尋其母韋元成僞疾以讓其兄疏受辭榮以從其叔父之三子者皆有天親之愛其視外之功名富貴淡然若無與焉豈夫慕利忘親者所可同日語哉余同年生王定甫少孤育於寡姊劉氏凡衣食學業皆姊之力是依比定甫成立官部曹獨不見其姊氏者五年迹其心蓋未嘗一日安乎其位也日者姊自

甥以書來招之定甫遂決意南歸謂姊不來將終不復出其身以仕呵至行卓絕之事古之所易而今之所難今觀定甫其與壽昌元成受三子之意豈異也而蓄之數年而不渝者豈非行堅守確內斷乎己意而不亂歟雖所至親暱之人詎能量其意之所至也哉夫定甫之自立者其於古人幾無愧矣若其振高風挺鉅節所信於天下而傳於後世者吾知必將以此一事推之也余與定甫蓋嘗命爲知己者也故於其行書此以寄余望焉

贈呂介存南遊序

古之時無所爲遊士也蓋自其少時則有鄉黨庠序之教爲之師者率皆閭師黨正鄉大夫三老五更之屬故學問之道不出乎里門而自足自小學曲禮至詩書六藝之文世家多有其朋儕之羣萃州處則又以備其講

習觀摩之具使之不易其心而遷其業暇則遊於鄉校以議論學業之善否有不率教者則作爲青衿之詩以刺之當是時士之去其鄉而遠遊者未之有也周道衰學校廢陵夷至於戰國而遊士始多然彼皆逞其辭說以取一時之功名富貴卒未聞以訪求道德爲事者獨孔孟之徒多遠涉異國必求得當世之聖人爲之師吁孔孟而不遇時使孔孟而遇時則將復學校於成周之盛又安肯率其徒曰僕僕於風塵內也秦漢以降教人之法愈失士之有志於學者或不得所師承於是始執業遠出思以博求當世名人驗其所傳之緒士當斯時苟伏處里門大率荒僻固陋不爲當世齒然則士之遊而學而非遊幾無以善其學者豈非庠序之教不立而師儒之官或名存而實不足厭人意歟余友呂子介存年逾冠一日忽舍其家人來遊京師問其求曰無所爲問其行曰吾沿湘泛湖逾於江河達

於燕將馳乎齊魯之郊遂放乎吳越以歸也君之遊可謂壯哉迹其意蓋亦將博求有道之人與之上下議論歸而就學以補其不逮也余之陋無所可益於君而獨以慨教人養士之法今有異於古所云者顧其異又不自今始也然則君之行其安能以已乎於其別因書之以爲贈

贈周熙橋序

歲四月同年友周子熙橋罷禮部試出都將行乞余一言以贈余竊惟古者贈言之義所以交勉於道義而補其不足也余與熙橋別五六年逮今日而會於京師讀其文高明伉爽不爲沾沾自喜之論視向之所業固一變矣又其素性褊迫苦不能容物比見余未嘗不以爲言意將欲改之而未能者是二者皆曩之所甚望於熙橋也今旣自治之矣余又安能有所益於君雖然凡學問之事始患其不知旣知之患其不爲旣爲之患其不

誠令熙橋之於文章行誼信有以知其失而勉於得矣則曷不專心致志毅然深造以蘄至於必成乎未至於誠而欲其事之成是舍我而求諸外也袪其怠刈其惑則精力至而命之立者在我矣於窮通得失之途奚疑焉請即以是贈

贈唐子實序

自鄉舉里選之法廢而文與行分自時文取士而文與文又分士皆摹擬剽竊務求捷徑以投世俗之所好其高者則又鄙夷吐棄託於好古之說以自便而於是或有所不屑為夫今日而果行鄉舉里選之法其不得士也與校文者無以異即進而求之古文策論詩賦視時文詎有間焉世變既極明王之制與時上下使孔孟而生於今日有不得不降心抑志以從之者矣何也所託之道既尊而所以制天下之術又甚一也自童子授

書入里塾朝夕佔畢非聖人之書如古豪傑魁奇辯博之說則盡斥而去之父兄師保舍是無以爲教美衣媮食其奉養或出於細民之上而人之所以尊崇之者至入鄉不得與之齒夫所以重之者旣如此之重也而所以激之使進者又如此其甚也苟反是則將爲不肖之子弟而無事而食且與凡民之游惰者自勉其身以坐受鄉里之崇奉彼其心能無怍焉夫先王之道不外以孝治天下使四民各安其業而不亂也今使人守其父母之身以盡心於職業而無憾所以自貴於天下者而不務爲欺人之學此卽古之時所謂德進者吾知非是人莫屬也卽有閎博通辯好古多能之士亦必將出於其中無疑也吾友唐子實工爲科舉之文以鄉舉領解於有司旣而君之學益深其爲文益不懈而及於古所謂古之爲士者君其庶幾焉三試於禮部不售其於中若將有疑也余則謂今之爲人子舍

是無發名成業之地獨有自盡其心而不務爲欺人之學者可即今人之道以求合古聖賢之心若夫今文古文之一以貫之則君早知之而自得之矣將行遂書之以爲序

章壽巖先生五十壽序 代家君作

士之遭時得位所號爲馳驅王路者率皆去其鄉邑遠者數千百里近亦六七百里刑罰賦斂簿書期會之勞擾於其外寵辱利害之私繫於其內壯歲而出至老或不得歸而欲於其間息世事養天和爭有限之歲時於搶攘囂塵之地蓋亦難矣獨爲教官者不然其流品不雜故官小而望重其除授不離鄉士故得之者有以自給而無奔走行李之勞且又不與吏事故往來迎送繇役供億有司方僕僕道途而教官可勿問也既世所以待之者如此爲此者乃得以其閒暇檢書讀書課子弟蒔花木以爲樂其

所往來皆博士弟子稱說道德講論仁義客去閉戶蕭然無事可以絕紛華之慕養盈靜之神故爲是官者恆鉅德長年蓋其取於世者薄而其全於天者不可謂不厚也雖然其爲之而能自得其志與不自得者則又存乎其人吾女翁韋壽巖先生自食餼於庠以例得儒學訓導逮爲舉人猶就之不肯去蓋有所自得於此者君配左孺人又能自甘儉薄佐君治家教子長子詞臣未弱冠舉於鄉余壻也餘四人亦將有所成立噫君非得冷官而不遠出安能教其子之賢若是而異時之優游暇豫永享天年觀於斯益可信也余少時隨先君爲教職於鄉前後幾三十年先君淡泊寡營不以祿薄介意日與吾母王太宜人以勤儉忠厚之道身體口講以教其子孫故家雖貧而恬然有自得之色逮余爲州縣吏日囂然以應接奔馳爲務迴思當日情事邈不可得則見君之抱潛德而貽孫子者安能不

自視以爲不及也歲乙巳八月詞臣自浙歸壽其親乞言於余因書此授之俾以爲階前侑觴之具焉

座師王雁汀先生五十壽序

今
朝廷職事官其清且貴而閒散者惟翰林爲然故士人之與於斯職者大抵皆閉門却掃間從一二知好杯酒言笑相與講論文藝切劘道德起視他人之奔走道塗者己則高臥靜坐既不以公事問人人亦無由告之雖有縄綬偷儒不省事之名世亦以其素未習肄也而不之責蓋藉是以卻外緣養心志居繁華之中而享閒適之樂固其宜也然趨時喜事者或不能安於澹寂之地其懦者則一切弛置而不思所以副
朝廷重待是官之意職業之不修性命之失也盖甚嘗試論之人之身猶

器然器屢用之則其敝速不用之則日就朽蠹而同歸於敗今翰林職司淸簡於人世累心勞形之事旣可屏絕不爲而其官職之所當盡與夫用之異日而及今所當講求者不得謂之無事苟能愛其身以有待則必有不敢過爲暇逸者而淸明彊固之體立焉若我座師雁汀先生者其深有得於此者乎先生少年科第官近職中間奉

命出使繼而讀禮家居前後迨七八年去年先生以服闋來都固將及古者服官政之年矣約居自好不爲齒急不與世競殫心館職與日俱興暇則左圖右史丹鉛點竄手未嘗釋而我師母夫人又能襄理內職以教育其子使先生得盡心於其職無內顧米鹽之慮竊嘗謂先生之澹泊也如彼其精勤也如此儻所謂不以有事爲榮而又不肯以無事爲福者耶儻所謂自盡其職業而務全其性命者耶惟然則先生裕無窮之基亦有無

窮之聞異日佐吾
君以致斯民於仁壽者可於今之官翰林信之也歲二月爲先生五十初度之辰及門將介壽於堂而屬某一言爲獻不揣庸陋因言翰林之職與先生能稱其官者既以自勵並書之爲後進法又舉先生之不懈益勤所宜享大名膺多祜者以諗諸君且爲將來耄耋之祝也謹序

讀曹參傳書後

史稱曹參代蕭何爲相舉事無所變更一遵何約束吏及賓客見參不事事來者皆欲有言參輒飲以醇酒終莫得開說以爲常世因以此賢之龍子讀之而歎曰參之賢果僅及此哉此去以私意亂法禍天下者一等耳烏得賢參果賢當躋漢德於唐虞三代之盛安肯幸其脫於區區之暴秦遂恬然高臥而不知所有事也參之蒞天下未爲大治也母后擅權於內

匈奴憑陵於外凡後世賈誼董仲舒所言風俗之未厚經制之未定禮教之未修更化之未遠其流極至景武之世其源皆自參之時發之參果爲天下材當易其抵冒殊捍之習改絃更張遏絕亂源修明儒術佐少主光顯高皇之丕緒而措天下於磐石之宗其功烈豈僅與刀筆吏比長而已耶且天下之大固未嘗一日無事也堯之時曰萬幾舜之志曰百志古聖人處太平之世則以不能久安長治爲憂其身未盡乎一日則必有數十百年之計如參所爲固足以自完其身而已且參獨幸而薨於孝惠之世耳使天假之年得見呂后産祿之事不知參將以歌謼日飲者治之耶抑皇然慮患之不暇給耶或曰參之時天下新脫於兵革元元之民莫不樂安於無事夫有爲者非擾民之謂也朝廷震動恪恭於上而百姓相與嬉遊於下吾日事事焉而天下不見有爲之迹此非參所能及也參之智僅

足以自知能不及何故兢兢焉守成法而莫之敢易其與夫變法召亂者固賢矣後之人處有事之時而託不事事之名以爲高者其鮮不開天下之亂源也哉

書郭玉傳後

傳稱玉爲太醫丞多有效應貧賤厮養必盡其心力而醫療貴人時或不愈玉亦因有四難之說余嘗讀而病之以謂玉特世俗者流淺之乎其爲術者也玉誠精其術以濟世則惟吾之所爲而必其效而何富貴貧賤人之足易其志哉玉惟不能內自決於必勝之術故不能不震於外而失其故智不然何以羸服變處而一鍼即愈也豈非技不能通乎道其技固有時而窮耶然人有疾而使醫者不能自盡其意則亦可危之甚者也

跋蘇明允集後

明允著幾策二篇首言審敵其論宋之弊謂以弱政敗強勢必爲之強政而天下之勢可復歸於強竊嘗謂當時無舉其言而行之者苟舉而行之則宋之亡可立而待將求爲南渡之偏安而不可得明允固嘗論天下大勢如人身然人固有血氣衰竭醫者誤投以藘茸劇劑卒燥其陽以至於不救者往往是矣今有人道暍而仆者或以水飲之立斃有餓而僵於市者立與之飽食亦斃非水之不可救暍食之不可起餓而用之者過於急也以強政矯弱弊也何以異此夷考古之帝王處積弱之勢而能自振拔以至於強者惟周宣王一人而已宣王中興事業頗見於詩今觀其詩不過因畋獵而講武事已耳撫流亡之民而安集之已耳中國外夷有不馴服者則命將出師以討伐之初未嘗以繁刑嚴誅束縛斯民而震讋之使必從也夫以繁刑嚴誅用之於繟緩偷懦之後者是猶積土石而遏湍水

也一旦潰決則必至於浸溢漫衍不可收拾後將欲返乎一日之無事而不可得也夫宋之亡固積弱之弊使然然尚得爲南宋偏安之局者祖宗深仁厚澤有以漸漬乎人心而不忍去也今一旦而以尚威之說矯之吾恐威未立而人之畔而思去者不少矣然則遂因而任之如何曰惡乎可先王之於治也匪强其政也而務强其心心强則政强如人身氣脈壯盛而耳目百體皆爲之效用而不倦也心之弱者政雖强而亦弱如懦夫呼叫跳踉於前而識者知其中之先餒也然則强心之道如之何曰君者天下之心也奮發之氣自上始之而朝野內外皆振動於不自覺矣後有處積弱之勢者得吾言而思之亦庶乎其可也

書歐陽子縱囚論後

歐陽子論唐太宗縱囚之事謂其上下交相賊以成此名善哉乎言其於

當世之情事盡矣惜所以處囚者猶未善也竊嘗推而論之以為既謂之曰囚則決無可縱之理者也如歐陽子之言上既失刑而縱之縱而來歸則又殺之無赦夫既存一必殺之心則何必縱既縱之而有來歸之義則又何必殺此說之不可通者也而又縱之而又來則將何以處之乎如因其實為恩德之致而赦之則安知前者之來為非恩德之致也同罪而異罰尚不可謂仁今同罰而異赦獨可謂之義乎如又來而又殺之是以民命為戲也王者不忍為也歐陽子亦知其說之無以處也而歸之於必無之事夫治天下者安可因其必無而偶為之假因必無而偶為之則今日之偶者其果合於義也且安知天下之不倖吾偶而以為常者例也然則如之何曰由吾之言既謂之曰囚則決無可縱之理者也王者之持政也平故致罰惟求其當而不示吾以可倖之恩王者之慮患也深故用法必

守其常而不望民以難得之事夫以至平之心持政而以至深之謀慮患則唐太宗之事固有所不行而歐陽子之說亦有不必用者矣然則偶一行之終不可乎曰偶一行之是待今之縱者則爲寬而視他日之刑者則不恕也故論處囚之道必歸於無縱而後可

書劉孝子傳後

天下事未及爲而逆料其不成與姑試爲之而冀其成之有以相報皆其事之必不成者也其偶成者幸耳若仁人孝子之於其親則不然舜之於瞍也夔夔齊慄未嘗料瞍之烝乂也盡吾心焉耳矣周公於武王之疾至策祝以身代天性之愛有不能已也以余觀古孝子於其親險難之事勢處危絕人皆以爲無可倖而孝子者獨不忍幾微之無可倖而遂置之其成也亦適如其志以相報是不可謂天也人也然劉孝子尋親事始於長

洲沈文㲋集中讀所作歌今於仲寅觀察處見其家傳愈有以知其詳而余嚮者之言益信夫孝子以弱齡尋父萬里外又無親戚故舊好義如古豪俠者輔翼而左右之卒備歷艱苦必得其親以歸此直可謂無凡人之見存於中者矣其能屏絕夫衆人之見者乃能有以自盡其心而全乎其爲人者也人之盡而與天合則彼之能得其親者非天之所能主也古忠臣義士所以致身竭力而事終以濟者蓋未有不出於此者矣或曰孝子出輒有異人相之若爲之導引者然此則世俗傳疑之說在天佑純孝之人容或有之而非儒者之所敢信已

蔣念亭先生蜀闈雜記册跋

道光二十有六年夏五月蔣子霞舫丁太夫人憂將出都手一册示余曰此先人官蜀中入闈分校時隨筆雜記也余受而閱之見其於房考之姓

字籍貫四書經策題之本文原委無不備載唱酬擬程之作亦附著焉皆一時率意爲書而筆墨間謹嚴有法先輩之處事周詳隨在不苟如是其可敬也哉觀此而先生之存於心措注於事以施於民者蓋不問而可知也乃忌之者獨無端搆陷之以入其罪致

九重聰明仁厚之主雖追悔之而不能及豈非命耶彼其人惟知快意於與己異趣者安能爲國家人才計也然能扼其一身而不能掩之於萬人之口能置其身於死而不能禁其昌且熾於後之人此亦可見天道之猶存而爲循吏者之雖阨而無悔也先生以乾隆甲寅舉於鄉於先王父爲同年霞舫又與余同年進士通家世好之日久矣觀其遺蹟肅然如親侍几杖之側也因爲敬識數言於簡端太夫人隨宦於蜀經先生之難撫其孤以有立者也其卒也霞舫孺子之泣尤慟云

鄒海岳先生忠倚殿試策題後

右海岳先生順治壬辰殿試策一卷無錫中丞鍾泉鄒公所藏先生於中丞爲高叔祖自登第去今且二百年矣當時殿試規格與今日微有不同如讀卷官今止八人用墨印名於卷背此用硃印銜名於卷後一葉自洪少師承疇已下得十二人且諸人名下不加標題而卷中斷句多用硃圈印其佳處亦與今有異行間長短參差不一取盡其意不限程式所陳皆按切時事質直鯁亮如所論賢者必難進易退以全其節者也不然則已謟必有犯無隱以盡其忠者也不然則已慢身家之念重則君父之謀必輕利祿之心多則廉恥之防漸佚欲致天下之大治必勵天下之人心志一而智勇生則一人且餘數人之才誠至而朋黨消則舉朝皆有指臂之勢又謂帝王治本於道道本於心請日御經筵擇通鑑奏議有關治理者

講說簡宰輔侍從之臣用資啟沃俱切實可見諸施行當日之拔擢爲有以哉爲有以哉逮後溧陽相國欲援先生虛少宗伯以待先生堅不往見其風節已著於此矣啟瑞不敏科名幸從先生後迴思當時廷對所陳乃不啻天壤蓄之未深者則不給於用豈功令之足以限人耶觀先生此卷未嘗不面赤汗出而增愧也

跋鄒中丞鳴鶴所藏當世名人書札後

大中丞無錫鄒公裒輯生平僚友往還書札爲巨卷二爲帙五出以見示啟瑞受歸卒讀歎曰美哉多乎近今所罕覯也惟公以名進士出宰河南洊升郡守凡其所歷皆繁劇要地中值開封河決身捍大患厥功甚鉅公又才識敏斷處決眾事無有巨細裁答往復應猝若暇故人之和之者洪纖畢具如山澤之富蓄萬物而各極其用焉方是時林文忠公爲廣督以

滌樓宗先生致姚
先生下

夷務謫效力於河上與公共事尋復以起所擢督陝甘而長沙李文恭公爲江督以漕米折色事力爭於朝繼之者沔陽陸公故直隸天津道預夷務而今兩廣總督河南徐公方以拒逆夷入城建功不世四公與公姻亞故舊所處皆天下重任書札議論世事洞中竅要其間碩儒魁士或隱於朝或鳴於野皆未能忘情當世則有如伯言梅先生滌樓宗先生心壺錢先生春木姚先生長篇短札博辨高論一一肖其人之性情以出其他名公鉅人與夫山林隱逸之士灑妙墨振英辭者尤不可勝數也夫人於古賢名蹟往往知所寶貴而並世者輒置之如公所藏非獨字畫可翫也乃其所言則尤可以攬時事之得失後之人將於此徵信焉是何如其可貴也哉咸豐初元公由順天府尹擢撫吾粵啟瑞以部民辱公知愛謂其可與言天下事也而以此示之因欣幸奉持而爲之記云

014344

經德堂文集卷二

癸酉冬十月朔據唐氏十萬卷樓鈔本校

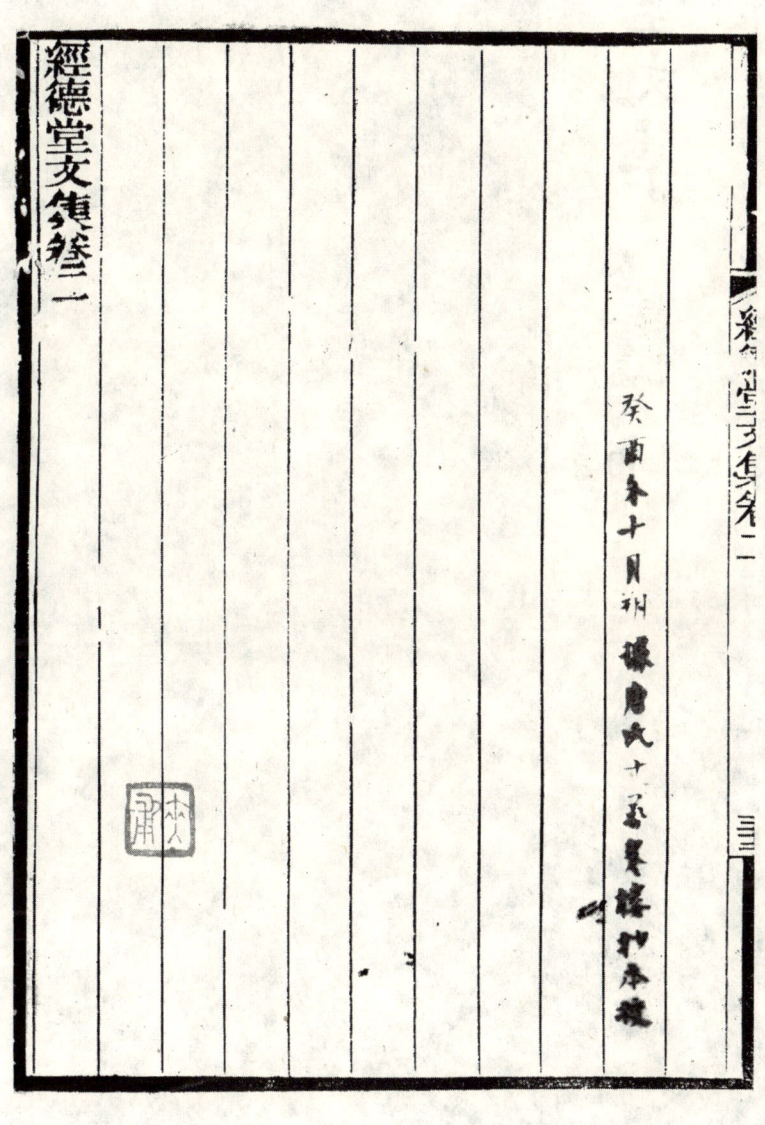

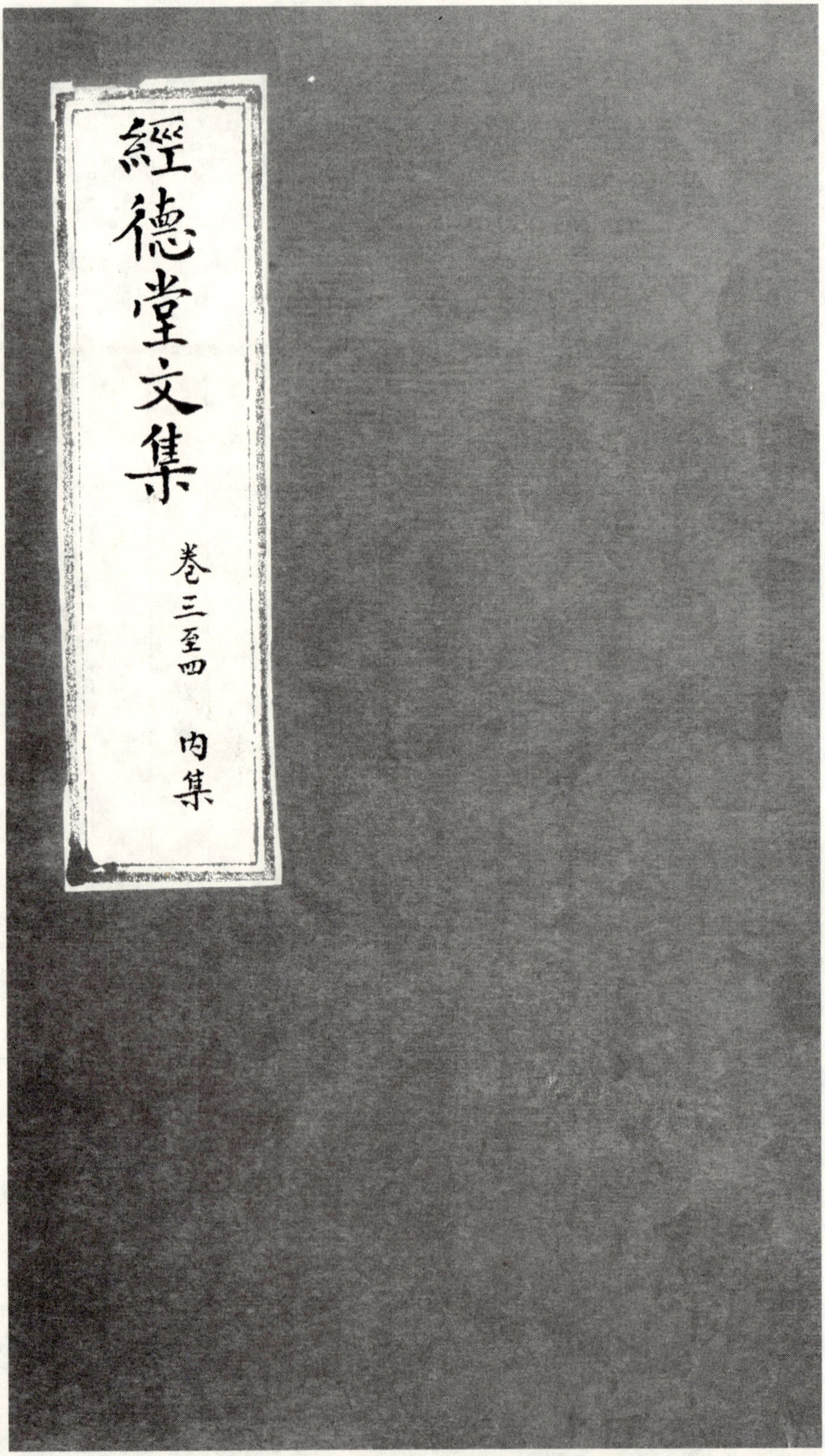
經德堂文集
卷三至四
内集

經德堂文集卷三

内集　　臨桂　龍啟瑞翰臣

雜記十六首　書十三首

書周孝子復仇事

周孝子楚之蒲圻人父爲怨家所殺孝子幼未之知稍長問於母不得則時走空屋中涕泣母憐其誠告之且曰兒年幼彼强未可以力取也十餘歲孝子入塾受書其仇周虎者族人也故與其師往來必易孝子弱兒子畜之孝子亦終忍不言會虎就其師計事還且暮孝子挾利刃伏路旁俟其過尾之將渡橋呼其名虎回顧以刃投之中胸格以手斷其臂遂仆余同年生賀霖若曰方余與孝子同學時日暮聞人聲呼於野甚厲衆往視見虎負重創卧林薄間氣不絕如綫僅能言周生實殺我衆歸而視周生

周生方坐燈下問之曰殺人者我也出其刃曰吾蓄此數年矣殺某死無恨矣會虎族人有訟於縣者官憐其義將爲之辯脫而孝子竟瘐死獄中

龍啟瑞曰毅哉孝子之志於復仇也方其母之告時固已存一必報之心而不復計其身與力之強弱也觀其降心於虎徐乃伺其隙而制其命又何其深且巧歟夫以深且巧之謀而濟以堅強之力蓋未有不卒成吾志而無慮事之有甚難者若乃謀之不精力之不定顧諉於事之無可如何則惑矣未嘗致其力與謀而遂謂其事之必不成者則尤惑之甚者也亦終於不仁而已余故因孝子之事而備論之使夫後之求仁者有以自證焉

書潛山侯孝子事

潛山大令李君善旭爲余言雍正年間有侯孝子者潛之負販者也刲肝

瘵母疾腸胃盡出遇人救得不死比愈纍纍者中聯厚膜如帶力作則負以行飲食呼吸如常人余聞之駭甚謂無復人閒所有事君歷言其里居年歲甚悉且有坊表其事實不誣余因怦然心動以爲聖人所謂孝悌之至通於神明觀於斯益信也人子於父母之疾拜醫求藥甚則禱祈願以身代乃若殘肢體毀髮膚冀獲救於萬一君子或謂之愚刲肝而至於出腸則尤愚之愚者也然終不害其生不知天實哀其愚而成其孝耶抑將故示其奇以勸夫世之爲人子者也儒者讀書好高談古義於匹夫婦至行卓絕者每以爲不合中庸而訾議之不知去古蓋遠世道日趨於薄非有至性過人形爲可驚可愕之事不足以振流俗而警世吾安得如孝子者生與之並時坐之通邑大都觀其纍纍之狀而令人孝愛之心惻然以起也孟子曰待文王而興者凡民也聞伯夷之風者頑夫廉懦夫有立志

今天下凡民之頑懦者固不乏則侯孝子之事其忍令其無傳也夫

書李守備殉節事

國家仗節死義之臣其平日類皆慷慨奮發一不回惑於勢利不充詘於富貴內以養其浩然之氣而外以厲其操非倉卒取辦於臨時而能之也若其死之有益於事與否又視其事之大小以爲其死事之輕重則亦有時爲命焉而論者或惜之謂其一朝致命之節有不如終留之以爲朝廷用此非謂死節之不足重而因死節而益以重乎其人也道光二十七年冬閒楚粵之姦民相煽爲寇竄入粵之邊境大府檄桂林營守備李君廷揚勦之而予之左營兵三百人君卒以行無難色至則深入以無援爲賊所困中矛後猶殺一人遂斃余友黎宗昉之言曰方吾識李君京師見其輕財賄重言諾於友朋之急未嘗不忘其身以濟居平獨喜談古忠孝節義

事於人交必以此相期勵會以江南京提塘任滿部選得桂林營守備京提塘美仕外間守備十不敵一或爲君難之君曰吾不解人之代爲吾慮者何守備雖貧然吾不挈累以行而又度其所入者而爲之制則歲俸固將有餘吾何患若剋減軍糧以供揮霍之用吾不能卽藉是以獻媚於上官者吾尤不忍爲也某聞其言而敬之不謂君果能全大節若是余曰今天下承平二百餘載閫外之將帥皆鮮衣美食與膏粱子弟無以異問其所得則均不能不取之糧餉及所屬各營之支應上既違道以取乎下則下得有所挾以傲乎上兵驕而惰職此之故誠得一清廉克己者爲之將則卒咸畏而愛之天下之軍政乃可得而理也如李君者殆其人乎天子之死以成一人之名又死之於甚微之事此余所以重君而愈爲天下惜者也雖然君之志節則不沒矣黎君曰子盍書之遂書其事以告後之任

將者

書孔母徐孺人守節事

今世間彪他奇行惟婦節爲最多自余所見搢紳先生之家下及閭巷細民其可稱述者比比也嘗謂婦人之節較臣子之忠孝爲尤難如甯武子之於衞成盡心竭力備嘗險難雖聖人以爲不可及乃余觀世之節婦往往類是者或名湮沒不彰可勝慨哉安陸孔母徐孺人方許嫁時夫已患瘵痺兩家願寒盟孺人不可卒歸孔氏扶持調護無倦容甫十年夫沒孺人親紡績鬻奩具以養舅姑視夫在有加其自食者草具不啻噫嘻可謂難矣即較甯武子職橐饘全衞侯者當不多讓人生幸不值憂患視天下之顛連困頓者若無事然試以身處之而後知其苦之不能終日也而不幸者乃日日值乎此此豈能執途之人以相告告焉庸何濟而卒忍而

不悔者內以自盡其心而外無所希於世也夫臣之忠子之孝先王所立爲學校師儒以教之者也如孺人者夫何待教顧其所成雖古忠臣孝子何以遠過然則婦之自全其戒者其可因世之多有是人而謂其不足重歟余因論孺人之事而廣之俾談風化者有以勸焉孺人有子二長某能大其家業次廣新讀書最賢爲余所取選拔生斯文之作亦以慰其顯親之志也

雷惺齋藥丸說

余友雷子惺齋嘗嘆夷寇廣州時嘗隻身走千餘里至海門觀其戰艦鎗礮之利歸而求所以制之之術著有成說復隻身走七千餘里將獻於闕下會鄉人有疑而止之者不果獻復走而歸以醫行於鄉里間以其所爲辟邪丸者寄余於京師而重之以書曰吾之爲此未嘗師古法也然所活

已數十八矣余得之而喜以投於人多因其向無成效不肯服吁天下之病其日異月出而不可案古法而治之者固已多矣以其藥之無成效也而遂毀之而不肯服因慨世無良藥而疾之不可爲也不亦悖乎此君之書宜其終卷於懷而不見用於世也然則斯丸之不信猶未可爲君之不幸也夫

病說

客有患鬱湮之疾者龍子過而問焉見其兀然而坐偃然而息曰飯三餔食之盡器龍子曰子病乎曰病矣然則子何病曰吾苦腹疾而事圖焉醫者治之三月而不效吾憂之不知所出輟吾業以治之則疾益以劇龍子喟然歎曰吁吾乃今知子之誠病也夫子之所謂腹疾者是特飲食寒熱之爲患也而豐而食焉而華而色焉乃其根柢固莫之能蠹也誒之而已

而遂廢而事而日槁而形焚而心終日慱慱若大難之將至者是子之神先敝也疾何與焉夫萬物生於神養於神故神聚則强神王則剛神衰則病神散則亡是以啜糟之夫臥之顛厓之側而不墮者其神全也嬰娩之子遇猛虎則折三尺之莛以毆之虎猶不害何則心忘乎物之可畏則物莫之能賊也今子未甚病也而日以病爲憂夫憂者實病之所從集也子盍朝作而于于夜暝而蘧蘧無懷無惟以甯子居疾其庶有瘳乎客曰善將從子言三日試之其病良已

史讀

太史公作萬石君傳狀其恭謹醇厚子孫皆馴行守其家法官至二千石者十餘人余讀而慕之謂夫和與敬者天地生人之性也人能敬以持己而不刻於待人則吾身之所處寬然有餘而暴戾乖剌之氣不作此蓋天

之所相也及讀五代史馮道傳其終始行事往往與奮相類而其優游相位老安於當代亦卒得其力焉夫以奮之賢與道之愚其不可相提而論者猶日星之於土壤也然使道從容於太平之世老成寬厚巍然人望其聲名豈遽出奮下哉所遇之時不同至舉其生質之美者而適以爲喪節敗名之具則非天之不善全乎道而道之不善全其天也吁可惜哉

書村民廖鳳槃事

吾粵民受盜賊蹂躪六七年未艾也以迄於今士之率鄉兵捍賊捐軀者所在多有余皆採之入團練輯略至鄉民冒鋒鏑死者則不可勝載若守義不屈或得死與不得死人亦莫爲之道也友人唐仲實獨言其鄉小水村民廖鳳槃方賊至時以團丁守隘不得脫一人遁之荒嶺上遠晩伺賊臥從陰晦蓊翳中匍匐潛下掘田閒山薯爲食凡十餘日賊退而鳳槃始

歸視田中山薯幾盡其村無一人在夫鳳粲特一田間民耳使賊至而相從去可不死卽未必雖生而幾至不免於死人亦未嘗以必死責鳳粲也卒之堅忍以蒙險難歷久而志不奪卽較之夷齊何以加焉豈可以凡民而少之哉抑仲實又言其團有草底村者賊初圍之不從誘之降不屈賊殺其村四百餘人以去此尤可爲難也夫仲實以千餘疲敝之鄉兵當巨萬環攻之賊獨能撐持數月力竭而至於敗其散亡相隨倚依依不忍去此必平日能以忠義結人心者宜乎鳳粲及草底村人之徒出於其鄕也世之當大任擁重權而但謂民之無良者觀此其可少悟哉

勸學記

人受命於天地以生不爲女爲男旣成人則有僮僕婢媪之役使父兄師友之督教衣服飲食一切日用居處宴息之地雖不大華亦不至陋出處

進退交接游宦雖不能盡如其意卒亦未嘗逼仄陝隘使之窮而無所投出則有車馬以代其勞入則有圖史以娛其志此其人固宜優游漸漬以馴至於德成名立而後已也否則必其人之惰而無志也若夫布衣窮愁之士自始生至孩提其於生人嗜好有不能盡見其居處樸陋其養生之具朝不能計夕倦而思臥復有至不得已之事驅之使出出又不能自得其意此其顛倒屈鬱於身世之際者宜其人不能一日以學然學卒大成舉世之學者無以過此豈非孟子所謂動心忍性增益其所不能者歟夫以遇之豐不足以有益於學而學之成又不必盡資於遇也此予之所悚然而不能自已也予之幼也承祖父餘蔭衣食豐裕於人無所求自束髮受書以至登朝之後計非舟車道途之阻慶賀酒食之會未嘗一日稍廢乎學宜所學必有以過乎人乃自今觀之不惟無以過乎人其不及者蓋

未可一二數也余能無滋懼乎且夫小人之謀利也得已而不已焉君子之謀道也亦得已而不已焉故君子之於小人非有異能也能用其誤用之才與力而一專於學則得矣今人之才力與古人不相遠也吾之才力與今人古人亦不相遠也盡吾之所當盡者而不求可止而姑止焉吾之於學其庶幾乎否則溺情宴私安於小就日月坐廢爲有志者所竊笑是吾之懲於前而不能無慮於後也因書之以自勵云

過嶧山記

驛路自江淮過河北而東適於滕薛小邾之境至於鄒山之最有名者曰繹繹之爲山不甚高峻而聳峭特立數十里外卽見其蔚然蒼秀之色山形凡三變初自南來視之迤然而長前仰後俛如王者之憑玉几而負黼扆也少北値山之陽如人悄然聳肩而立穆乎其容凝然如有所思更北

則山下衡上銳如覆笠於地其峭削處斬絕不可攀陟蓋山去孔道旁僅四十許步其下有鄉俗譌傳孟子所生地云余奉使來往兩過其地也求所謂三遷故里者實在鄒之近郭欲一登繹山觀秦始皇立碑頌德處父老爲余言茲山荒僻不可以登當年刻石遺趾渺莫知其所在道德之與勢位其得失於後世何如耶昔人謂孟子有泰山巖巖氣象泰山吾未見也若其剛毅正大之槪則繹山近之矣

月牙山記

桂之河東背闤闠也市廛盡而石橋跨之下有小水春夏僅通舟楫俗所謂花橋者也橋上東南望水際一山鬱然紅闌朱閣隱見峯腰林隙間渡橋數十武始得山門門內寬平地可一畝漸上則爲陂陀因乎地勢或平或矗委折而登行者左扶山麓右臨溪水晴波映日清瑩可鑑石間有小

徑舟行之客從焉皆上達匯於寺門寺分南北二室北室供大士像石壁環其後若覆釜而缺其半其高覆簷出者可四丈餘客來坐南室望之惕乎常恐怪石傾壓而下者是所謂月牙之巖也憶二十年前曾一游山中時凍雪初晴山溜之凝爲冰柱者寬可數尺長幾丈如是者五六宛然玉龍垂髯下瞰窗戶正心搖目眩鏘然落其一抵石上若碎大甕寺之檐角陷焉歸而魂動者彌月今歲月屢易景物非故江千桃李芬馥可愛無復向者恫心駭目之觀而余適以清明上冢歸偶一流憩薄暮坐閣上視花橋入影如蟻循去徑下恍惚若寤惻然霜露之感也

東鄉桐子園先塋記

桂林近郊多石山惟灕江東北之堯山負土而特大江行百里外皆見之山平起爲兩峯迤邐南行作疊浪紋者六七則高峯簇起嵯峨萬狀偉如

神人自天而下儀從儼然有植如笏者卓如筆者坦而委婁坐者行者顧者勢皆自北而東至其南山勢將變則右出爲兩峯而以東峯之餘勢衍爲岡阜反顧而右環之吾高祖母易太孺人之塋實當其址方孺人之葬也家甚微地師林泉言他日必貴且囑刻其姓名於碑至是而吾族之葬者七冢然皆莫如高祖母墓甫葬後叔祖克昇公舉於鄉吾祖繼之伯父及先人又繼之自伯父與先人同時作縣令人始知吾家桐子園墓也逮不肖以菲材謬獲高第人之知此地者愈多有裹糧來觀者鄉人私割其近旁隙地以售倘獲重價去夫物之佳者往往得之於無意而美報可食於無窮聞諸尊老地故明俸氏物今其墓及華表在焉因失穴而葬也家日落逮吾高祖時俸氏之老一人尚存與吾家有連遂收而養之善終俸再沒以此地爲報夫觀其地之所由得則非汲汲營葬者之可求矣況又

竊取而依附之也哉然則不肖及我同族世世子孫所以永念先德敬承勿替者其又安可弗講也

襄陽張氏誌石記

襄陽席生方璘得古人誌墓之石六於漢水之濱皆唐張氏故物張氏自漢陽王柬之以功名顯於武周之際其子孫世爲襄陽著姓今石所稱功曹參軍張公元弼及夫人邱氏者王之父母也處士景之者王之弟也新定太守朏則王之猶子豫州郾縣丞孚河南府參軍軫則王之孫也孚軫二石皆有撰人姓名朏之石無之景之銘功曹君之序皆王所自爲是卽王所自書王書世不多見此又完好可寶也夫自六代以來人之以石誌墓者多矣近今出土者益衆茲數石者獨爲生所得而與此邦人士寶而傳之豈非以王故哉然則士君子所以顯其親而芘廕其子孫者其必有

道矣

大岡埠團練公局記

嘗考周禮州長黨正有屬民讀灋之典皆以歲時行之於學而田獵講武及守望相助之法民自得以其意行之於鄉秦漢以降井田廢而鄉學不立至不幸用武則鄉民聚而爲社如宋時定州有弓箭社近日廣東禦夷各鄉亦公立爲社至廣西盜賊蠭起各府州縣官吏薦紳先生率其鄉之所屬日從事於團練而各村鎮闤市始有公局之設睚媢任卹之風一變而爲功利戰鬭古所謂觀於鄉者其若是耶雖然時之所至雖聖賢不能執古道以繩民惟豪傑有爲之士能因時之所宜以求合乎古夫以廣西之盜蔓延數十州縣芽孽乎十年之前一發而不可治今

天子憫粵民疾苦徵兵數千里外轉餉數百萬顧其力能及於盜之所至

而盜之所不至而將動者與其既去將復來者則必恃民之自爲捍禦而團練之事急焉獨吾邑地當省會盜警緩於他邑可以措理裕如顧其事之實與不實用之必有效或無效者則以董事之人爲斷故團練公局之設徧乎一縣惟大岡埠之在邑南者以唐堯山先生得名方事之初起先生於其鄉設公所聚衆期會行之期年什伍有法少長有序人知師律無譁於鄉大吏激賞爲諸團最先生益奮志督勸親執枹鼓家之子弟咸編入伍人是用和盜賊益稀蓋必如先生之團練然後緩急乃爲有用必盡如先生之團練然後各鄉之公局乃不虛設會先生之嗣吾友仲實來丐爲文因書此貽之吾嘗與仲實言今之團練名爲寓兵於農而多失古意異日風俗之害將不可究如先生爲之又何其善也此卽因而復講讓脩睦之風而進以讀法講武鄉田同井之治其又何難焉書之以復於先生

其亦不能無蜡賓之感也咸豐元年歲次辛亥仲冬月同邑龍啟瑞記

寓中小園記

將置其身於放浪寬閒之境則必翛然而無所繫傲然而無所讋神勌形敝於是假他物以寄之豪縱之士寄之於飲酒博弈談論歡笑其好爲清靜者或賦詩讀畫蒔卉木之佳蔭樂魚鳥之變態外以寫其閒適之趣而内以導其情然昔人有云得乎山林而樂者將失乎山林而悲惟知道之士其樂自足於中而不待外求凡人所流連愛慕者無論其麤細有無皆不得與其損益之數於是高談明理者又將外形骸一動靜游心萬物之外而寄情於荒誕寂寞之鄉蓋自聖賢觀之則溺於物者累也自高行之士觀之則溺於道者亦累也道且不可溺而況於物哉雖然道有即物而寓者顏氏子之簞瓢陋巷曾點之風浴詠歸彼非有樂乎物也樂乎物與

道俱也苟遺乎道以爲樂而其中實不能忘物以自勝則將荒迷而失其志必不如內足於己者有無入不自得之心吾寓中有小園寬廣僅一畝古木葱蒨嘉蘤霏映職事之暇輒攜一編坐吟逍遥其下雖非山林之樂而所謂淸靜閒適者亦庶幾焉琢於詩傳於畫亦將有得其一二也夫余之無得於道久矣而又不能寄情於荒誕寂寞之濱以自適則將爲博弈飲酒談劇歡笑其安能有賢於此者乎雖然吾尙慮其徇乎物而溺其志也嗜欲之不淸心氣之不寧則寄非其寄而吾之所得者亦僅矣妹婿章君亦學道而居於是園者也旣以作記復書之以共勵焉

江亭聞笛記

咸豐乙卯夏余泛舟乎均水之陽薄暮維舟隄下登乎江亭以翫夫沔北之山客有吹笛於艇間者倚而聽之若遠若近繚繞乎迴風激越乎流波

於斯時也天容滉瀁月色皓旰禽鳥宵肅響振林木而萬壑相與爲寂焉其諸類乎太古之元音歟何感人之遠也往余遊粵東英德閒之所謂觀音巖者蒼崖罅裂佛閣內嵌而外臨乎江滸余朝而登夕而弭櫂其麓中夜鉦鐃齊奏梵唄交作繁會之音與水石相激盪濁者殷巖谷淸者徹雲霄凝然浮於太虛而不知餘音之所極方斯時也余不聽之以耳而聽之以心不求合於聲也而求合於意蓋歷乎天下索之冥冥而未一再遇也今之所聞其殆幾乎雖然余今者以有形得之未若昔者以無形得之之爲愈也昔者以無形得之未若來者以無形形得之之爲愈也則試反而求之乎莽垠之野以息夫寂寞之濱雲藏四山萬籟淵嘿神風穆若淸泠起乎層巓憺乎敻乎其希微乎爲有聞乎爲無聞乎用是反諸人生而靜之初以觀夫物感未交之始其於聲音之道庶其有合哉因書之以爲記

上梅伯言先生書

伯言先生閣下去冬在鄂遭先君大故倉卒南歸瀕行於舟中作書告哀於執事並有所寄獻未知何時得達久未蒙賜教答私心惴恐不知所裁台從今歲果在敬亭否頤養之餘興居康勝邑子談經親知話舊並足爲閒居之適惟文字之飲諒不如都門之盛耳某自春仲扶護歸來荒疚餘生不足爲長者道前於舟中撰得先大夫行略一卷謹繕本呈正先人服官制行無慙於古之循吏實心實政美不勝書所痛者不肖之孤隨侍之日甚愍大懼所聞者闕焉弗詳若其有而知之知而傳之者則庶乎免於誣之誚伏惟先生道德取信於當時文章足傳於後世而不肖又夙以文字受知愛於左右則先人陷幽之文非先生爲之而孰宜爲道遠不獲登堂稽顙請命但望空遙叩而已又先人葬地原擬遵成命在祖墓側因今

夏雨水多土近卑溼術家言其不可用今擬改卜宅兆則葬期與地皆未
能以遽定請於文中暫從闕如又先人任乍浦時一日民喧傳夷人將至
都統某公倉卒不知所爲計先大夫告以某在公無恐夷人至當以禮諭
之我輩一動則兵民鼎沸將內亂乃出令嚴禁居民之移徙者不踰時而
探者果至言夷船已從海門徑度去玉環民欠鹽課五千餘緡業經
恩詔蠲免矣而吏匿不出歷任刻入交代作抵先人至廉得其弊自以夏
楚擊經手吏胥流血請於上官而豁免之罷民賴焉是二者皆因有所避
不敢書於事略未審可采以入文否伏惟先生哀其昏愚而恕其禮之闕
略使先人治績得藉以傳焉則所以賜不肖之孤而遺其子孫者詎有涯
哉臨書無任哀感戰慄之至秋涼惟起居調適爲道自重

答張芾卿書

夏間承賜手書未及作答比蒙再書存問甚愧甚感藉悉侍奉萬福秋試又被屈抑殊爲悶悶然某爲吾子計自有其遠者大者又安見他人之得而吾子之爲失乎比來閒居何以自適儻能游心於道藝之林是所企望竊嘗論吾輩所以俛焉日有孜孜者非惟誼當如是亦借是以却聲色貨利之緣使此心不至於外馳則所益固已大矣足下以爲何如某今歲未得外出亦無所憾但目前不能遂迎養之志而長安薪米之費復不能不累及老人惟此爲歉然耳於讀書之計則甚得也近閱經籍稍有領悟惜不得良友一印證之大作詩律乃更老於前亟欲作和以信急不得就下次遞中再呈前歲奉使粵東頗有所作爲門下士索付剞劂今輒奉呈一部如能指其疵病甚感幸也

答李古漁書 入外集

接來示知前寓書已於秋初得達藉悉起居安適甚慰甚慰羊城之遊竟遲遲未果此事本非兄所急即不去亦自佳且兄所以作此行者計惟是借助江山將以掃滌塵襟舒豁眼界耳然某謂文人筆墨之間自有煙雲供養要多閱古書博觀名蹟取彼氣息蕩我凡穢使胸中常有清曠超脫奇崛磊落之致則凡邱壑林泉之顫息皆吾畫境也時鳥候蟲之變態皆吾畫理也村農野老之周旋皆吾畫料也又何必尋海內之高士遠訪五嶽之勝蹟哉鄙見如此高明當別有會心耳某近狀碌碌惟清貧二字盡之竊謂清者勝煩則貧未嘗不勝富也道遠書何能悉

致馮展雲侍讀書

前奉手書諸務坌集尙稽裁答然每念肫然見愛之誠與殷然下問之意未嘗不縈洄於中而不能自已也計維職業清閒詠歌不廢慰甚竊嘗謂

人雖至忙廹之時亦必有一二刻之閒可以安坐讀書今之居館職者終日翛然物外無世俗之事關其慮於此而猶不能博考古今得失善敗之蹟與夫禮樂文章之用以備他日當路而可以自見者此與凡民之惰游者何異然此何足爲卓然自命者道能知所先務而不泛用其力斯可貴耳治經自是學人第一要義而求其有裨實用則史籍較經籍爲多荀卿子曰欲觀後王之蹟則於其燦然者已今之史册是也經術固不可不明然行之貴得其意如徒拘於章句訓詁則是俗儒之學若欲接其成法推而行之於世則如井田封建用之於古則治用之於今則亂苟非其人道不虛行故空談經學者正如夏鼎商彝無適於用要惟約其理而返之於身因以推之於世而不泥於其迹者庶有當焉然則今日之學亦先學其有用者而已某智能寡薄向爲無本之學又中廢而不克自振今僅用之

以敎人尙文紬不足於用則異日之施行於世者可知已因閣下殷殷垂問故不祕其愚而思有所贊於左右焉伏惟鑑察不宣

致舒伯魯書

伯魯仁兄足下都門得接高論並讀大箸詩文欽慕無似人事匆促不獲數數聚談台從不久又即出都積歉之懷至今莫釋比維侍奉萬福德業精進爲慰憶在京時曾滌笙侍郎轉述足下寓書中多奇警偏激之句抱負固所素裕所望者操持堅定使外遇之欣戚不得入而相撼耳高明當見及此也談古文詞宗法甚高孰而操之何患不至以吾子之年之富學之博雖以中材得之固可畏也況天資亮特高出流俗百倍者乎某以菲材謬膺使命竊自念衡文取士必修己者始可教人有餘者方能及物今自問率多所不足又安能勝任愉快耶望吾子有以開其蔽而警其失幸

甚貴縣詩人諶君雲帆家君門下士不遠千里惠然肯來賓從滿盈不能久饜高賢之篤諶君志在遠游並言與足下聞聲傾慕之日已久屬某以一言爲介而達於左右諶君才調無俟鄙言儻能於趨庭之餘轉述一二俾得安硯之所以爲刻集之資卽諶君亦自言無他望矣此其志可憐也幸閣下察之

復楊性農

性農尊兄足下不晤忽已數年遞中辱奉手書並讀大集垂念之厚下問之謙令人益慙且悚計維尊體動止如常藏書數千卷足以自娛所作詩文皆有標舉出塵之致而古文尤卓然爲今世之所希大約古澹而味彌長質直悽惻而情益永蓋學臨川幾得神似而淸微淡遠則又震川學史記之文也願勉力爲之無少懈姬傳先生言今之才士能爲古文者甚稀

如爲之必傑士也故觀足下之文有以得足下之爲人矣某學殖淺薄近得師友講論於此稍涉其藩要其深處了無所得因足下殷勤垂問輒復妄注鄙見與其佩服之語於行間其當否則高明能自擇之若專輒之罪亦必能恕之也秋涼惟讀禮餘閒千萬自愛

致唐子實書

子實四兄足下別來改歲碌碌不及奉書相聞去秋於少鶴處得見手書知安抵里門侍奉萬福爲慰近日爲學何似里中閉戶靜居與長安之奔走人事者有別其精進當不可量某近喜讀書而私有志於爲文以此爲游藝之一端將自攄其性情而已非務與世之賢豪者並而有意乎古作者之林也然竊怪今之文所以靡弱而不逮於古者則亦有故焉自漢班馬賈董之儔其人皆篤學早成因以其餘著書而傳後世故其文成法立

非有所規摹結束而爲之也逮唐之韓柳宋之歐蘇者出其文乃始有法然皆灑脫放曠務盡其中之所欲言且人人自爲面目初未嘗畫爲一途謂天下之文盡出於是也自明歸震川氏出而論文之道始歸於一夫歸氏之文其於韓柳歐蘇者誠未知何如要可謂具體而微者也特其生當有明文運衰薄之後一二荒經滅古者蹐駮敗壞之餘於是尋古人之墜緒而一一以法示之彼其心誠救時之弊耳然而其才或有所畜而不敢盡也繼歸而起者爲國朝方靈皋侍郎其於義法乃益深邃方之後爲劉爲姚要皆衍其所傳之緒而繩尺所裁斷斷然如恐失之故論文於今日昭然黑白之判於目犂然如輕重長短之決於衡度也雖高才博學之士苟欲倍而馳其勢有所不能吁後有作者習歸方之所傳而擴而大之可也如專守其門徑而不能追溯其淵源所自且兢兢焉惟成迹之是循是

束縛天下後世之人才而趨於隘也揆諸古人待後之意庸有當耶然其中又有不可强者當歸方之時求韓柳歐蘇既不可得而況於班馬賈董乎而況於百餘年之後守歸方之義法而聆姚劉之緒論者乎夫文之盡而至於無所用力苟徒循文以求之亦終見其勤苦難成而居古作者之後已此意未可與不學者道也僕近所見稍及乎此而愧其學之有不逮焉足下如以爲然願交勉之而已

答羅生書

自歸後一接手書知安抵里門侍奉多福爲慰省垣人事紛擾不暇作復旣念足下書豈可不復者況僕又有不能已於言者耶方今友朋道替心非而諛所言都不由中出位望稍以懸絶便不敢一加訾議或向人前指摘過失用快己意而相見乃莫肯一言此固其人之驕傲怙惡有以致之

然殊非朋友忠告之道也足下乃勤勤拳拳能指吾所不及並告以持正用人之要此固僕飲食夢寐所不能釋而他人所習之而不及知知之而不能言者不圖足下一旦傾瀉肝肺相愛之甚至於斯極也其爲惠益豈有涯量雖然君子之於朋友也不責以所苟難貴因事以察其心而知其萬不獲已之意方今人心務在趨利不知有義作事不求實用但務虛名者比比皆是僕在此力求矯正便已動相齟齬不知者謂爲氣量褊陜事事與人爭論然能諒其心之持正者固不乏也此亦足下所素聞倘以我爲盡力周旋者何事耶僕則何所嫌疑顧忌而周旋何人也又謂有論列於當道大臣之前不免稍存趑趄囁嚅之態僕於不知己之前不欲盡言者則有矣至其推心置腹以端人待我者固未嘗不慷慨正辭也僕於官何所統屬而有所畏避而不敢言耶至不在其位不謀其政所不當言者

又可盡責之於僕耶讒佞貪濁之徒屏而去之此僕之所能然能保其人之不出吾門而已其由於他途者吾力能抑則抑之不能抑則以術箝制之使無害於大局欲盡鋤而去之固力所不及也鄉邑雖大人材可一二數閒有備員行事者要不以置之重地僕居鄉無尺寸柄徒以當道信任筦攝通省樞要事又不無分任豈能悉聽指撝所指天誓日力求無負者惟公正二字此心未之或忘而暗中維持匡助自問亦復不少顧其中之委曲則豈能人人告之外閒物議亦所當然至於怨者之口更不必說也然聽言者又豈可略觀大意便謂其說之可據如謂某有不善便當求其事以實之其事果實又須求其致此之故有迹非而心則是者猶當諒之豈可據空談之一言一事便謂其有所不足哉不知足下所謂物議者亦嘗察之否近今朋輩好為高論置身局外侈口譏訕視斯世無一可意及

引之當局噤不發一詞如是者僕實恥之願足下毋蹈斯習僕在省中號爲以苛論繩人然必此心所萬不敢出及畀之我而力能舉其事者始敢議他人所不足反是者未敢出諸其口也足下之更歷天下事希矣及之而後知履之而後艱願他日無忘斯言若乃吾道不行拂衣徑去此士君子立朝者之所爲僕今日居鄉何遽至是且僕不願爲高蹈而有戀於此也獨念上自

九重聖主下及地方大吏孜孜以此爲事異日播之國史傳之遠方鄙人當局或不無萬一之助夫不樂聞足下之言則可置之不辨辨之詳且欲實徵其事僕之有意於聽言而非敢於怙過也明矣繼自今有可言者願足下言之勿忽承宴是事非筆墨可盡入春來舍閒自老母以下各平安念足下不久當來故不具白

致曾滌笙侍郎書

月初六日專人還接奉手書知前件還蒙矚注某此事實出於萬不獲已寸心可以對天地質鬼神若世之所謂謹默畏慎者難免不以爲非要亦不足聽瑩也數十年來士大夫以含容爲忠厚以寬大爲美名如有持正不爲苟同者卽以刻薄之名加之立見其僨事而不肯得罪於同官卽使其殃民而不肯曲從夫清議夫不忍於一人而忍於百姓不忍於同僚而忍於吾君其爲害詎有極耶「天下事所以流失敗壞而莫可挽回者孰非若輩有以釀成之也某平生實不肯以苛論繩人卽今日作鄉紳亦不肯不爲地方官設想如使我當之而力不足舉其事者斷不肯責望當局今日吾鄉之事實爲此一二人所敗如使盡其心力及早爲之雖庸才亦必有以自見受人之牛羊而不爲之求牧與芻且驅而致之虎狼而莫之省

憂徒束手號於衆曰吾無才則當其受牛羊之時何不皇然自謝其不敏也且今日之事又不止於無才而已而又幸其主人之多難也而忍從而欺之顛倒是非有無直以爲旁若無人者彼其心之無君亦已甚矣某雖不才蓋亦廁身士林略知大義目擊此欺君害民之事實覺於心不甘如律以居是邦不非其大夫之義則爲春秋時分土分民者言之不才以王人而與公事烏可以此爲例又有謂所言雖是但惜其晚而於事無益某則謂不至今日言之亦不見效如謂晚而無濟則他日言之更屬無益不如早一日言之更有一日之效生平賦性愚戇惟正直二字自謂可以矢諸神明嘗謂好惡如有悖於大　公者則生不可以立於
大清之朝死不可以入先人之廟執事所謂邦之司直者庶其聞而諒我乎此事承於續函示悉感荷以後如有所聞更望寄示天下大局固已不

堪設想吾輩爲一日臣子便當盡一日職分
主德仁明民心未去撥亂反正安知不在今日旌麾駐臨匪遥鄰封受庇
瞻望風采企羨無窮

荅李太史書名德儀江蘇新陽人

小麐賢友足下貴同年俞少氷韓季海兩明府至疊奉手書中又一書由雙坡兄寄達計其遠者二三年近者亦兩月餘矣會遭時變人事紛擾又年來心跡非言所能盡故舉筆輒止者數矣儻不爲知我者責望也某自奉先大夫諱旋里荒疚餘生本不欲干預世事適因鄉邦多盜當事屬以團練鄉勇遂不復能自脫此事在今日誠不易辦其要在合羣力以相助倘有一不得當者則遂壞而不成其賞罰之權又操之於人而不得盡如吾意此所以終莫能效一日之長以自快也又終日與田夫野老及數十

輩拘文牽義不通曉世事之徒雜遝座上反復開諭窮日竟夜逮其成事了不關家國大計然當時或不與之言或聽之不終其意則大失物望而其事可以立敗某居鄉徒以名位從大夫後所處皆朋輩等夷如必別擇數人專與若輩會話而某爲之總其成亦古人任人則逸之義然此等通達事情者何可多得非其人則不見信卽得其人而名位稍不逮者鄉人亦未必相引重也某於吾身所應爲之事無論精麤巨細自矢皆以實力出之不似他人留其有餘以此爲無益而不稍措意者以爲苟如是則可不肩其任也故自受事以來心所能盡而限於力不能至者恒有之矣若力所能至而誤於心之未嘗盡者則未之有也最不可解者一二當塗之子了不以民生爲意與之言亦不見信又顚倒其是非黑白直視天下若無人焉者僕於去冬始不能不明目張膽一爲吾鄉士民伸其直道要於

彼有何私怨直是君臣大義地方公論有不能泯沒者使僕苟可奉身而退亦何必與當道齟齬否則同流合汙爲一二親族交游謀一道地可以挾持之使不得不盡如吾意而敢犯大難結大怨而爲之也現今制府未知如何覆奏而籌兵籌餉倘能兼顧此邦則僕之一言未嘗無萬一之效方今出處進退真是萬不容易道遠惜不能一一爲足下言總之僕必有所以自處者決不肯貿然而輕於一往耳臨清股匪幸已殲除軍興以來最爲快意阜城餘燼亦當撲滅河北稍得安穩而廬州漢陽等處仍復兇燄橫滋非

王師南下大振軍聲不足以褫其狂魄而京外隨處患貧尤甚不可解之證數年前同在都門安知天下事遂儵忽至此承平士夫尸位養望視其官若傳舍不復以豪末公事爲念凡百墮壞至不可救誠堪痛恨近來人

心稍有省悟而時事已是萬難卽有賢才不知從何措手足下留心世事者當益厚其所蓄有裨益時艱者無嫌寄示一二慈侍年來極安善惟此可慰遠懷旅宦淸貧何以爲繼僕在此復不能相助如何可言

上梅伯言先生書

伯言先生閣下憶前歲春間蒙賜先人陷幽之文當卽肅復敬申哀謝道遠未知何時得達比逆賊踰嶺出息耗益梗不通聞先生陷危城中曾作二詩感懷未由奉寄嗣於新之方伯處知先生已脫賊自歸移家黃墅爲之欣忭者彌日會粵西土匪益熾牽於集鄉兵議團費終日卒卒脣吻枯燥逮晚不得休息又地方官相與違難噫氣塡胸肺間因自戒執筆恐發攄太過以益時忌故不能以一函詢近況道款曲然依企之誠則未嘗一日而寘諸懷也伏維遯迹休閒興居安善金陵異族逼處聞數十里外村

落倘可安居未審近復何如憂患播遷之餘以道自勝親近圖史神明不衰固當爲先生祝之耳近年變端殊大非前時意料所及然先生文集中上汪尚書書已言之良佩深識遠見抑某竊有進者姦民固非重州縣之權不辦今州縣雖無權然察一結盟聚衆之姦民固力有餘也特上之督撫不肯擔代處分又樂以容忍欺飾爲事有一二能辦之員且多方駁飭之使逆知吾意而不敢爲然督撫亦非眞以爲事之宜如此也大抵容身固寵視疆場若無與苟及吾身幸無事他日自有執其咎者又上之則宥宰相風示意旨謂水旱盜賊不當以時入告上煩

聖慮國家經費有常不許以毛髮細故輒請動用由前之說固非古大臣之所以事君矣由後之說其所以防冒濫非不善也然疆吏因此而不敢辦盜逮其潰決則所費者愈多爲督撫者類皆儒生寒素夙昔援引遷擢

不能不藉助於宰相如不諧而後行則事必不成而有礙是以受戒莫敢復言蓋以某所聞皆如是也金田會匪芽孽於道光十四五年某作秀才時已微知之彼時巡撫某公方日以遊山賦詩飲酒爲樂繼之者猶不肯辦盜又繼之者則所謂窺時相意旨者是也當其時馮雲山韋振胡以洸等蓋無人不爲本地紳民指控拘於囹圄者數月府縣以爲無是事也而故縱之逮其起事始以八百人聚於桂平之紫金山紳民知必爲巨患集鄉兵千餘自備口糧器械欲往勦捕具公揭於道府但請委員督視使知非私鬭而殺人得免於抵償蓋其時粵西初有團練而民之畏法如此道府顧置之不問紳民再三催促始委一候補知縣薩某應之而夫馬又不時給委員因逡巡不去賊聚黨驟至巨萬團練弱且嗛官兵之莫爲助遂壘撤手而賊勢滔天矣蓋某所聞於官中者如此此不能不爲之太息痛

恨也今天下州縣多矣即一省不下數十百餘安得盡賢者爲之惟督撫得人則州縣不期而自治督撫不肯欺蒙
皇上則州縣亦必不敢欺蒙督撫此其勢然也竊謂如先生之論使州縣得人爲御史固足以激勵人材而建白不至爲空言然刻薦赳牘而上之者督撫也如使他人薦之恐非時政所宜亦未必遂公且明於督撫州縣雖賢安能違其意而自致於高明哉惟宰相實有抑揚督撫之權督撫皆得其一言以爲事勢之輕重故從古天下之治亂未有不由乎宰相者今粵西之始禍可覩已此蓋先生文之所未及者故某引伸其說以爲世鑒先生其然之否耶數年里居因團練事時與官吏交涉竊見今之所患有甚於昔始親見前人之覆轍而躬自蹈之者如使一誤再誤則爲憂更大去冬曾據實瀝情入告

廟堂初意極爲慎重浸淫爲持魁柄者所過彼人不能扼我而能忌我又賊勢滋蔓凡鄉團之良如唐子實輩皆敗不肯出某於是不得不奉母引去忌我者亦不能留也蓋某之所以出處進退者如此其委折非言可盡自十月十一日自家起程今日始抵衡陽將取道襄樊以達秦中謁見座師王雁汀中丞擇便地安置老弱再圖北上今之時勢談何容易況以空疏無據者爲之其能有萬一之濟耶倘容隱居奉母婾得一寬閒寂寞之濱則私願已足先生其必有以教我滌笙侍郎一軍居然近今豪傑觀其起事之始其氣足以吞川瀆撼山嶽而幕下人才亦皆一往無前淩厲蓋世宜其有以懾兇頑而吐氣也然自九江而下賊愈悍我愈孤江北之蜂屯蟻聚者其志量尤不可窺測則恃蒼生之福命爲之滌笙到此則更爲其難矣前歲感懷二律並今歲立春日寄懷近作附錄呈正先生文集曾

否刻成便乞以一帙見寄今年在粤與伯韓子實裒集師友文刻之而以子實居其名命曰涵通樓師友文鈔先生文從伯韓抄本錄出近作則先人墓誌黄个園傳皆與焉頗有集隘不能盡登之憾此外月蒼先生子穆伯韓少鶴及某六人為書九卷先生及伯韓少鶴皆二卷而少鶴及同鄉蘇虛谷之詞合鄙作共為一卷凡十卷今已裝訂印行詩鈔擬俟續刻蓋貲與日皆不能給而先生詩集從前未經錄出不知能以副本見寄否兵戈擾擾勞生僕僕無補時艱獨平日文章之好結習未忘嘗自笑且自憐也獨以識一時師友淵源之緒則先生或亦有取焉道遠書何能悉

上梅伯言先生書

伯言先生閣下去冬在衡陽曾託至揚州軍營者肅函上候興居並述鄙況未知何時得達抵京後始聞傔從乃在清浦兼得賢主人依倚為慰殊

深年來時事變遷江表人士流離載道先生幸脫危險良由德慧足以周
身自防尤幸者耳目聰明尚能豪吟作楷比於少鶴處見近箸詩文一卷
又知詩文全稿俱未散失而至堂年丈復裒輯古文諸作錄之梨棗使先
生於亂離之後親見是集之成竊以爲天之篤先生而俾之不朽者莫大
乎是既爲先生慶又深爲吾儕慰也人生而知治古文者鮮矣能治古文
而並世之人有義兼師友質疑訂正者則自退之籍湜外蓋無聞焉然則
天畀先生以康彊之福又使之出於險難以成其晚年論定之緒固吾儕
所冀幸而未敢必得者乃先生之得天獨厚耳比嘗與少鶴言繼自今吾
黨有所作當一　以寄正於先生諒亦先生之所樂而不倦於勤者耶某行
程需滯於前月初旬始得抵都尚以翰林官候補冀得暇日奉母讀書爲
樂時務非空談所能見諸實事者又良不易易故未敢言也嚴寒伏惟以

時珍衛不宣

上楊至堂年丈書

至堂節帥年丈閣下十年前騶從以述職來京瞻仰丰儀雖未獲屢接言論竊見其藹然之容淵然之度私以爲今之賢大吏如執事者蓋未易數數覯也別來既久未克以一書通問於左右前月入都乃於同年少鶴農部所得見惠大刻梅伯言先生文集一部少鶴並述書中見及語意思拳拳感與慚並不可名狀卽辰伏維順時節宣台候萬福爲頌方今時勢遷流不可思議當局每皇然救過慮患之不暇其他無問得爲不得爲皆一切置之度外曰吾將有待以盡吾職也旣問其職之所當盡者而仍貿然卽其所待者至矣仍頽然自放以付諸無可如何之數然則其平日一切置之度外者不且爲避事養閒之便而有能者起必不肯當其地而遂漫

無所作爲耶今執事建牙河上值時勢艱難之會乃能篤念舊好刊刻文字存作者之苦心示津逮於來學此其心殆不肯於無事之時弛置自便又不肯藉口於吾方有事而無恤其他者因是而推則執事之所部無不辦治卽他日遇可爲之事亦必不肯聽諸無如何蓋可知也私心慶幸不獨爲斯文賀言翁於某義兼師友竊比爲今之杜韓而執事之用情故舊則張建封嚴武覩之有慚德焉然則天下有一藝之長者孰不願自效以託於知愛之末也某數載里居毫無建立比者奉母入都冀得侍養讀書爲樂倘所俯念年家子之末時施教誨則感且無旣有詩文數首寄獻言翁處未及呈稿非就正於大君子之義如不棄而賜教焉尤幸甚也

經德堂文集卷三

經德堂文集卷四

臨桂　龍啟瑞　翰臣

内集

傳狀六首　碑誌八首　祭文一首　哀辭二首

麻公家傳

公諱允光，字樂山，廣西臨桂人。祖錫珍，父福全，皆不仕，以公之子貴，並贈武功將軍。公生而善射，能以手彈矢射飛鳥立下。以乾隆丁酉科武舉授湖南常德營千總，擢直隸宣化鎮葛峪堡守備。嘉慶二年冬，白蓮教匪亂陝西，大府檄公以本營兵三百人協剿，深入至沔縣，轉戰皆捷。賊偵知無後繼，復戰，公亟請徵兵來助，不果。應十二月二十二日，軍於定軍山，賊衆奄至，我軍殊死戰，賊復敗。既戰，公率將士拜諸葛武侯墓，且命之曰：今日之捷，以寡勝衆，特幸耳。賊疾我甚，明當復來，賴天子威靈戰而捷地方賴之不捷我將從武侯於地下爾軍士其盡力於是泣衆皆泣曰誰非受公恩者次日賊果至先驅策馬立陣前呼公名公自射之殪賊稍卻會其後援至包我軍力戰公手自盪殺賊數十人親身卒不滿百數十公弓斷手自發矢每一發輒殪一賊賊驚顧以爲神既而矢竭火藥略盡公登高阜望援兵不至曰不可爲矣遂引佩刀自裁事聞賜卹如典禮公在軍仁愛士卒每戰輒以身先卒故人樂爲用先是賊所至焚民廬舍殺老稚驅婦女丁壯去雖敗益肆其毒公追賊急賊不獲逞漢沔之民德公聞公死相率哭祭爲祠於武侯墓側從公志也公少孤事母夫人以孝聞疾病穢溺不假手僕媼母夫人嘗謂人曰有子如此而長貧賤乎及居官與人言經濟必舉武侯以爲法手輯武侯兵法陳圖若干卷皆詳核可施行子長名國慶襲公雲騎尉世職官湖南衡州協副將

誥贈公武顯將軍如其官次榮慶廣西撫標左營千總次長慶廣西平樂協副將諸孫七維紀學謙維綱勇烈最著維緒廩膳生軍功候選府經歷縣丞與余善

維紀字卓盦守備君之嫡次孫也兄學敏有隱疾以世職讓卓盦辭不獲少隨父衡州任所嘗率五人入賊境禽其渠帥道光二十七年逆猺雷再浩倡亂於全州之西延官軍敗弟學謙死卓盦痛之甚與弟立齋募卒三百率往助戰逐賊越境卓盦以是有聲粵楚間二十九年楚賊李沅發竄入粵卓盦隨叔父平樂君及弟立齋往禦比戰賊卻退當是時賊見麻家旗皆反走卓盦以是授廣西左江鎮右營守備

賞戴花翎方入都引

見而武宣土匪陳亞潰之亂作撫軍鄭公祖琛督師平樂留卓盦襄其軍

事手批口答無少間遂得瘵疾歸未至其家卒卓盦居家孝友甚篤與人言溫婉如處子嘗有悍卒侮之不爲校比戰有功復賞之人以是服其量鄭公嘗謂卓盦有儒將風逮其歿哭之慟後每與諸將帥語未嘗不流涕而言卓盦也

學謙字靜庵衡州君之四子少隨父征海疆隸果勇侯參贊大臣楊芳營侯亟以忠孝許之而惜其不壽卒如其言以功

賞戴藍翎擢行營額外外委歸粵西伍雷再浩西延之難靜庵奮勇請行隸左營守備李君廷揚軍次梅溪口賊阻溪立寨勢張甚靜庵取大木爲橋執旗揮衆進衆從之濟靜庵舍旗持矛入陳賊皆辟易嗣偵知我軍三百人無後繼遂集衆合而進靜庵仗矛潰圍出已而聞李君及把總馬君瑞春尙陷賊乃復入手自刺殺數十人李君見急死馬君揮大刀斫賊深

入不得脫倉卒死靜庵獨力戰身受三十餘創項幾折自裂裳帛裹束以
完棄弓持短刀徒步鬪賊力盡與僕胡廷魁俱被執叱之跪不屈賊楚人
有知其爲麻公子者爲之請將釋之靜庵罵曰人豈受狗彘憐擲階下石
投賊遂遇害廷魁乘間逸始知靜庵死節事大府以實入告
天子憫悼逾格
賜雲騎尉世職
敕諭祭葬
維綱字立齋少負氣不屈於人善讀書然自以不能爲儒生每讀未嘗卒
業援河工例議敘把總靜庵西延之難與兄卓峯募義勇往助戰生得其
仇臠割之敘功
賞戴藍翎道光三十年柳州土民爲亂立齋與叔父平樂君戰賊都咸堡

敘事雅核有史法
言外有餘味 伯韓

官軍敗績扼溪水不得渡立齋以其騎易叔父肩輿而自持短刀步從追者至殺數人後賊騎大至平樂君以其騎濟而立齋自投於溪事聞照把總例賜䘏初君兄弟家居以武勇著聞人皆稱曰麻家將不數年君兄弟相繼死而粵盜益熾軍事壞吾鄉之爲將者亦幾於衰息矣

論曰余於咸豐初元歸里時始得交衡州君父子間時里中多盜文武官吏狃於習故而軍政弛衡州君以爲憂維緒於其兄弟中獨善爲文時就余述其家世義烈事因慨然令人思將材之重夫君家三世仕而祖若孫之致命者三人以死勤事者一人雖不令終未可謂爲家門之不幸也然皆殂於壯盛不獲以功名顯此其尤爲可惜者哉

何雨人家傳

吾鄉自逆臬倡亂盜賊多而兵力弱外州縣禦賊率借助於團練近年以鄉兵復城禽賊者興安團練名最著實吾友何君之力爲多君諱霖字甫八邑北鄉長樂團人也少讀書入學爲廩膳生抗志高厲不屑屑治章句爲舉子業性沈毅有心計嘗以術役致邑中貧富人莫測也咸豐三年五月興安土匪王狗滿趙庭蘭等起事據縣城囚其令君聞變先以老弱藏鄉僻善處而與族弟進賢急走省門求援中途遇賊目劫君入其營君詭辭脫進賢而身入見其渠帥賊素知君名聞君至皆喜酌酒君謬爲甘言傾吐心膂談笑飲啖自若酒酣因謂王趙君等舉大事而不先收人望邑中如某某皆巨族能用衆儻人心不附其何以濟衆曰吾輩固亦念之特招之不來耳君詭衆若假吾利劍一良馬一吾往說若輩如反掌賊帥大喜如約君詰旦卽以邑中賢豪蔣方第等六七人至皆詭說稱賀歸心聽

計賊益嘉信君不疑君因得就蔣君密約舉義會官軍自靈川擊賊獲勝賊分股攻金州者亦不克而敗數日間脅從逃歸者無慮萬人六月初六日晡君見賊營中耳目非是恐謀洩賊將先發乃乘閒歸告蔣君質夜集鄉兵縛諸賊之在北鄉者而以餘丁分途守隘君與諸豪帥鄉兵爲三路攻縣北郭初七日食時將及縣而君前所約之西鄉團首岳峙楊映蘭等亦以其兵至賊倉卒不及備其黨率先期受君鉤致或反爲我用賊首王狗滿以下皆就縛興安羣盜悉平初九日官軍至獻捷會有攘邑紳功者故君之賞不時及而君已於次年十一月戰死矣惜夫君自以鄉兵復城後口不言功伐獨以爲鄉邑姦民多官吏皆釀患不窮治君與蔣君方第議捐助設守備申禁約違者治以鄉法父老知君意且樂爲助而僉人輒不便賊黨恨君及蔣君次骨歲十一月恭城賊陷灌陽君與蔣君各督所部

鄉兵守邊隘積月餘賊不敢過君方欲以計困賊間他賊有自平樂來會者君與蔣君議增調丁壯移營前進遏之便十一月二十日師次茗田賊大隊忽旁從大風坳出鄉兵僅五百人續調者迨未至君與蔣君急麾衆抵禦力盡遇害賊遂由茗田陷興安縣城文武官吏相率走避而君室廬之在北鄉者亦蕩然盡矣初君禦賊時其父某挈君之孤避難於省門故藉以得全而蔣君之猶子從死者二人北鄉團正同死者四人丁壯陣亡者十餘人吾鄉之述義勇者必嘖嘖稱曰興安北團也

論曰余於興安之事始識何君君狀貌不逾中人其機警靈變則天性然也方君與蔣君主其鄉團時立伍伯設名捕鉤致匪人不少恕或以苛察越職譏之余寓書以詢君復書侃侃持論不少屈蓋其中確有所見而不可以浮言奪也夫議君者曰越職行事則居是職者之不能事事可知也

今君死而尸位存焉顧無人以越職議君者何哉

皮韡和尚傳

和尚不知何處人嘗居黔之桐木嶺無冬夏著皮韡世謂之皮韡和尚云桐木嶺者黔貴筑之西北鄙也地故有聚百餘家雍正乾隆閒荒旱夭札十去七八存者戶十數亦旦夕徙去和尚至止破寺中與其父老子弟約若能聽吾言一年可人飯一盂二年衣食完三年後可大富衆窮促則俱聽命和尚乃案戶籍其老壯婦稚其家之歲入者幾何用者幾何馬牛雞犬之畜犂鋤機杼之具養若存者幾何旣則令男力於田婦織於室老人年六十以上日織屨二雙而令孺子持入市和尚朝則出督其衆夜歸然藁炬閱諸家出入帳簿計口授食有餘則各爲之扃鑰而加封識焉衆不敢以請亦不之給暇則自植茶樹徧山坡下山土燥故宜茶穀雨前採獲

若干倘倘售錢二百四十黔人以桑皮紙爲倘一倘蓋一觔也和倘始爲約時衆姑信之久之覺其言驗愈久則深信不疑和倘亦樂爲經紀無少倦閒時輒聚其衆教以孝弟忠信勤儉之道使老者無相虐壯者無相陵其童子授以孝經四書章句口講指畫若老學究數年後計其所入食浮於人財餘於用乃召其尤富者指所藏而授之以其籍令自爲謀其稍歉者則又緩之不數年亦各持其籍去則皆已成富室矣和倘不持偈呪不傳徒自初往至其卒顏色未嘗衰老衆呼之爲祖公嘉慶某年月日祖公死衆即其寺立廟其茶之植於陂隴閒者蓋至今爲利云

贊曰余聞之黔劉慶埏曰方和倘卒時人有自楚來者云自其爲童子時見之長沅寶慶間年八九十歲計其卒可年百餘歲矣劉君長者述其鄉里事當不妄余獨謂和倘煦煦謀人家室有古循吏父母斯民之風世固

有甚惡於僧徒嘗欲掊而去之者其於和尙當何如也

老僕秦壽傳

老僕秦壽者靈川縣鄉人也自爲童子時已服役吾家性謹愼未嘗有過失然戇直不能容人同儕忌之而無緣以攻其短方是時先大父以舉人得教官待缺里中先伯父亦會試往來京師老僕皆常從伯父再試不售憫其勞將別薦之老僕曰奴之隨主來非爲利也如爲利奴將自求之庸俟主人言卒從先伯父以歸先大父之教諭於武宣也地瘠苦租俸所入僅給八口衣食老僕依之無慍色闢學宮隙地爲菜圃蓺瓜豆先大父母食之而甘老僕閒有所得則用以沽酒飲未嘗不醉醉後依簷楹閒臥酒氣蒸騰撲人鼻先大父過其旁以杖叩之亦不知也暇輒好讀稗史小說立先大母前口講手畫遇古人奇節至行可傷感事先大母泣老僕亦泣

某孩提時往往從旁觀之以爲笑先大父遷柳州教授不數年而歸老僕仍隨役於家然其精神益衰老矣清明日告歸上冢與其鄉人纏緜歡讌數日後復來自入門至中庭逢人即嘵嘵作鄉語衆始不解其意已而皆大笑其眞率樸拙多此類道光十年庚寅以疾終於吾家年七十一無子女一亦先老僕卒始老僕在吾家幾六十年雖任事然薄宦未嘗有以酬其力逮家君及先伯父仕時老僕或因遠不去或已故不及事事家君及先伯父者多浮薄不可任家君常悒悒念老僕不置云

贊曰自吾髫齔時老僕常抱持入學暇則導遊壁宮頖水間余時幼第愛老僕之能徇吾樂而已豈知其爲賢哉觀其不以主榮辱易志此與士之立節者何異余故表而出之並敘其性情言貌使吾家子弟觀之猶有意乎其爲人也

先大母事略

先大母姓王氏祖某父某世爲靈川縣人吾舅祖昆仲二人先大母其季也先大父始娶同邑朱氏生伯父及二姑母而歿曾大母閔諸孤幼非得長母撫字恐不得幾於立聞大母之賢而聘焉蓋三十有二歲而來歸歸之日威姑在堂姊姒方壯諸小弱牽衣把臂朝夕喧閧如沸大母上事以誠孝撫下以慈而和以接於姑姊妹間曾大母性嚴切嘗謂諸婦曰自汝等入門卽一帬帶之微未嘗不以勞吾慮也先大母肅立聽之無忤色逮曾大母歿先大父以大挑二等爲本省教官後數年始爲吾父娶吾母而挈其室以行方是時先伯父亦以舉人大挑出爲福建知縣教官故寒素而先大父素節儉大母維持左右朝夕饔飧之計不求足於外舍在武宣時嘗於署後隙地督家奴植果樹瓜韮大母時時策杖攜吾往觀之以杖

擷壕間野菜命女奴捋采歸煮以一釜輒甘美可食憶幼時常從先大母食之至盡今長矣於人世珍錯無不嘗者然獨往往憶釜香騰盈几上時也先伯父歲時嘗奇俸供老人甘旨先大母得之未嘗以置簪珥衣服常分以賙戚里之貧乏蓋積數十年如一日道光乙酉始隨先大父歸老於桂林丁亥臘月忽中風不能言獨顧吾父微笑遂一夕以卒初大母待年於家比長來歸老而見其子若孫皆有成立嘗顧戚鄰女婦之年長者而言曰若勿憂吾年三十餘始嫁今何如也於是衆皆羨歎以為不可及生平自奉尤儉薄吾父母每謂吾吾今及汝之所食皆吾母吾姑之所積也於是謹錄而次之於左

先大夫事略

府君諱光甸字見田姓龍氏世為廣西臨桂人自　始祖慶誠公歿於康

熙朝始有墓在邑北飛鸞橋中變故莫知其籍之所自來四世至　府君
之　曾祖
貤贈文林郎諱鎭海　祖
貤贈奉政大夫諱翶皆潛德弗耀　父
誥贈奉政大夫諱濟濤始以文學起家由乾隆甲寅
恩科舉人　大挑二等借補潯州府武宣縣儒學訓導推陞柳州府儒學
教授始娶　朱太宜人實生　伯父福建屏南縣知縣諱光輔繼娶　王
太宜人爲　府君所自出　先王父壯年奔走衣食　府君時從　先伯
父授書還　先王父選得教官吾　母黎太恭人亦來歸遂攜其家赴武
宣學署　先王父性剛正訓課子弟尤嚴　府君晨興入塾夜分歸寢
先王父弗勞而所業益精然其躬素茹澹勤儉自將實遵　王太宜人之

教爲多府君既天性質厚又少年無紛華綺麗之習惟知以發名成業爲事嘉慶二十四年己卯由附學生中式本省鄉試舉人四與於禮部之試道光六年　大挑一等分發湖南回籍候咨而　王太宜人於次年正月以卒後三年十二月　先王父亦卒　府君釋服赴湖南已踰咨取之期故到省即委署辰州府溆浦縣　府君釋褐初仕諸吏人僕從皆蒼滑更事屢以財賄相嘗試且怵以不如此則事難辦治　府君毅然一出於正誓不染毫髮私聽決精明雖老吏不能過要在不留獄訟凡造於庭者皆德之未逾月稱神君焉後數年制府林公則徐以閱兵過其邑　府君已移任黔陽赴行臺謁見溆浦之民張鐙綴彩迎　府君者所在成市林公問得其實遂大加賞異則　府君之施於其邑者可知已署溆浦僅一年比受代晉省士民扶老攜幼攀轅泣送有望舟帆弗及坐江岸號泣不忍

表著大吏察知　府君賢復檄署長沙府湘鄉縣湘鄉較溆浦尤繁劇　府君為之不懈益虔姦吏讋服有清慎勤明之頌屬旱災方告　府君亦以檄調武闈事入省未罄厥施當事益以　府君為能留讞局逾年審結京控案二十餘他案數倍之人有饋包苴求直其獄者　府君曰吾自為州縣時尚不肯於詞訟間取一錢安可於讞局而倍其本心嚴卻之卒治其案如律以資序題補沅州府黔陽縣黔陽與溆浦鄰境　府君在昔之政威所飫聞至是則皆喜　府君一以治溆浦者治之優游歲月百廢修舉農安於野士奮於庠婦人相從夜績機杼聲相聞外戶不閉邑有妖神惑衆以擲石為戲即傷人得不死　府君毀其廟投其像於江又龍舟會聚衆無慮數萬爭競鬨鬪歲有死者　府君禁革其俗大吏下其事為諸縣法　府君在黔陽幾四年利靡弗興害靡弗除暇則與學官弟子講論

文藝修復古蹟之湮沒者如唐王昌齡芙蓉樓明邱氏月沛園皆率賓僚賦詩紀其盛故邑之賢士多願從之游　府君益以此神明不衰道光二十一年四月調補常德府武陵縣縣爲滇黔入都孔道客使往來無虛日迎候供億之繁倍勞於民事　府君恆鬱鬱不樂謂不如在他邑猶得專意於民也始　府君在黔陽已爲湖廣總督長白裕泰公明保至是巡撫吳公其濬又以　大計卓薦均奉部文調取引　見而不孝啟端亦以是年初入翰林乞假歸遂侍　府君北行以十月初十日到京引
見越一日
召見
天顏溫霽訓勵甚厚逾月
特放浙江乍浦海防同知次年七月赴浙抵任自暎夷犯順乍浦地經蹂

疆　府君至爲之愼海防嚴緝捕查戶口以絕外來之姦匪設班夫以安
寄籍之游民而於私貨偷漏出洋爲
國課所關者尤加嚴焉由是莞其利者不悅羣思有以中　府君蒞視事
年餘而果有調省審案之檄乍民卽訴於當事請留　府君不得則涕泣
攀戀如去楚之黔陽溆浦時比到省撫軍梁公寶常以乍事相責譙　府
君爲剖陳是非利害切直不阿撫軍默然而心善之復予同任次年正月
遂別委署玉環直隸廳玉環與乍浦皆海疆而玉環四至皆海　府君在
乍浦卽得所以控御巡防之法因而布之民益以安未逾年復受代去當
事者旣謂　府君不宜於乍浦而海疆人員例不便久閒復委署台州府
同知先是台州同知駐札其郡之家子鎭從多在省不赴卽赴無公廨棲
止百餘年來地大物衆民不得治姦邪以生至是士民合詞請於撫軍以

有官彈壓爲便會實授者以事他去大府既重 府君才且得有辭不令回任浦任也遂被檄委署 府君心知其難然不可辭則姑試之始至寓鄉紳家決事未三日民望大洽惟恐 府君之即去也 府君亦自以爲在會城趨走無益不如得一隅自效況士民愛我何忍去之遂爲之改弦更張諸事掃地赤立不及半年而公署立市廛橋道修姦宄革心寇攘屏跡海物麇至豐年穰穰 府君方毅然欲竟其治而藩省又以卓薦引見來調矣自道光二十七年九月不孝蒙恩命視學湖北即請 府君暫可乞身就養 府君諭以汝受恩深重我年力壯盛且處海疆要地何敢退閒遂去年六月入都偕 慈人繞道來鄂而不孝適蒙重留視學之命 府君遂以九月初六日自鄂入都十月十五日至京引 見後五日出京孰知至河南許州之丈地鎮一夕整衣

僉無疾而終嗚呼痛哉憶自八月十三日到鄂計就養署中者二旬餘耳嗚呼痛哉　府君自爲舉人時以館穀仁及親黨　黎太恭人復助成之後官於楚越養族婣之孤寡者六人與之饟者又五六人遇設立書院義學孤貧口糧及修建橋梁道路刊刻書籍立斥多金不吝而自奉樸素過於儒生少年豪於酒比作吏遂不近盃勺又精於繪事筮仕後亦屏絕不爲恐以是妨民事也性剛直好面責人過受之者當時或不能堪久而見思其言平居木訥若不能言逮聽受詞訟則剖決如流與民煦煦作家人語善處事之曲直得法外意然不時觀律例也嘗曰王道本乎人情吾之心卽律矣又曰吾爲吏無他長惟不留獄耳每去官之日銀餘於庫粟餘於倉斥候修明廨宇鮮潔後之人以樂爲繼焉故湖廣總督長白公明保之奏有云居心醇謹辦事精詳歷任縣事有年於詞訟案件隨到隨結民

無拖累事著循聲當時以爲知言　府君生於乾隆五十七年二月十九日子時卒於道光二十九年十一月初八日子時享年五十有八著有宰黔隨錄一卷防仁日錄一卷刊行問世詩文集若干卷藏於家以卒之次年二月二十五日葬於南關外崖陀廟橋界嶺之陽子一即不孝啟瑞道光甲午科舉人辛丑考取內閣中書以是科一甲第一名進士授翰林院修撰丁未　大考翰詹升授侍講子婦劉氏女四長早逝次適永甯州舉人韋世炳次適同邑附學生況穎生次未字孫男二維棟維梁孫女二俱幼不孝自　府君作吏後恆往來京師中間隨侍聞教之日蓋寡又臨沒不及親含斂不聞易簀之言抱憾終天曷其有極伏念府君受祿於公盡心於民雖沈淪僚佐無日不以致身報國爲念積年勤瘁終於正命稽諸古經上應銘法竊用強顏覼息恐先人之治績不彰苦塊昏迷犓述厓略

伏乞
當代大人君子加之采覽如蒙矜恤賜以行狀墓銘哀誄俾將來之傳循吏者有以考焉則不孝世世子孫感且不朽

不孝輯　府君事略既成　太恭人讀之而泣曰嗚呼汝父馳驅於外十有七年於民事所當爲者捐一身殉之不恤其孤行己意則生死利害之說弗能動也吾事之久故耳熟焉汝小子敬志之以補其闕記在黔陽時村民有楊姓者僞稱其始祖某受明封爵爲溪侯廟宇閎侈黷亂不經支祖之冡而列於堂者以百數汝　父稽之邑乘黜其僭妄收其像而納諸庫去官之日聚而焚之其族姓數千人愓息莫敢動乍浦姦民於海塘鑿入墓爲隧漆身塗面晝伏夜出嘷而搏人行者爲之戒塗汝　父夜巡至其地諸役跪馬首諫弗肯進汝　父叱退之而自執一炬以入盡得羣匃

寘之法又妖巫自言神降其室以藥草療人病輒愈求之者坐其門如市尤善爲女子按摩療蠱其子因藉是逞不法汝　父親往禽治之而以所得數千緡入公蓋其生平務除民害而不爲邪說所怵如此其追捕盜賊往往以身先率屢瀕於危亦適有天幸得無事每於宵分人靜朔風慘慄輒捕繫賊徒數輩還盡夜鞫治民之隨而觀者異口稱快其鞫他獄尤不辭勞瘁退而歸寢嘗手足僵冷氣蹙終夕不休吾甚傷而勸之不吾聽也於民則愛若子弟與之言必於孝弟忠信嘗對兩造反復開導至感悟泣下故獄咸得其情朔望必宣講

聖諭廣訓有事四鄉亦如之自爲木牌十六方大書條目於上遇講某條則自捧木牌拱而立大聲言今日宣講某條然後入坐紳耆以次相叙汝父爲之口講指畫隨文生義愚氓咸知感勸用是爭訟寢息盜竊日希

在官遇

萬壽聖節及冬至元旦諸令節終日服蟒袍如其期延賓僚飲讌鼓樂雜進歡愛見於顏色曰吾儕一食皆

聖明之賜也安可以今日而不同其樂乎台州巨盜某最豪横爲鄉民害官莫敢究汝 父一日赴集場宣講

聖諭令幹役馳往捕之倉卒就縛當場械其頸歸入以爲神其因事用智善爲民除患多是類也汝小子其志之 不孝 伏泣聽受謹撮叙其事綴於左方俾我後之人勿忘又將使世之爲吏者或有取於斯也 不孝啟瑞 泣血再述

兵部侍郎都察院右副都御史江南河道總督楊公神道碑

公諱以增字益之一字至堂世爲聊城楊氏以道光壬午進士分發貴州

奉旨數語宜稍节

補荔波縣知縣爲護巡撫吳公榮光明保調貴筑縣再擢至興義府知府爲巡撫長白公嵩溥明保調貴陽府歷升湖北安襄鄖荆道丁先大夫趙太夫人憂歸服闋授河南開歸陳許道三擢至陝西布政使道光二十六年巡撫林文忠公特保

成廟即以公後林公回疆告警

命署理總督捷書至仍

命旋陝二十八年授江南河道總督咸豐元年以豐工漫口革職留任五年十二月十八日薨於位奉

旨開復革職留任處分照軍營病故例賜卹嗚乎賢哉公起家縣令歷膴仕躬秉節鉞人不以爲倖三登薦牘而人惟恐其遲也不以爲濫及居河督受譴也人皆諒其忠且勤而不以爲過比其殁也人皆思之公少治

叙次宜再簡古

經學爲高郵王公引之所重及仕爲令先教化後刑政有兩漢循吏風權長寨同知日老吏一人常侍側每訊一獄輒首肯太息比去任哭而送曰小人年七十矣未嘗見此慈父母也荔波苗號難治公日坐書院與諸生指授文字而苗民俛首帖耳爭就役恐後同官驚服以爲神居貴陽清積牘數百平反黎平府頂兇案姦以不生任襄陽民婦有獨居而汙於盜者無賴子戲詬其門婦憤自殺官擊詬者掠治誣服公察其寃捕諸盜寘之法任甘臬民有以子婦爲倡者强之不從笞死而以忤逆告公察其傷甚鞫得其情旌女而論某如律時久旱禱雨立降人以爲祥刑之應署甘藩有履勘邊地之

旨公奏記大府謂西陲瘠貧地畝獲無幾苟驟議加增必民不堪命大府雖不盡用然升科復停者數十縣卒賴公言任陝藩賑饑慎擇官紳使互

三輔字宜酌
任巡撫下兩行本[illegible]
實事卻數語恰好
畫據前數段文字
但經輯錄其耳

兩語神理未得
識維

相穆核惠得下究流民用鳩任巡撫以三輔民俗樸厚大災後元氣未復
諭屬吏務休養生息毋煩苛擾民蓋公自守令以至封圻無日不盡心民
事惟
宣宗皇帝知公實心實政足以匡時濟艱故未幾卽有總督南河之命方
是時海疆新用兵府藏支絀公滌除封靡嗇縮將事烈風甚雨宵寢必變
蓋瘁心與力者七年及咸豐元年秋汎溢於豐北
天子卒知公特予薄譴議者持嘉慶初元成議謂河北決將不可塞公卒
不忍貽害於民獨刻期以畚鍤趨事隄方合而敗者再公喟然深自咎責
謂不能保乂民以致負國也於是逆泉陷江甯東南人心震動公所駐清
浦爲南北門戶平衍非扼守地皖豫捻匪又搖足卽至公徵兵召募時勤
訓練寇擾屏迹黔黎獲安遂以積勞致疾不起

以上逐段皆抱括攝而修詞未精粹則神理未能生或者再簡鍊爲之耶

今天子聞之軫卹有加

兩朝恩眷終始備具蓋自粵匪倡亂後疆場之事日益以瘁衆始慨然於人才之難顧一二慷慨激發之士平時務爲恢張以尋求名迹疏於民事而民亦不獲其利賴遠時勢艱阻輒俯首歎其無濟然後知公之慤實安靜不爲赫赫名者果足以得人心而集事也公事繼母至孝晚爲丙舍讀書圖雖貴且老不忘其親篤於師友氣誼既仕酬其塾師葉石農先生尤厚上元梅伯言先生公同年友也亂離後公迎養清浦署刻其詩古文集嘗作志學箴以求己依仁爲務蓋其學有本原如此曾祖諱帝錫候選郎中祖諱如蘭候選州吏目考諱兆煜嘉慶戊午科舉人卽墨縣教諭母和太夫人繼母趙太夫人三世皆以公貴贈如其官妣皆一品太夫人公始娶徐繼娶朱皆一品夫人子紹穀雲南大理府通判本籍團練加同知銜

純實中有梗槩
碑版正宗惟介甫
卓鍊則不愧韓歐
矣銘之東神韻
亦韻振注
文體銘本佳叙致
宜詳實此中多碍
指摘更似在兩當
不妨且另一釋也
讀經樓

紹和二品廕生咸豐壬子科舉人內閣中書女四人劉蘭緒李慶翔鄔夢麟劉廷桓其壻也孫保彝孫女一人適李孟甫公薨之明年二月歸葬於某鄉某原紹穀等書來乞文啟瑞以年家子不可辭乃撮掇公名績之大者揭於墓道之阡銘曰

吏乎儒者惟古是師蕺處澄觀先繩己疵吏乎循者惟民是毗保我室家如勤己私公全體之為國藎臣節鉞再秉遵此艱屯洪河瀰蕩齊魯之郊公紬眾議閔念劬勞祟隄再圮曰臣之罪冠環於門吁財之匱公心用瘁公疾弗瘳以勤死職歸神首邱丹旐綠旗於聊之里纘戎昌後施於孫子

陳梓丞墓誌銘

君諱泰熙字梓丞臨桂橫山陳氏祖鍾璐太學生父蘭符嘉慶甲子科舉人君為諸生時已有聲黌序中道光十四年舉於鄉二十一年試於禮部

揭榜前一日得暴疾卒年四十二君爲人内行篤實德修於家其自處以儉約與人交無少長皆敬而愛之終日未嘗疾言遽色顧自放於酒生平所不如意及世俗事之少可喜者輒於酒酣時發之人皆曰陳君非鈍者特有所歛而不肯爲耳比計偕留滯京師旅居闃寂猶時時寄於酒以自適有邀之飲者未嘗不去去或至醉人皆謂君之有樂於此也孰知竟夭其天年以死悲夫橫山陳氏自文恭公而始大世所謂桂林相國者也君於相國爲族曾孫能守其家訓一言動必以禮法作爲文章寬博有度使其表見於世必有繼先德而無愧者而卒至於此惜哉余少與君同肄業書院君年長於余而能不以所學傲余余自視退若不及以此兩人益相愛旣同爲舉人同集京師則相愛益深乃余又與君同爲進士而君竟不及見此則可哀也已君夫人周氏能食貧佐君經理家政前君數年卒君

文格似歐陽子雜
靜穆之趣則似之
[illegible]讀

以此忽忽不自得有子男三人敦仁敦厚敦書敦仁聘同邑朱氏御史琦之女也女二人次許字某氏老母在堂介弟先喪黃髮稚齒煢獨無依其卒也同年友及鄉人之官於京師者皆竭力爲之賻旣以供其葬費又將以餘者經紀其家君卒後一年余請假歸詢君已葬於某鄉某里尚闕爲銘吾不可以不銘銘曰

孰謂其窮而與於榮孰謂其通倏遘於凶豈天之欲昌其後而不使有於其躬我銘俟之繼嗣之隆

誥封中憲大夫兵部職方司主事薌村呂君墓誌銘

咸豐五年乙卯十一月二十日吾友呂子薌之尊人薌村府君以疾卒於家明年二月訃至京師啟瑞及鄉人弔子薌於館舍及歸抵家葬有日乃以行狀來請銘案狀君諱崇本字守初別字薌村姓呂氏上世自閩入粵

[illegible]老女或作姑媳
孫宜加姻族等
字否則與上女兒
句恐混或竟云
女兒耶

爲薌林之陸川縣人祖諱啟善考諱麗山國學生君九歲而孤與母龐太恭人依倚爲命豪強有陵逼吞產者太恭人輒以計郤之益勉君刻勵振先世業君幼承母教不儕凡童年十九爲學使熊公拔第一補學官弟子列優等食餼比鄉試數不售充道光三十年歲貢士候選訓導以子貴累封中憲大夫兵部職方司主事葬父歲盡一紀至墓所猶哀感動人居母喪盡禮不延僧作佛事曰吾母守節撫孤可告無罪何佛之靈女兄有旣嫁而歿者君收卹其子女貧老者置膳田周給之外姑與媳寡居嗣孫幼弱君爲幹其家事使立門戶七世祖安德公墓產斲課族人多被逮君別區田納官糧使後無逋累寡婦某子不肖罹於法君卹其飢寒得不以無子憂死嘗曰吾力緜薄施由親始敢望博乎蓋君行湻篤尤以睦親收族爲務非徒以朝夕緩急博一時豪俠名也然里居排難解紛肩鉅任怨

句乃篇中血脈節節篤相必字似带得不迭以完鍵之必相前叙段之字法括字妙

此句不耳倍合似更覺物遠不測且曲而君所謂一筆不梭而氣象鞅益峻然思所以易之兆弦不易耳

如修宗祠建義塾修城垣表節孝練鄉兵諸事君見義必赴不諉人過不尸已功歲時慶弔必以身至親賓過從雞黍肥粢稺齒末衰送必踰閾鄉之人稱碩德長者居平持身以先儒格言呂子節錄諸書爲法於鄉賢陳文恭公暇則讀書之言尤有警悟至老手一編不釋教諸子先品行後文藝子薌供職京師手書戒以虛心努力勿替厥職嗚呼君可謂慥慥君子矣自古者選舉之法廢士之賢而有才者或終其身不得與乎一命之列而猶幸其德施所及可以式化一鄉以補官吏政教之所不逮如君者所謂殁而可祭於社者耶君夫人鍾氏有子男四人長錫藩道光己酉科拔貢生授兵部武庫司七品小京官洊升職方司主事兼司務廳事子薌其字也次錫秬先卒次錫旗邑廩生次錫瓚女二人皆適士族孫男九人曾孫男一人語稱仁者之後必大者於君其信子薌將以某年月日葬君某

文以簡潔爲宗古者選擇一段妙有事外遠致史閒牘列心三段者氣平整而首是大惟則示吊錫振注

鄉某原銘曰

呂祚於周世有聞人君實粵產始家於閩爰以子貴旣黻且佩亦以德施政猷攸遂丙竺而敬外誼而恭將榮厥胄不偶其逢石湖之津荔山之側峨峨佳城鄉士是式

穀城縣知縣表兄黎君墓誌銘

君諱椿字樹堂廣西靈川人余外祖之嫡長孫也外祖諱方暄潛德弗耀外祖母李孺人實生舅氏嘉慶癸酉科舉人羅城縣教諭諱元昌君考也才豐處約未竟厥志慶鍾於君君幼有至性母周孺人多疾君扶持婉順若處子孺人忘其疾稍長爲弟子員名冠曹偶與從父弟楷同舉道光己亥科鄉試咸豐二年守省城功議敘知縣

未竟句尚未洽

賞加五品銜後三年銓得湖北穀城縣知縣余時奉母自桂林出與君遇

此段當宜簡要 更少

於襄陽君慨然念家事欲告歸余謂君儻欲歸則無如前之欲出者何且時地尙可爲若歸恐無以爲出計也君用是中止抵穀城任余時以酷暑留潛沔北秋八月奉慈人省君於其署君喜胏附骨肉見過每談家事至丙夜無勌容而句稽公務衡石自程案無積牘門不留賓公堂內外斬斬就緒方是時楚北下游及北路皆宿大軍而以襄鄖一隅完全之地資其供億州縣勸捐抽釐郡符承台檄下靡密緊碎地方官欲盡爲之則大不便於民欲不爲之則無以應上求而重獲罪君審量事勢補苴罅漏家至戶論除煩去苛民皆曰黎令君儒吏也是無以憲法苦我者民用大和事以辦治穀城俗好訟而吝嗇趨便利纖芥小嫌輒鳴寃署後君聞卽召伍伯提訊立予判斷民是以愛君之勤而訟者滋益多余竊謂之曰今之人情不古若矣火烈之言可念也君不甚以爲然秋風戒寒署中人皆衣帛

襄川寔予長也人皆有之事亦恒然筆妙低斜

著處字氣尚仍精液判便不宜作銘

而君猶服大布余因規之曰君節嗇固佳然致疾則於事廢矣君笑謝不以爲意自家居見人無少長皆處其下及居官接物益致其恭待他人僕隸若平交卽馭其下亦未嘗見疾聲遽色人皆謂君是宜登大耋膺多祜而不料其不及下壽而竟死也憶九月初吉余奉母北行別君邑北沔水上余濟江中流遥望君輿蓋猶屹立烟波蘆葦間相視不忍去及余抵京未逾月而君凶問至蓋以咸豐五年十月二十二日按部歸得寒疾卒年五十有一孰謂天之報施善人而若此耶君前夫人朱氏今夫人鄧氏及令子某某某皆遠在鄉邑室中僅遺一妾而經紀其喪者君妻兄鄧孝廉開運及幕客三四人而已越兩月君之長嗣承恩自家來而以君歸葬書來告哀且曰將祔葬某鄉之祖塋願有述也乃爲銘曰

惟孝恭儉善所谷既慈且惠衆盧胥有一於此俾戩穀君全體之命何促

 一九

穆然靜深而有遠致進境以斷不勝懷欷錫振注

彼庸者昬日碌碌摶捕歌嘑以相逐或朘其膏肆敲朴君視人趨爲大僇如朝衣冠坐溝瀆穹蒼黮闇暉髟燭使善者懼惡不衂我作斯銘存芳躅君其無恫綏後祿

先室劉恭人墓志銘

恭人姓劉氏同縣人父諱彪以卒伍起家積軍功至提標前營守備題升都司母林氏恭人雖生將家然文弱甚常口不達其辭自始至終如一日年十八歸於我　太恭人治家嚴　先大夫方督余制舉業恭人居室未嘗盡日樂逮余進士及第歸省武陵至之日賓僚歡讌倡優交綺之戲光彩溢目夜分歸寢恭人去章服衣前時寢衣麤敝垢膩無幾微不自得狀余終視之而不肯言道光二十三年自　先人浙江任所視余京師　太恭人以似續之艱命至京爲余謀遴室恭人博訪媒氏志勤以鋭殆視余

什伯有加焉遂事成而其人姝不得當恭人戚之甚余方慰以恃吾兩人尚壯可無憂蓋自吾視學楚北也恭人獨居署理家事遂得瘵疾而血氣始衰歸粵後疾益以篤遂於咸豐二年八月初一日以死傷哉恭人生於嘉慶二十年六月二十四日得年三十有八卽以其年十二月二十二日葬於南關外橋界嶺　先大夫墓側而別爲之域女一人聘周氏子三人維棟維粱維章又女一人俱幼妾顧氏出也恭人溫溫然於世無所取舍閒人譽未嘗加喜其毀之也亦不加憂無私媚於鬼神無偏與於外氏皆婦人所難者而恭人行之是奚忍不銘銘曰

黜其服闕其嶽善則從命有違子生不樂死何悲卽汝元宅吁其歸

妹淑墓誌銘

道光十三年夏五月余　父以咨取至湖南未踰月檄署辰州府漵浦縣

有書來取其家余時將奉　母束裝而長妹以瘵疾臥牀蓐慮行期不能旦夕就妹若有聞者言於　母曰兒行愈卽趣兄辦嚴可也且終不以女故累一家　母察其疾似有瘳者遂戒期行時大暑河涸舟八日呼號搶攘雖健者不可耐妹之疾日益以劇又中途無良醫藥以七月十一日卒於興安縣之唐家司蓋離家十許日水路不二百里而近悲夫妹性聰惠於孝愛蓋若性然幼時　母教以內則女訓諸書能通其大義比長針黹之餘尤嗜書學獨時時就余問所不知余旣終鮮兄弟家居復無朋友講習之樂每夜分伏案鐙火熒然獨妹攜書册隨於左右余視之若弟而時以疑難相啓發又良友生也孰知天遽奪之而去耶妹名淑於本房居長而同曾祖之姊三人故次第四歿之年十有五歲初許字鄧氏歿旣二日家二兄送其柩歸葬於伯祖母北鄉之墓次後十有三年乙巳兄某乃攝

掇其事於都城寓舍而寄以刻諸幽銘曰
汝以疾行而道殤宜有憾於其兄汝獨執余手而訣曰命也何常嗚呼汝其知此矣尚安宅於泉壤

善兒墓誌銘

善兒余側室所出第四男也以咸豐三年十一月二十三日生於桂林後二年六月二十六日殤於均州之旅次卽以其日瘞於沔南山麓兒之生二歲矣尚不能言不能步終日以手指物示意可否席於地則以兩足伸縮盤跚以行遇他物僅能扶之而立余蓋決其不壽而不知其促如此也兒生也微而昆弟多余又事煩遽其卒未嘗一抱前一夜疾甚余爲之中夜三四起守之次日而不獲有瘳蓋兒生五百七十日而余知爲父之勞者一日而已痛哉惟古器物成毀皆有銘兒雖幼是其藏余又東西南北

之人不可以不誌也銘曰

生而不宰既孽而殀反汝元宅求難老

劉茱雲墓表碑陰記

劉君茱雲之卒余既爲辭以哀之其明年梅先生表墓之文至自京師會余以試事迫又知其葬事遠不卽書冬十一月奉先大夫諱倉卒南歸旣抵家君之仲兄左甫郵寄曾侍郎國藩所爲墓誌趙編修昀書石搨本且寓書言曾文中有兩漢字何編修紹基以觸其先人諱弗肯書侍郎遂以趙易之又茱雲囑葬祖墓側立吾子世圭嗣今世圭以夭折而祖墓歷年被水家大人不忍聽其言命擇高阜得栢泉山麓甘家墩之響塘凹葬焉三者皆與梅先生文及茱雲遺言弗合請志於碑陰以釋來者之疑余謂茱雲之於生死之際瞭然矣其有待於後者不難及生而定也而事與願

違若此儻有數存其間耶然終以使之不違其志則人之有賴於賢友兄與良友生者可感也顧吾獨記茱雲以速葬爲屬今需遲幾二年是於天時人事抑有難言者而吾竊謂茱雲之不得於地下也左甫書來以今年九月爲葬期將礱石以待會先大夫猶在殯以其事之不可遲也勉爲書以遺之且如其言綴數語於碑陰從變例也因以速其葬而成茱雲之志也

祭座主杜文正公文

嗚呼我公學爲
帝師以一儒生繫國安危匪公能爲
帝實用之惟奪之遽是用興悲昔在
元良青宮齒胄選是疑丞俾公左右公處內廷敕躬謹默朝諮夕訪以成

聖德

聖固天縱公渠亦篤契於

宣皇

顧命攸屬我始見公澄懷之園高山喬嶽孕納蓄鮮又如巨鼇長江深源

薰以德氣不在語言公所居處華竹叢深嘉藹映波夕陽在林公退食廬

德車愔愔升堂導語温如玉琴于時海內家門稱盛尊公在堂齒爵兼併

公値休沐問膳扶輿暮入子舍親滌厠牏雙珠競爽爲國璠璵長奉使麾

次曳朝裾一堂之內其樂舒舒

嗣皇繼

聖晉公太傅旋正揆席維賢兼故密勿贊襄造膝陳詞功不外暴譽不旁

施正笏垂紳宮府用儀粤有寇警元輔視師河決豐工

帝心弗怡宣防有
命公節是持公在朝右功能孰多
帝豈遺公用急民瘼將以月計歸朝則那跋涉川原蒙犯炎暑醫藥無良
遂薨清浦天何不弔喪我元臣
九重震悼士林聲吞靈輀返京親臨奠餟哀榮備至慰此耆耋嶺右鯫生
以文受知恩極不報飲痛天涯自我之生疊事孔棘天不憖遺俾相我國
公今逝矣身泰名全獨念我
皇暨我民八靈其有知叩于天閽蘇民活國其不有年下士銜哀薄奠具
虔伏維尚饗

劉茉雲哀辭

道光二十有三年余因王君少鶴始識劉君茉雲於京師後二年少鶴遊

粤東瀕行語余曰君欲知學則必交劉子茮雲余因是與茮雲爲密凡余有疑無不以問茮雲有知亦無不余告也茮雲之學始於文字聲韻訓詁而因求羣經之義理細及於名物象數大則天文地理樂律兵制歷代興衰治亂之故本朝功德制作之全皆能舉之而悉其數學之而通其義又皆折衷於孔孟程朱之理不爲灝汗無紀之說蓋其深余有不及知者其能言者如此而已去年余與茮雲別京師今歲二月茮雲乞假終養歸余以試事在外不得見逮歸而茮雲以書來道相念甚且謂病亟不能即來茮雲素羸弱居京師無一日不病其病則以讀書耗心神爲戒而又不能廢書歸則處置家事神日以瘁故其疾益深余之憂之也亦愈於在京師之疾比寓書一再不即復後數日其家以書來而茮雲死矣吁可痛哉其書勉余進德修業爲之彌慽及猶子世墀甚能嚮學屬余誨之使爲端士

而已不及他夫余求友而始識君君學固幾於成而余之所恃以切劘者也而天遽奪之以去是豈惟君之不幸而余之不没於蒙而能自振者其誰望矣乎少鶴既以疾留滯浙西將爲書告之先作辭以抒余哀其辭曰

夫何斯人之抗志兮信高世而寡儔學桄頹以日進兮業闇然以自修迹孔鄭而心濂洛兮用將化乎俗流匪鞶帨之徒繡兮惟實事之是求懿閫門其備禮兮處戚鄰而遠尤眇軀幹之六尺兮抱千載而爲憂步踔踸如不及兮常恐乎日月之我遒余識君於壯歲兮始知徑涂之是趨羌望塵而逐後兮何異夫駑馬與驊騮方策蹇於十駕兮君忽返乎故邱吾離羣而獨處兮學有疑而誰諏朝聞道而夕死兮君何憾乎蜉蝣有猶子能繼志兮婦又賢能潔羞君雖没而名立兮豈等夫生者之若浮不撫殯而哭墓兮又無文以銘幽聊抒情於此詞兮永悲夫逝者之不可留

李鼎西哀辭

嗚呼鼎西而竟死耶方余與君聚京師當道光乙未戊戌之歲于時海寓安謐人民樂業京師故游俠所處地余旅居多暇閒從二三知舊走馬擊鮮馳逐歌舞之場以相娛樂君性嗜酒而不甚好游然有召輒至至必劇飲酣醉使歌人擊其首以爲節僮僕皆愠於色君夷然不以爲意時余與諸人俱年少氣盛不知歲月之可惜君日沈酣於酒視世間無復憂患事逮癸卯甲辰閒余爲京朝官君仍以舉人罷禮部試出都贈詩敘數年蹤跡離合辛亥余奉先大夫諱南歸君窮居里門其胸臆閒固不能如曩日之無事而尊甫廣文君卒於隆州喪阻於賊不得歸君館大岡埠唐氏值洪逆自荔浦上與巡檢張君伏巖中三日乃得出既過余謀所以爲太夫人養者貌懨然以爲憂會同年劉韞齋閣學視學湖南走書幣屬余聘一

閱文之友余因以君行至則主賓相得甚幕中少事獨日飲而君氣力益不可支遂於咸豐乙卯秋八月得腫疾卒劉公以戚屬君之內弟濤泉巡檢陳君鑑光殯君於衡州府雝神廟之東廡下後二月余自家北上始聞君之狀於劉公所請於陳君視其殯而哭之仍作辭曰

君何生而混沌兮嬰世故而爲之鑿也貌沖厚而行儻蕩兮遭險難而爲之迫也烹羊沽酒飫燔炙也賡詩射覆命罰爵也衆呌呶以爲讙君獨邈也舌鋒淬以橫刺兮君啞啞也醉抱持而上車兮加束縛也復泥余而索醞兮容不怍也彼麴蘖之伐性兮固乘人之强而敗人之弱也不然君何異於今昔兮廼一旦氣盡而神索也嗟人生之百歲誰不感乎迍邅君一值而卽蹶兮或運數之使然獨以悲余之營營於世網者將何恃以長年

經德堂文集卷四

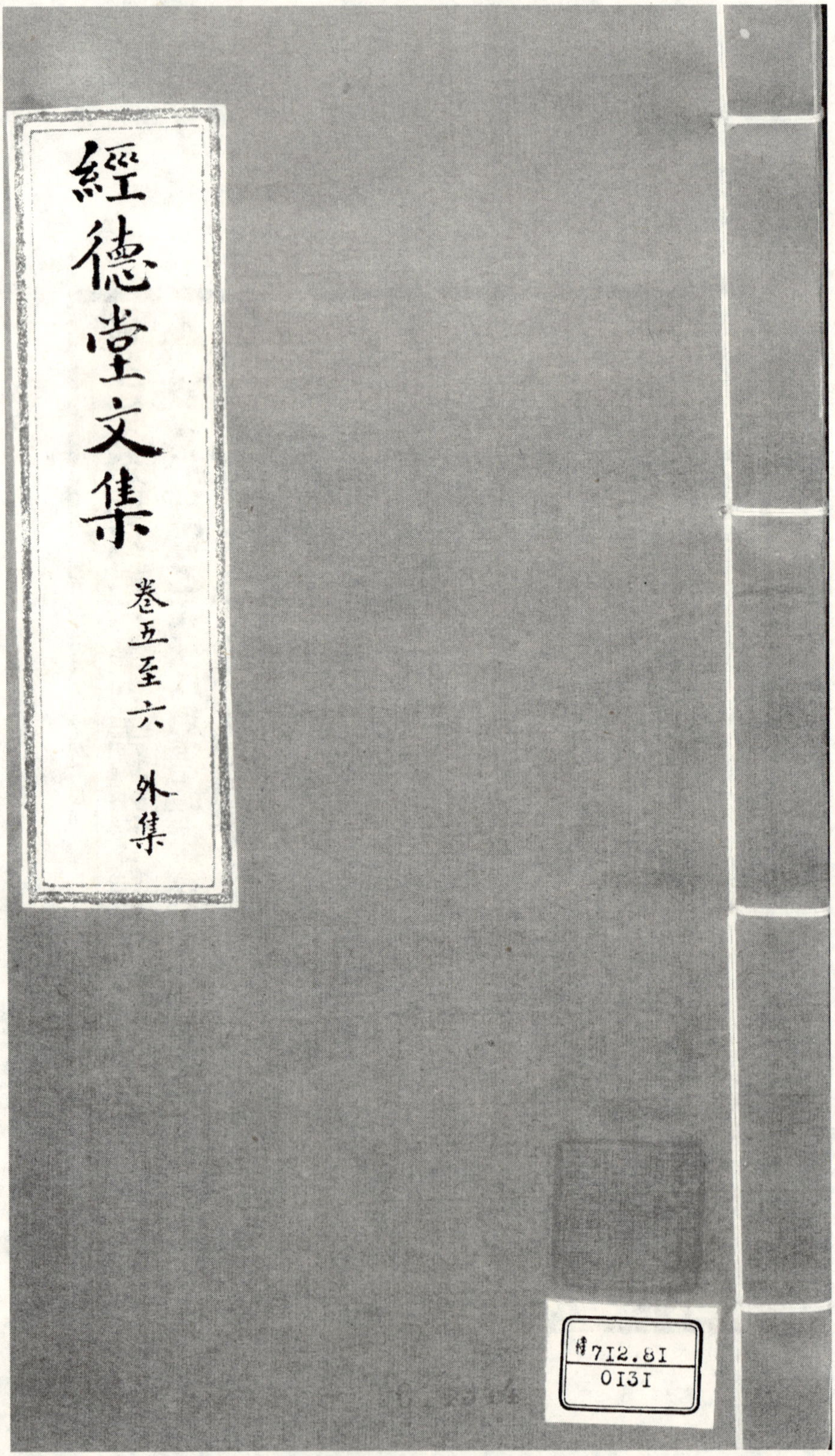
經德堂文集
卷五至六　外集
712.81
0131

經德堂文集卷五

外集　　臨桂　龍啟瑞翰臣

古韻通說總論

論古韻寬嚴得失

論古韻者自亭林以前失之疏自茂堂以後過於密江慎修氏酌乎其中而亦未爲盡善亭林規模已備中間營衞未立小小越畔時或有之其攷據精確則不可[illegible][illegible]茂堂細筋入骨分肌擘理其分之脂支三部能發前人所未發餘所分者求之[illegible]經率多可據其分配入聲未極精審不免千慮之失然而分合周備條理井然可謂文而不煩博而知要者矣後之陽湖張氏高郵王氏曲阜孔氏歙江氏諸子之學皆博足以綜其奇變精足

以定其指歸要之諸家愈分愈密皆由茂堂氏精而求之以極於無以復加之地閒嘗取其書讀之則張氏之分爲二十一部者與高郵王氏略同其依據說文折衷經韵使人觀形可以得聲之誤復審音可以定形之譌而於通轉流變之冣尤能言之盡意蓋比近已來言古韵之書莫善乎是矣同時武進劉申甫氏復有詩聲衍之作其全書未刻不得見觀其文集中所載序論及標目部分蓋亦竊取張氏之義而爲之者也其論入聲同部異用及異部同用較諸家尤爲明備覺段氏之精於說文猶未見及蓋於是而歎劉氏之書之爲至密而無恨也臯文張氏有言凡言古韵者分之不嫌密合之不嫌廣惟分之密其合之也脈絡分明不至因一字而疑各韵可通亦不至因各韵而疑一字之不可通啟瑞不敂竊嘗服膺是言故今之集古韵也意在於嚴而其爲通說也則較之顧氏而尚覺其寬其

分也有所以可分之古其合也有所以得合之故皆爲剖而明之不敢拘前人成說不敢執一己私見亦曰參之古書以求其是質之人心而得其安而已

論平上去入四聲不可缺一及論古韻有某部闕某聲之誤

平上去入四聲始於永明而定於梁陳之世當日沈約諸人精通音律製爲四聲以括天下之字蓋必有不可得而增不可得而減者今以三百篇驗之平上去三聲多相通協入聲輒多獨用中惟上去二音所辨甚微蓋其高下抑揚之閒亦如平聲之有陰陽也而陰陽之分如物之有表裏上去之辨如音之有節奏表裏同是一物舉其表而裏卽在節奏非是一聲欲廢其一則音不全此陰平陽平之部可以不立而上去二聲必不可得而併也近之言古韻者每謂某韻有平無上或有上而無去入或有去入

而無平上吾不知所謂無者特就古人所用之韻及說文諧聲之字驗之乎抑將以四聲遞轉求之乎如以四聲遞轉求之則天下有有聲無字者斷未有無字而竝無其聲者試以等韻求之可見也彥惟張氏曰冬部之字以今韻讀之亦無上入聲也此書未解愼修江氏曰凡等韻所空之位人以爲有音無字夫有音而未製字者有之若當此位屢無字則非未製字也當是等則缺此位猶琴之泛聲當徵則鳴不當徵則否莫知其所以然也案此言亦未確今試取江氏所列冬○宋沃等韻讀之其無上聲之處皆未嘗無音也以二合之字書之則立見矣而又未嘗混入東韻也彼腫韻之湩字昔人旣以爲冬韻之上聲而說文冲讀若動抑又何歟如謂此字古不經見或有此字而古未嘗用爲此聲遂謂某部某聲理當廢絕不知古人製字之時原未嘗求其聲字俱備且如未有四聲之時則平聲皆可讀上上聲皆可讀平去入聲皆可讀若平上如離騷中惡字能字可舉爲例類此者不可勝數而又何有平上而無去入有去入而無平上之可言乎以四聲較之惟入聲音節促迫疑古韻中自爲一類其與平上去三聲通用者絕少說文偏旁之

字亦多與三聲不合又有偏旁之字只有三聲而無入聲者此入聲無正紐之說又有得聲之字在此部而其聲多轉他部者此入聲有旁紐之說故亭林顧氏謂古無入聲之說不爲無見入聲偏旁又多從去聲而轉此段茂堂古無去聲之說所由來要而論之以今音證古音以古書證古韵其所得者已十之七八但言某部中古無某聲之字則可謂某部中古無某聲則不可也

論部分標目

舊之言古韵者皆以廣韵標目以其承習既久人所易曉也臯文張氏謂部中建首之字或改入他部如尤字入之咍庚字入陽唐之類亦何取其虛目而存之故所著諧聲表皆以詩經中先出字建首此言與鄙見大合當未得見張氏書時頗以此立論既得讀其書後遂不欲與之雷同因念諸家分部之說言人人殊江之弟一部也非段之所謂弟一部也段之弟一部又非孔江

類之所謂第一部也其他皆如是此不亦求之於古旣不合以示於今則難曉者乎今故仍以廣韻標目其兩韻合爲一部者則取其先見者爲韻先見者本音應入他部乃取其次者名之（如庚取耕尤取幽是也）各韻之目仍附於建首韻下庶乎承學之士不至迷於嚮方而參攷鉤稽兼得瞭如指掌矣

引諸家論說中有云某字應入某部者其部分皆其所自立各有不同今皆以廣韻標目之字易之庶省檢閱

論方音合韻轉聲

凡詩韻中有明知爲韻而齟齬不合者如沖陰諶終調同造士之類顧氏江氏以爲方音或曰通用叚借段則以爲合韻三者之說段爲近理而未爲盡善夫言方音者無論聖人修辭立教何至於樂操土音卽謂方音可用如桑柔以東韻慇小戎以中韻驂雲漢以蟲宮宗躬韻臨江氏以爲皆西周及秦之詩當日關中固有此音矣何以夫子傳易於屯於比於艮其

用韵復與詩合試思魯地去關中千有餘里果其兩地相同即不得謂之方音此固不待辨而明矣段氏分部最嚴於古韵所不可通者皆謂之合韵不止於沖陰諶終等也而皆不至如顧氏江氏之無説且其合韵多以異平同入爲樞紐即聲近相轉之例於文字音韵之理實能洞見本原至於立説有未當者則不宜以合韵加之古人夫古人之韵吾既不得而見之矣又安知何者之爲合耶宜乎篤守亭林十部之學者羣起而議之也夫合韵不外乎轉聲轉聲不外乎雙聲今人所謂雙聲即漢儒所謂聲相近也凡聲近者皆可轉而不近者不能焉今試取三百篇之齟齬者而論之有一不出於雙聲者否段氏知此理而不肯以立言顧樂爲合韵之説以自遁夫言韵則有一定之限故出此入彼人皆得以越畔譏之言聲則遞轉而無窮即何必以實係可轉之音而樂就乎渺不可知之韵故今之

言古韵者言方音不如言合韵不如言轉聲轉聲之說自錢竹汀詹事發之詹事聲類一書近罕流傳故其說人多不省及而實開字學音學之奧窔蒙之爲古韵也實竊取其義焉而尙不能廢段氏合韵之說則以今之分部太寬不得不爲是說以通之實則今所謂合韵者皆古人通用之韵吾以是分之則亦以是合之云爾夫合韵者吾之所得已也若轉聲則非吾之所得已也

論詩以雙聲爲韵說文以雙聲爲聲

詩之以雙聲爲韵者賓筵四章以呶韵傲卽轉呶之音如疑呶疑雙聲也呶不與傲韵而疑與傲韵矣谷風三章以怨韵萎卽轉怨之音如謂怨謂雙聲也怨不與萎韵而謂與萎韵矣桑柔八章以瞻韵相卽轉瞻之音如章瞻章雙聲也瞻不與相韵而章與相韵矣推之羣經諸子用難韵之處

無不皆然大抵古人作詩兼用轉韵試以時音譬之如東董凍獨旣是正韵則登等嶝德卽是轉韵今人但知東董洞獨可爲一韵而不知登與東等與董亦可爲韵嶝德與洞獨亦可互通爲韵也然古人用正韵之時多而用轉韵之時少卽其可通轉者亦必有通轉之法而今皆不可識矣倘可攷者於許氏說文偏旁諧聲之字往往得之夫諧聲必取諸本韵夫人而知之也至有取諸轉聲者小徐旁紐之說略發其端緒近日茂堂叚氏注中屢言之裘友王氏又於說文釋例中詳言之而拘者猶未之信試以數字明之如曼冐聲也冐音如帽又讀如墨帽與墨皆曼雙聲今必謂曼不與冐韵當從又冐刪聲字則他處恐有不能盡刪者矣雚萑聲也萑許書讀若和而雚當讀如桓桓與和雙聲也今必謂此兩字當讀爲一韵則未知當從萑入歌韵乎抑從雚入寒韵乎此兩文之異讀固不始於今日

矣推之敘從古雙聲近有謂從占聲者其說非是凡雙聲爲聲之字較之疊韵尤爲親切以疊韵是旁行其類尚寬雙聲爲直射其法更密此非深思不悟汎從八雙聲叢從取雙聲壯從土雙聲莧从苜雙聲榦从倝雙聲汨从冥省雙聲憲从害省雙聲充从育省雙聲怍从作省雙聲神明變化之中仍復條分縷析又可證者凡或體中所从之字多與小篆雙聲遞變如䵒本日聲也而或從刃作⿰黍刃則刃與日雙聲矣萉本肥聲也而或从賁作黂則肥與賁雙聲矣玭本比聲也而夏書从賓作璸則賓與比雙聲矣如斯之類不可勝言又凡古今音韵之流變皆由雙聲遞轉無論叚借通用與夫習譌傳譌及五方言語不齊皆可於雙聲求之許書中有讀若讀同之例雖非盡三代以前之韵亦非漢以後之音其間以雙聲遞轉者如姐本且聲也而讀若左橾本喿聲也而讀若藪舠本刀聲也而讀若兀⿰禾糞本糞聲也而讀若廦此亦可推尋其故者凡漢儒解經多通其音

義以爲訓詁鄭注禮器撕之爲言芟也芟與撕爲雙聲蓋芟之本音如殊有稍之讀若芟者可證而芟之轉音又如衫有霰之讀若芟者可證鄭注若用芟之轉音則芟撕疊韵若用芟之本音則芟撕又爲雙聲此亦如儀禮士虞禮注以禫服之禫爲導攷工記旊先鄭讀爲甫後鄭讀爲放蓋因禫與導雙聲甫與放雙聲可通借互用也然此豈惟鄭注許君說解固恆有之如八別也粵于也木冒也鼓郭也倢佽也之類開卷卽是不叚思索又如打本丁聲也而今讀若上聲則頂與打雙聲也西本先音也而今讀入齊韵則西與先雙聲也推之喁禺旂斤荓幵風凡之類又無不皆然昔者由本音而變爲轉韵今也卽可由轉韵而知其本音且閩人讀舉如鬼讀人如靈舉鬼人靈雙聲也秦人讀風如分讀宗如租風分宗租亦雙聲也凡南人入聲之字今北人多轉爲去由其所轉推之固亦無不雙聲也

故知雙聲之爲用不窮然後可以推古音之原本可以識今音之流變可以訂方音之譌誤讀詩而不知雙聲可爲韵將有本韵而謂爲非韵者讀說文而不知雙聲可爲聲將有本聲而謂爲非聲者其誤豈小小哉

論入聲四則

凡入聲字用平聲爲紐故凡有入聲之部皆須轉音然後得入儻有入聲在本部而與平聲爲正紐者皆非其入聲字之正音也（以今音讀之如之止志職爲正紐則職當讀如揩朱主住蜀爲正紐則蜀當讀如濯之類又如之部之直支部之益以今音皆與本部平上去三聲正紐以古音求之則二字皆爲去聲以入聲字於本部無正紐也餘竝仿此）學者於此求之於入聲字思過半矣

入聲古所謂急語又所謂短言（竝見公羊何氏解詁）蓋其字多由平聲矢口而得（如登爲得川爲祝之類即由上去轉者亦然如趣之爲促害之爲曷惡惡度度之類皆以兩字相切而成）中間更無樞紐不經過上去二聲即可由平得入上去二聲由平聲長言詠歎乃可識其節族惟

入聲則不然又凡平上去三聲皆可相引而長至入聲則戛然而止此其謂急與短之義也張氏諧聲表祖莊氏葆琛之說謂四聲有正紐有反紐正紐者自平之入反紐者自入之平凡入聲字反紐者爲韻正紐者不爲韻其說曰如灰之入爲職蒸之入亦爲職愚之入亦爲職皆正紐也就職發聲呼而平之則職之平爲灰故職不韻蒸與愚也以今音驗之未能盡合且入聲反紐果可自入之平則入聲亦引而長之矣而又何短與急之可言乎張氏又言短言則不成詠歌故必引而長之果如其說則顧氏以入聲通轉三聲亦理之得者矣而於入聲分配之故仍未爲确也

凡四聲相配惟平上去可謂之疊韻而入卽謂之雙聲蓋平上去三聲之字其形與聲皆相承而下惟入聲字不然故皆形在此而聲在彼者爲其聲皆轉然後得故謂之爲入入者言自平此而入乎彼者也轉聲之字無

當故可以數韵之平而共此一韵入聲之字轉聲之用又無定故以此部之偏旁攙入他部而不爲嫌也凡平上去之偏旁皆有自甲之乙者必爲轉聲以此推之入聲之爲雙聲益信入聲古與三聲通協者少又其偏旁多不相蒙故自來言古音者每於此治絲而棼然以轉聲之例求之則當以聲爲主而形在所後故今於古人所通用者卽謂爲某韵之入而於偏旁建首之字加一轉字以別之並箸其某韵之所在以知其聲之所由來若入聲之偏旁有不與三聲相涉者亦別而出之以爲入聲偏旁所專用之字必古與三聲通協者今乃合之否則別立一部用高郵王氏例也

蒹葭攷

案蒹也葭也菼也爾雅分爲三物段茂堂氏據含人葭一名華之說以葭華對葭蘆爲一類蒹薕對菼薍爲一類郝蘭皐氏謂經傳無名葭爲華者

故移葭華上屬於葦醜劣而蒹薕葭蘆菼薍三者自爲一類參互考之以郝氏之讀爲長然此數者種類旣繁而稱名亦易混今爲類聚而别白之爾雅云蒹薕說文蒹者薕也蒹下云雚之未秀者廣雅云藡雚也郭注子虛賦蒹荻也案荻與藡同字據以上各書考之則蒹也薕也雚也藡也荻也皆異名而同物特分蒹與薕爲未秀之稱耳乃郭注爾雅蒹薕下云似雚而細高數尺江東人呼爲薕藡夫當未秀之時則其材必細蒹與雚爲二候非有二物也爾雅又云葭蘆說文葭葦之未秀者詩正義引李巡說葭葦初生淮南修務篇注未秀曰蘆已秀曰葦據以上各書考之則葭也蘆也葦也亦異名而同物特就其後言之則曰葦就其先言之則曰葭曰蘆耳爾雅又云菼薍說文𦵹或作菼雚之初生一曰薍一曰騅釋言菼騅也菼薍夏小正傳雚未秀者爲菼初生與未秀相去無幾耳而說文以初生

爲菼未秀曰蒹夏小正以未秀爲菼則蒹與菼共爲一物許特分析更細耳說文又云萑亂也謂萑即已秀之亂矣亂菼也則與爾雅同詩碩人正義引陸璣云亂或謂之荻至秋堅成則謂之萑據以上各書考之則菼也亂也萑也荻也亦皆異名而同物菿則菼之初字也騅與鵻同亂之別名也而要皆今之所謂荻也又與蒹薕共爲一物自其初生言之則曰菼曰亂曰騅自其未秀言之則謂之薕未秀較初生已堅實矣故可以爲簾因名之曰薕（同小徐說）秋既秀則爲萑至於萑而荻之材成矣以上皆荻之類也若夫葦則今之所謂蘆特古人分初生爲葭未秀者亦爲葭又曰蘆而葦遂爲既秀之專名總之蘆之名少（葭蘆葦三者）而荻之名多（蒹薕菼亂騅萑薍除菿與荻重字不計尙有七號）說文分析言之各不相混觀詩騶虞稱彼茁者葭豳風曰八月萑葦以文考之正與時合惟秦風蒹葭蒼蒼以季秋之時而舉其未秀之號

似爲不協然詩人正卽其蒼蒼之色而追思其暢茂之始者曰此非昔日之所謂蒹葭者耶而今則既蒼蒼矣與下句白露爲霜語氣正同方知風人感物興懷之妙故說文可以貫通諸經也

蘦大苦解

案說文苷甘草也苦大苦苓也苓卷耳也苄地黃也許君劃分四物而其字亦不類列惟以蘦大苦也厠入其中則苦與大苦相複而苓與蘦亦歧出而不類段茂堂氏謂淺人據爾雅妄增是矣郝蘭皋氏爾雅義疏王懷祖氏廣雅疏證俱云苓與蘦同孫氏神農本草經亦然是欲援毛傳說文以就爾雅未爲不可但郝氏據郭注謂蘦卽今甘草也並引說文苷甘草也蘦大苦也於蘦字下是已混說文之苷與蘦爲一而又解之曰注所云蘦似地黃者地黃名苄苄苦古字通然則大苦卽大苄也夫郭但云蘦似地黃而已

未嘗云蘦卽地黄也因地黄名苄苄可通作苦遂謂與大苦之蘦同爲一物不亦㦧乎郝氏能合大苦與大苄爲一必不能合甘草與地黄爲一此決然可信者也郭注爲蘦爲甘草雖與說文違異而其說固自可通甘草本甘而名之以苦此亦如以逆爲迎以亂爲治固不必引地黄之名以爲證惟據此說則說文固不當更出苷字而詩人所詠亦卽今所用以入藥之物但決非生咸陽名芑之地黄明矣王氏謂苦乃苄之叚借非以其味之苦也亦謂大苦卽大苄而引爾雅苄地黄之言以實之是亦不劃分苄與大苦爲二物而遂置地黄甘草於不問大抵皆郭注形似地黄之言誤之也又考郭氏之說本於孫炎炎據本草以蘦爲甘草而今本草無蘦名安知其非孫誤（王氏以爲傳者失之）可知爾雅所謂蘦大苦者斷以爲卽詩之苓而決非甘草之稱是以爾雅與說文相較則許君之說爲備而誤合甘草與

大苦爲一者起於孫炎之說並誤合甘草大苦與地黄爲一者則非孫郭之誤而王氏郝氏之誤也

爾雅經注集證序

爾雅一書學者多苦其難讀蓋其書止立篇目不分科段至於句讀因以混淆而傳習者復以近鄙别字亂之雖郭景純陸元明之儔尚不能有所諟正唐宋以降其學漸微

國朝諸儒潛心經學始復表章此書其中箋疏文義以邵郝之學爲尤精訂正文字以盧阮之書爲最備暇輒折衷數子博採羣言於發疑正讀之間務求講明至是諸說不同者則擇取其至善間復參以鄙見求析所疑凡所易知及無關小學者皆不復錄以學者探抉閎深自有諸家之全書在此特爲家塾便讀之本故無取其繁焉書成姑名之曰爾雅經注集證

用附本經之末云爾道光二十八年十二月臨桂龍啟瑞序

是書成於楚北官署就正於興國刺史山左澤農潘君克溥承君析疑正誤資益頗多今俱采其言入集證中君所著有經尉餘芳惜未之見兵戈未靖友朋寥落儻此後猶得從事丹鉛與素心人往復辨難詎非吾生之厚幸耶時咸豐甲寅正月檢校舊文聊識數言於簡首

小學高註補正序

高紫超先生所著朱子小學纂註較陳氏舊註加詳於朱子輯書次弟脈絡尤能周浹融貫前之論者無異辭今年夏重刻是書再三校讀竊見其中猶不免千慮之失訓詁文字或乖古義不揣固陋輯爲補正一編於朱子原書豈能有助涓埃或於讀高註者不無小補焉爾道光己酉季秋月臨桂龍啟瑞記

古韻通說自序

往余交漢陽劉子茱雲始識古人聲韻之學及
國朝顧亭林氏以下之書道光庚戌視學楚北會仍歲苦潦室中乘桴行長曰樓居始以姚氏說文聲糸張氏說文諧聲譜苗氏說文聲讀表參互讀之閒以己意析其所疑箸爲音論十篇其攷訂之語細書於册者無慮數萬言辛亥正月扶　先大夫柩歸葬舟中讀禮稍理舊業歸復侍　先大夫殯於城北之李園乃取舊說排比成篇譔古韻通說二十一部發凡起例原始要終燦焉可目雖不敢謂集諸家之大成而自來言古韻者於斯爲備頻年寇氛告警鄉居鮮暇書成繕寫二本皆不及細校又乏如劉子者爲之諟正今歲冬月北上假館衡陽始取前後寫本校勘一過字句閒有改正文義不復增添以俟自今以往之暇日及世之君子惟是書之

成多在恐懼憂患倉卒陝隘之中今茲較爲寬閒又迫於行程而不能使歸於無憾蓋成書之難如此後之覽者庶其亮之咸豐甲寅冬十二月初吉臨桂龍啟瑞序

視學須知小引

學政一官難而易易而難所習皆所用所用皆所習易矣至於弊孔百出人無一信堂室之地孑然孤立生童塞其前卷牘羅於後心思耳目並用不少暇則其責之專而事之繁可謂至矣又有甚者處師儒之任非得一二人才何以報
國苟躬行無本文彩不潤焉所持而礲諸說命曰斅學半記曰教學相長也然當居教人之位而始勉於學不已晚乎故學政之道始於防弊而終於教人雖然弊之滋也嘗有隱傷吾教而牽掣不得行者非拒絶廓清之

則吾受其蔽而入轉樂居於僞故爲學政者明與仁貴爲兼用要在識其先後本末而已某不才幼承庭訓通籍後幸得備員翰林歲丁未奉
恩命視學湖北
聖訓諄諄首以剔釐弊竇作養人才爲先務自維庸愚既祗且懼拜
命之後即走謁師友敬求誨言書之於策到官後次第施行復自以意斟酌時宜量爲通變竊念膺是職者任大責重雖精力足以貫晨夜明敏足以察毫芒猶未可謂之盡職爰舉舊日所聞及近所施行者參互折衷條分縷析釐爲視學須知一卷凡師友議論及往來書札有關於學政者編總論並箸於末鄙作文檄亦附錄焉非敢謂一時之事爲可示諸將來以中多良師益友之嘉言善政而後之儒臣或有取乎此也雖然學政之官難矣吾知其難至其所以難者則知而未能有萬一之盡也語曰如其禮

樂以俟君子願當代之以人事君者有以副焉

跋己酉選拔生冊葉後

道光丁未季秋某奉

恩命視學楚北後二年爲己酉選拔正科得士共八十有六人鄉試前期齊集會城時業師王彤甫夫子乞假里居以方冊若干葉命轉屬諸生爲之書選拔之於字畫特一端而已故或工或不工就得其工者三十有六人裒輯成冊將以報吾師之命而就正焉憶甲午隨侍黔陽因制舉業受知於師以第一流相期待今學業不加進而幸獵祿仕又奉使視學於先生之鄉蓋凡所以居官奉職者一本夙昔之教爲多諸生雖未獲升堂請業而得以楷法相質正亦未始非文字之緣也抑吾師以癸酉拔貢朝考後官刑部因事持正受

聖天子特達之知由員外郎簡放湖南辰州府知府政聲卓越在人耳目間嘗謂諸生異日必庶幾如公始足以副選拔之科而增其重於字畫何有然即此一藝之微而先生取而進之若是則爲其鄉後學者宜何如加勉哉年月日門下士龍啟瑞謹記

書所選昌黎詩後

公古近詩四百一十餘首所存最精常語皆有光彩淡語皆有古味故能拔出李杜之外而獨樹一幟後之文人爲詩者自公始柳子厚弗能及也有宋東坡才力傑出縱橫跌宕然後文人之理無不可以入詩詩之教至此而始大其爲用亦於此始宏較之有唐以專門名詩者益覺其隘矣而其源實自公發之公之揀辭造言屈鬱盤勁雖東坡亦不能逮也舊選幾存十之九今復閱汰其一二要皆愛弗能割者不如此不足以存公面目

而麗後來觀者之意云咸豐癸丑莫春初旬記

跋楊椒山先生所書蘭亭卷子

右椒山先生所書蘭亭卷子縱橫激宕不拘故方一脫晉唐已來書家積習要皆妙造自然不煩結搆而準繩規矩隱然寓乎其閒其雄奇崛强之氣尤爲絕倫固知非公莫辦薄俗小夫初學執筆便惘然欲自成一種風氣究之非俗則野耳公之人固奇偉非常者豈僅以其書云爾哉此卷入

國朝有濤獻陸公題跋陸公不以書名而行筆特超妙於公固有沆瀣之合者古來名人無不能書信哉濤獻書尙有轍跡可尋先生殆非可學而到若於其剛毅不屈者求之則思過半矣時咸豐甲寅元夕臨桂龍啟瑞謹識

湯母蔣孺人七旬壽序

余與湯子厚交十餘年矣壬寅在里中與其伯兄子敘遊益歎其昆季之賢旣與子厚言則知皆出於母蔣孺人之教也子厚之言曰吾不幸少孤先嚴見背時文模與次兄俱幼伯兄稍長以隨叔父在粵凡所爲庀家器爲葬備者皆吾母之力是依逮教吾兄弟成立復維持之無少閒方其歸吾父也家甚貧孺人能以紡績佐其業生平遇物以慈祥而持身以儉敬事尊章惟恐不逮教子若孫一以禮法戚鄰中有無緩急未嘗不相通焉故鄉里皆悅而稱之余嘗讀詩見昔人之善言女行者曰無非無議惟酒食是議無父母遺罹作而歎曰難哉夫人不有可稱可頌之德則必不能禁誹謗之來詩人特以聞譽非婦人所宜故特舉其所無以明其所有耳而又重之曰無父母遺罹此非家庭之間一無慚德如所遇之不齊亦能彌縫使無憾者其孰能當此而無忝者乎孺人庶其近之矣世之言婦德

者多以奇節著聞固時命所值而然如孺人者卽庸行亦有過人者也詩曰釐爾女士從以孫子言女之有士行者其子孫皆化其德而天卽予之以食其報然則觀孺人之行而子厚昆季之賢其不更信矣乎天之報孺人者其庸可量也歟歲己酉五月下浣爲孺人七旬晉一誕辰子厚將自武昌歸爲壽屬余一言以序之余因本子厚之所自言而傳以雅詩之義且明其致福之由並以爲孺人黄耇無疆之祝也

致唐子方護院

子方先生執事大雨如注宵分無歇蓋天之戹斯民甚矣某以閒官猶焦灼如此則當局任事者可知凡一切經畫之方諒已籌之備矣不揣固陋稍陳其愚書生之見未知當否敢條列於左惟執事采擇

一祈禱宜專也應天以實不以文然禳祈之法聖王不廢今固行之有日

矣鄙意謂宜再設專壇祈禱齋戒禁屠地方大吏步行從事俾萬民知我司牧其相關切也如此足以下固人心上感天和此雖尋常故事而以賢大吏專誠行之當必有效

一倉穀宜發也城鄉米價昂貴小民先受其害衆口嗷嗷不免於官是望今一切便宜雖未敢卽行而開倉平糶俟將來有餘還倉亦救急之一法且以塞斯民之望但經理全在得人如爲吏役把持勒價轉昂仍無益也

一城垣宜守也近江城垣多有浸水之處府縣修築自必得力然深夜之當防尤甚於白日曾否多派兵役里正分段住宿夜間巡邏周視以備不虞從前汴梁有黃河之厄多拆毀空房古廟拋甎城下以護城根今可仿行否或在內修築卽已得力

一科場宜改也雨勢如此貢院之不能遽涸可知臨期車水外間皆云無

濟更可慮者轉瞬錄遺已近士子陸續齊集會城當添八二萬餘口米價必至驟增縱望水退米來亦不可得之事可否將此情形入奏隨行文各府士子可以緩來其於民食似非小補

一私賑宜先也昨聞省城及漢口低窪之處被水圍繞民間孤弱者不能自存往往束手待斃實堪憫惻今開賑自屬尚早然或籌款些須多備麵餅令一二公正委員紳士泛小舟於此等處按口分給勿遺勿濫俾得度一日之命亦仁心善政之餘可以固民心而塞責望也

一入告宜急也現今業已成災且較去年尤重如可彌縫了事恐飢民別滋事端將來糜費錢刀不可勝計賑撫之方自宜籌之於早且爲民上者果存此心亦足以格天召和鄙意謂宜將此情形據實入告我

皇上愛民如子必當立沛恩膏卽請帑亦理所宜然勝於爲國家愛惜金

錢而轉斯民於溝壑也

再致唐子方護院

接復示一切並蒙聽納且多已見諸施行知賢大吏固早有經畫且幸鄙見之略同也別紙條陳二件因執事有俾之盡言之命是以敢竭其愚惟審察而擇其中

一稽查保甲平時尚屬可緩現當城垣喫緊之際更宜加意提防夫狡焉思逞者何日無之竊意此宜分派委員數人分管街道設立門牌責成保正如有外來可疑之人定須房主作保其不敢保者單人令其移居一處多者即另記門面加意稽查各街卡房兵丁須令其在卡住宿嚴飭查夜委員無分文武務各盡心出力客店中寓居者令店主開導速行有面生可疑之人毋得容隱如此則奸究無處藏身而樓苴之民亦得安堵並分

別應賑戶口亦可藉此周知

一刻下武弁兵丁自宜加意整飭將來萬一有事不能不資其彈壓須與制府言之漢陽水師營亦宜準備此先事預防之尤要者

致蔣霞舫侍御書

京中五方雜處實繁有徒混跡藏姦較之外省更易稽查保甲較之外省亦倍難然某謂今日思患預防正本清源之方莫切於此夫地大物博精神不能周徧則當以分段之法治之內外兩城暨　圓明園及各城外地方此分段之大者也內城　圓明園則各旗參佐領為之主以滿漢御史數人監之而於步軍統領受其成外城及各城外則司坊官為之主以滿漢御史數人監之而於順天府尹受其成參佐領司坊官又分段各為之主自於其段中延訪本地紳耆及寄寓較久之有年德通知時務者數人

襄辦保甲之事有不職若不勝任者步軍統領順天府尹及滿漢御史不時訪問及因公攷核定其功罪去留官議功罪紳議去留分段之法因地制宜長短適中要以本段司事官紳力所能及爲斷其定各段官紳多寡亦如之每段中額設書吏二人差役壯健十人執刑二人分段既定各官紳自持保甲簿步行挨戶逐查問其係何生理有何保人其迹涉可疑而無的保者逐之先期　奏定示諭現任京官取具本衙門印帖上寫某官係某省人某年月日到任視事驗收存查以爲憑據其候選人員則由各御史片移吏部驗問有無其人在部投供與否其有官職而未投供或寄寓者取具同鄉京官保結僕從廝役仍由本員自保皆於清查保甲時收納違者許本官司回明監察御史再行傳諭仍行抗違者指名　奏參會試舉子驗其文憑同批己驗者面填日月蓋戳爲記防假冒重出也寄寓寺觀者責成僧道住持

客寓責成店主會館責成值年首事租客責成房主皆令出結具保如有匪人許其首告仍免從前失查之罪徇隱事發一並究辦每十家立一甲長分街之左右遞數除現任京官寓宅不計凡土著商賈一概編入以一家之甲長稽查九家每月後復查保甲之時許以第二家更換以均勞逸如女戶單丁或宦籍客寓不深知本地情形者應準其作為散戶以第二戶承充甲長京官宅內親友僕役皆責成本官稽查如有匪人事發後本官議處仍一體給與門牌許本街甲長人等公同稽查杜袒護徇私之弊保甲必立十家牌乃為周妥如慮其煩重擾民則每段中或聯數街為一牌或以一街為一牌擇生監商民之有年德者作為牌長專司一牌之事較為簡便易行至夜間分段巡邏及各街口仿照外省設立柵欄以時啟閉之法再當詳議　奏定施行每段官紳會議或就衙署或賃寺觀閒房作為公局酌定薪水飯食油燭等費事在初舉不免以為煩重難行然規模已成

章程既定之後則亦不覺其擾而於輦轂地方必收實效夫今日逆匪居心叵測外省方十餘里之城尚可伏匿姦慝況京師之大人民之聚十倍外省非於保甲淸其源如有姦人其誰從而查之若以保甲爲州縣弭盜安良之法帝王之都無事於此此不然之論也不知高明以爲何如試驗之諸公又以爲何如再今年漕運必不可問鄙意謂　朝廷宜專遣委員於通州採買米石請　旨飭下山陝各省督撫採買小米豆麥輦運至京或許紳民捐輸米麥折囘錢價給予官職於倉儲亦非小補煤炭芻料並宜加意積蓄𢣷昧之見未審當否統希酌裁伏處一隅之言固未敢倡言於衆也

致伯言先生書

伯言先生閣下到楚月餘矣未能以一緘上候興居遞中辱惠手書懃懃

垂念感愧曷極某於臘月十五日受事歲晚務閒之際無可見諸施行倘得從容講肄惟外閒官常習氣相視隔膜求如京師朋友之樂便是人閒天上觀書遇疑義無從質問閒求一閒冷書籍亦不可得又其甚者外閒所謂詩文多是橫流别派語以雅正之音多不能識然後知天下之文章亦斷然必出於京師而無疑也一昨王子壽過此盤桓數日黄子壽在此月餘皆於前日解纜去甚惜之也伯韓尚未到不知何處留連蕙西詩境乃爾大進殊令人羨日前挈眷出都終日塵土兒女子喧攘滿前令人心粗氣浮無復詩趣故未能有所寄正也

復伯言先生書

伯言先生几下遞中辱賜手書知南歸之計已決未審秋後何日成行比歸朝計不獲親杖履悵歉何可言喻惟祝先生頤志林泉既壽而康則所

係於斯文者甚重而栽成後進之日長矣又何必爲都中二三朋輩惜哉承示江漕節使處皆可寄書並寄文就正尤知先生之心之不忘吾黨也留別詩謹和一律呈教亦自鳴瞻戀之意而已不宣

致劉茮雲書

茮雲賢弟國子先生足下日昨匆促出都未及暢談一再然閒接言論與手書見示者其意至深且厚今思之極不能忘入春後天氣暄和所業何似昨得蕙西書云足下將以今春二月內南旋果爾則良晤在即鄙懷爲之慶幸貴省文風士習未及采覽竊見里閭之閒絃誦不絕醕和之氣已見一二鄙人以空疏無據之身忝師儒之任未知能有造於萬一否隨時見聞之處無妨先爲示悉昨謂子壽比部避嫌之事賢者不爲子壽亦以不避嫌自任將來領益可卜閎多願足下亦存此心乃鄉黨之一幸也道

遠書何能悉

再致劉茉雲書

茉雲足下春間承惠手書知足下將以二月出京此於出處之道自有所宜然者特非足下固未能內斷於中而無疑也比因接試遠出不暇作復亦無從探知茉雲歸里以否月初旋省乃知足下已返里門昨得蕙西書述足下致滌笙者言抵家後閉門授徒力作以奉二親處置家事具有成法然後知足下之所以毅然自斷者固早信其取必於己而無求於人也近世士夫好高談名義於出處取與之間多不明其際分如足下者吾何間然從游之士英俊不乏有能傳經學而衍爲家法者否某忝居此職不能有所振作私心惴恐茉雲居鄉人有宜見諸施行者幸以見告當虛懷而受教焉人事稀少望以時調攝書此不悉

復邵蕙西書

月初九日接去臘手書並與言翁唱和之作及茉雲別紙知諸君子夙誼之敦見愛之厚迴思曩會益難爲懷輒勉成一詩奉和昔人謂孟韓聯句孟卽似韓蘇黃唱酬蘇卽似黃此詩未知於二君子何如也茉雲誼篤鄉里時時以正人心厚風俗爲念此實使者之責節孝請扁事楚北向嘗有之由本地紳耆具呈教官申詳學院洵不費之惠故有格於例而不得旌及可旌而不克請者似無遺於此矣諒卽霞九先生之遺法耶左忠毅識史道鄰此人何可多覯況取人者固先遴百籌近日文風日習於卑靡承學之士胸無積軸家少藏書求一二通敏可造之才不可多得鄙意謂今日欲振興文教當先於博文上用功有博通淹雅之才而後可得敦厚篤實之士有敦厚篤實之士而後可得經緯卓絕之人否則迂疏寡昧未有

於世有濟者前此書目之輯亦教諸生先博學於文之意初意只欲列爲
一單後乃書之成册因欲須給各學遂率爾付梓今復得兄二月初旬來
書允代倩同人爲之攷訂私心感幸曷其有極目今秀才家知識苦不廣
大見多畜古人文集數部便詫歎以爲奇僻其父兄亦相率以爲怪如今
所輯大雅見之實覺至庸且陋然已爲諸生開拓心目不少如再加以辯
别宋元之板本博考古書之正僞則有心之士固樂於聞所未聞而鄉曲
弇陋之子必覩以爲龍肉而駭然置之書中不肯爲過高之談亦是此意
來諭中得聞生平第一快事深慰於懷我輩餘錢須以供堂上甘旨爲第
一賙卹親友次之購置書籍又次之買古書畫器物皆無用也茱雲何日
出都其制行過高到家恐不得亟見考漢陽時當造廬訪之如茱雲者誠
楚士之尤而邦人或不能識流俗多以年輩論人良可慨喟本日舟泊石

牌距安陸百里而近後日必當抵郡此後昕夕從事在拙者力有未逮音信偶一疎濶勿以爲怪仍望不以形迹見責而數數賜教焉春和伏惟道履佳安不宣

復邵蕙西書

新正月十三日奉讀手教知去臘寓書業已得達惟兄由子壽家信中寄一函已爲唐方伯轉寄江南未知中有要語否子壽接其家信即欲入京方伯勸以由大江東南取道北上攬山川之形勝以增長學識某亦贊之計此時當抵金陵矣冬閒買書錢至五十千可羨之至前在京惜不遇兄此時終日相從僕僕廠肆傍晚登車猶與賈人爭數十錢至空手太息以去殊令人恨恨此閒書肆極寒陋欲覓一專賣舊書者亦不可得然便中必爲留意儻有能分寄友朋者知賢於帕敬遠矣某今擬一書目凡學者

應看之書皆爲分門別類使之欲從何處用功便有何等書可讀爲目百有餘種凡過於浩博及無關正業者不錄此爲鄉曲秀才開一用功之路凡考居優等及新進諸童各給一本與之楚北書肆可因此生色矣

復邵蕙西書

使還接八月二十三日手教甚詳悉如獲面談甚快甚快地圖較王刻史記爲有用某固不能忘情吾子賤菽粟而貴珠玉所不識也通鑑考異韓文考異雖善本然非今日學者之急務蓋此等書不過刊正訛謬辯別同異於全書大致無甚損益在學業有成者藉之以爲考核之助否則初學讀通鑑便當明於治亂安危之故讀韓集便當學其卓然自命之志超然越俗之文即不觀考異未爲大失近日考據家爭持於一字半句間往往逐其末而失其本此二書經大賢先儒手定固與凡經生書有別然以

云導引初學有益後進似尚未可也昨與茱雲言近人好刻古書而六經
四子苦無善本甚不切於日用異時欲攷訂羣經精刻一板以繼相臺岳
氏之後竊謂此志當見許於通人朱石君阮芸臺何可易學然學之亦自
有道要不襲其迹而得其意所謂魯男子之學柳下惠也馬伏波固倜儻
士而晚年議論獨有取於吾家零陵太守豈無見耶老兄必能察之

復邵蕙西書

茱雲已矣今得其易簀時手書百二十許字首尾完具洋洋如平常大旨
以猶子鳳山爲託令誨之爲端士及勉以進德爲之彌憾而已不及其他
讀之潸然淚下某於此何敢自謂盡職然自念未嘗無一日之長見效或
在數十年之後此意惟茱雲深知之若人去矣誰識此心以助吾聲勢者
此所以尤痛心而短氣也十月二十四日由德安試黃州二旬而畢事雪

堂快哉亭遺址皆在太守署中按試畢得一登覽灝行諸君送於赤壁下少寓目焉所異者登雪堂時前後兩日皆大晴惟此日午後北風釀寒傍晚羣霙飄灑歸來雪晴月上江城十里有光搖銀海之觀次早晴風送帆迴望武昌樊口諸山凍綠如畫私心竊幸以爲疇昔之夜坡仙特爲吾作玉戲耳肩輿中口占一首錄呈以博千里一粲

復邵蕙西書

得初五日手書甚詳感慰之至茉雲猶子世堦縣學生也前數日來聞茉雲臨殁時語並鈔示遺囑一卷讀之濟然其遺稿茉雲囑寄京求滌生先生及諸同好是正再爲刊行此時正鈔錄也鄧孺人前數日已同母家亦茉雲促之去遺命以仲兄子世圭嗣甫十歲耳鄧孺人能撫育之甚善某前接茉雲書知孺人之賢即爲茉雲危懼以爲言翁聞之必與鄙見不謀

而合今得足下書乃知言翁已發此論某不敢自幸其言之中而益以悲莱雲之阨於遇也編刻羣經誠爲願者難副書發後輒悔之今得足下縷晰見教則狂言不爲無益爾雅經注已付刻無可如何抑子產有言曰吾以救世也既不承命敢忘大惠他日當爲足下詳言之

致姚子楨書

前數日鄉人張地山至接誦手示並寄到音學五書舊本拜惠多矣感何可言知已遵捐米例留用江蘇此於迎養自便殊企羨也某大考後叨擢數階實夢想所不及比來職事甚閒惟日觀古書不倦每自歎前十數年弊精神於時藝不復知有萬物之多天地之大也今既得此暇日而不務讀書聞道以補其不足不幾爲宇宙閒之做人耶所以購書於數千里者誠不敢束而不觀以負我良友也道遠書何能悉

致俞子相

發書後檢讀尊函內詢及督率教官一節此等人大率謹愿畏事者多輕率妄動者少明練曉事者十之一二闒茸廢職者幾過半焉考校時不過於初到發見一次場中監試不便接談某定爲發落諸生畢復延見一次遇事訪詢俾下情得以上達外此因公進謁者大率寥寥其平日訓迪則爲使者所不得見勤否亦難定以課程懲勸之方無可爲力即遇其賢不肖者回省時原可對督撫藩司面言甄別一二然如此者安能數覯且本衙門例不出考而所言又有聽不聽之分名爲屬員而實不甚交涉名爲上官而實不能操縱其難有如此者至論崇儒優老之意則禮節容貌之閒不嫌過於溫霽其平日已爲他人所簡賤若使者視之不值一錢則斯文掃地矣故監場時衣服飲食皆宜留意也督率之法細思惟認眞舉行

月課爲

朝廷功令而於諸生亦不爲無補仍按季考月課之成法季課或由本院出題間以詩賦策論課卷俱令該學批改按月呈送其明敏者手書獎勵怠玩者嚴札申飭屢列前茅之生歲科考時必拔置優等當堂獎勵則士奉其教亦不沒其終年訓課之苦心如此則闒茸者亦思振作學校將有起色矣此等課卷須專延一幕友代司其事而已總其成庶不勞而事舉惟高明擇之

致孫渠田學使

月日得留視學政之耗以手加額幸適在已鄉邦之慶豈有窮哉伏惟閣下本躬行心得之餘敷爲文章教化其設施必有大過人者遠人自當傾耳聽之也亡友劉茮雲見勖有云學政約有三要一曰防弊一曰厲實學

一曰正人心風俗防弊則尋常自振厲者能之厲實學則如朱竹君阮芸臺諸先生能之至行事出令處處爲正人心風俗起見則非祖述孔孟憲章程朱者不能某不敏實有愧於斯言乃不能不以望之閣下也儆省士習向稱安靜惟見聞苦其陝隘閣下以經古之學振之必有爭自祓濯者教澤之深且長收效當在數十年後也某在此二年毫無裨益乃荷聖恩重申使命彌切悚慚自揣前事尙復碌碌則後此可知已倘望吾兄有以策勵之前數日有人回粵特寄拙刻四種就正萬勿吝教子相於經籍舉要中增訂數條某今日尙佩之勿忘也

致蘇虛谷

某見近之爲學使者大抵皆以全副精神注於防弊而於栽培士子振興文教轉視爲第二義蓋因聲名所係一爲衆人所共知而易於得謗一爲

士林所默受而難於見功輕此重彼亦事勢不得不然某固不敢遽違時議而亦欲加以變通使夫弊去其泰甚而不必深苛教行於隱微而不求速效此私心所欲盡而未能者我兄以爲然否也子實近爲其尊人禁不出門大是妙事此君三年閉戶何患不爲傳人逮學成然後再如司馬子長之游會稽而探禹穴猶未晚也

致劉鳳山

鳳山足下昨日談次見足下氣質醕和趣向甚高知將來必能自立而令叔之篤愛爲不謬也遺囑細閱一過淚下不忍卒讀賢昆季自能守之令叔當無所憾閱至藏書不許借人出門一條竦然汗下尊府因某而破此例恐逝者之意不以爲然竊念令叔在日於某借書殊無所吝臨殁手示猶謂兄所借書吾皆有之緩緩可向鳳山轉索因此不敢自外且使某得

稍有進益亦菁雲之志也但某每次所借書單足下可錄副存記將某所
書焚於令叔靈前異日還書亦如之有便渡江無嫌進署一談不宣

經德堂文集卷五

經德堂文集卷六

外集　　臨桂　龍啟瑞　翰臣

書十二首　雜著一首　祭文二首　駢體文七首

復翁惠農年伯書

接誦賜書詞謙以抑氣和以溫始知賢人君子老而好學之心與人爲善之道固如是之甚厚而無窮也瑞以寡學肩茲重任夙夜惴恐懼弗克勝竊念朝廷設官莫不各有其本來之意學政之職大之在於正人心厚風俗卽次之亦當振興文教講明經術使承學之士知所嚮方而不至爲鄙賤固陋之學則其於稱職也庶幾焉然自愧平日所積未深譬之潢汙行潦不能澤物而躬行之間復多未盡苟以之設教則內顧不能無慚於是不敢過言高遠深微之道而就其力之所可及學之所能至者與諸同學

之士共勉焉復念六經四子書爲文章學問之本士人苟專其業則心不外馳內行可斳篤實卽一旦見諸施行不至空疏無用楚北人文最勝而求其根柢磐厚醇固茂密者信如來諭不可多得及今祇求英俊之才與狷潔之士冀其願力猶可取材焉及巡閱所至求如此者亦復寥寥而鄖西治經之士僅有三人則信乎善教者之隨地得人而盛德之必以類從也楊生旣以選拔中等夏生見挑入江漢書院肄業獨顏生尙未得一見然使其炙門墻則勝於走通都適大邑遠矣鄖陽僻在楚之西北爲明季以來用武處宜其文獻彫落鮮所承傳然六邑之士秀良者所在不乏風氣亦醇實可愛竊以爲地方官吏得藉手以施其教育者此其近者焉椄士時嘗有告諭一通勸諸生入省肄業然鄉曲之士類多牽於時俗未知能聽從否肅復敬布區區惟照不宣

致何願船

願船仁兄執事前奉手書並惠寄靈石楊氏新刊韻補古書精刻可愛之至多感多感允中未及裁答又承伯言丈轉寄一書相念之情溢於楮墨在京華者猶如此在外更可知也某前上言翁書謂回憶友朋之樂便是人間天上固知有心人亦同此情耶此間科試已畢於經古之學無能振作至躬行實踐之功更非以身率者莫能相勸豈區區不才所勝任哉甚矣稱職之難也吾兄獎借之言適增顏汗耳言翁決意南歸不勝惘然伯韓侍御在家作秀峯山長夢白中丞復刱立孝廉書院延坐皋比里中後進均受其益較其爲官時自樂茶雲忽爾徂謝此人當爲天下惜而尤可悲者則某近失一畏友耳茶雲若在其能補不足者豈小也哉已矣無爲爲善矣茶雲疾革時諄囑刻朱子小學以引掖其鄉後進渠向見某有明

呂氏家塾讀本係大字而無注昨讀段氏茂堂先生集謂此書以高注本爲最善仍茉雲家借得讀之較陳注實多所發明亦時有未安不揣固陋爲之補正數十條擬附刊本書之後見鈔呈訂正望勿吝教也

致杜繼園書

某在此二年毫無建樹幸得賢者受代爲之彌縫其闕欽幸無似楚北人士知禮尙文鼓舞之方自易爲力惟根柢之學不講是近日讀書人通病某在此尋以經古之學振之拙著有經籍舉要一書頒示學者以讀書學古之法板置江漢書院匆匆未及以印本呈教又刻有小學高注一種校對甫訖卽遭大故未得頒給板存漢陽之崇正書院此書院係本年新建因該府舉人郎履謙等在本署及府縣衙門公稟請以該處圈門官房一所改建義學當卽批府飭縣照稟遵辦該縣正擬逼詳而鄙人卽事深以

經費無着爲慮彼時鹺商致送賻儀五百金家慈以此爲受之無名不如公之與人爲善卽代該商捐入此書院將來勒石仍以商人等出名某不敢掠美也每年山長束修生童膏火計需銀貳百金以一分息計之須本銀貳千便可作長久計今已得四分之一此後繼長增高甚易爲力漢陽海令勇於任事一切經畫便可專委也初時某定學規數則亦未及頒行今具以呈教鄙意此書院原爲培植正學起見故不以時文之學限之所請山長業經該首事訪聞確實並與該府縣議定興國布衣萬玉虹先生名斛泉此人執守繩趨身體宋儒之學鄉黨從授小學者甚衆上游旣能提唱則人知重道尊師不慮俗情驚怪也區區未了之心於此事幾居十之七八諒大君子必能同志故敢布以腹心又所刻小學校對未精歸家讀禮之暇當續校寄求是正近思錄一書本與此書相輔而行昨始議刻

王文恪師相重刻江汪本未及鳩工閣下將來能爲續了此願亦江漢間人士之厚幸也其留任告示已登稿簿後附取士條規未及鈔入此用羅茶生前輩底稿微有增删今並寄正或可參用一二也

復閔鶴子書

鶴子仁兄足下遞中辱奉手書並惠讀詩經大義一卷快慰之至計維與居康勝課士之餘得以經籍自娛大著一編實能好學深思窺見古詩人之意旨大約攷古而不泥於古從今而不蔽於俗所謂詩之失愚者此宜可以免焉某學植寡陋於是經無能爲役意有所疑或可以匡助於足下者輒逐條注於簡端伏候采擇竊謂自來說詩之家厥有二道漢世諸儒多墨守經師之古訓宋後儒者始務競心得掃棄舊說而以己意測古人於千百載之上其能得古人之意者固時有之而其空疏無據者亦往往

然矣自朱子集傳出乃克薈衆說而折其衷觀其集中與門人言作書之大意實與孟子以意逆志不以文辭害志者若合符節舉凡漢儒膠固拘滯之敝是書出始一洗而空之有宋諸儒之說亦至是始得所論定故自春秋以來善讀詩者惟孟子而善會孟子之言者則朱子一人而已矣後之言漢學者以其毀斥小序過甚又解詁多不從古義遂至不滿之詞不知朱子當日精擇詳辨於漢儒之堂奧固已足履而身寢之特其所見以爲如此聖經至重不敢遷就以自成一家之說然其敎門人看集傳者必兼讀古注（見語類中沈杜仲所錄）是知朱子之心原未嘗因已有成書而遂廢儒先之說乃欲人並習儒先之說以知己求是之意也近世學者於毛鄭傳箋概置高閣不知古賢傳受淵源具在而朱子取舍之義亦藉是以識別於其間鄙擬輯爲一書以朱子集傳大旨標舉於各章之下復引小序而下

漢儒專門之說附焉使學者知集傳之外古說詩者之家法如是又可知朱子愼擇之意之所存名曰詩經今義證牽於人事又治他書未卒業故不暇及今讀足下書大足以起發鄙意故不恥淺露而自竭其說焉士之能讀書者希讀書而又能治經者希之希者也願勉爲之毋少倦所未見書籍亦有他可借否某在此碌碌無所長外間尙無異論然於學校中大有所振作則愧未能也惟讀書之志不敢懈耳道遠書何能悉

上某公書

某自春仲下旬歸里本擬居家讀禮屏除外緣乃因粵省近日盜風甚熾湖南新甯逸匪竄入邊境游魂轉徙去會城僅六七十里閒省垣士民鄉不知兵一聞戒嚴頓生驚怖城中五方雜處姦匪尤易潛蹤在省紳耆僉議舉行團練捍衛里閭本邑紳宦無多不得已亦以墨衰從事實因官兵

調發且盡故爲此以壯省垣聲勢耳見在諸軍并力會勦計不難盡數殲除所慮者此賊向由山徑下出剽掠我兵居平原曠野則無由見敵踰山越嶺則彼得用其所長亟肆罷我多方誤我難於取勝尤可慮者外府州縣土匪結黨屢數千人白晝公行刦掠村市壯健爲之裹脅老弱盡於死徙號哭載道雞犬一空春耕之時牛種無存比及賊退欲耕不得勢將束手就斃此等情形大約桂林平樂潯州柳州思恩南甯所屬州縣在在有之地方大吏苦於兵力有限經費無多顧此失彼倉皇無措竊念粵西近日情事如人滿身瘡毒膿血所至隨即潰爛非得良藥重劑內扶元氣外拔毒根則因循敷衍斷難痊愈終必有潰爛不可收之一日現在封疆大吏存心仁厚揣度賊勢控制亦頗周詳但苦經費別無籌措復因目前無陷城失守之事不得以請調大兵爲辭糜費太多又將懲往事以爲戒此

閭土匪情甚詭譎明知攻陷城池必爲
王師所不宥故所過皆擄掠鄉井草芥無餘復不甚與官兵對敵以得逞
其來往横行之計其實慘毒之形蔓延之害倍有深於陷城失守者大吏
晝夜籌畫兵多則餉絀分守則力單始欲節費而少出師則力不足以相
禦繼因添兵而多糜餉則費已不可勝言且食不足以給兵則兵怨兵不
足以衞民則民怨又匪徒滋事以來從未大經懲創草莽之間狡焉思逞
者卽無事之區亦將乘間竊發聞諸父老之言桑梓之隱憂未知何日已
也某自慚弱劣書生不能荷戈從戎復愧家無寸田不克毁之以紓國難
惟歸來見聞所及實有萬分危迫之形用敢縷悉上陳儻荷明公垂念偏
隅神功及物於以上贊
廟謨下裨畫務則鄉邦之幸豈有窮哉

上李石梧宮保書

月日某頓首上書宮太保閣下自旌麾出省未獲以一椷上候興居每於伯韓前輩書中輒辱注念性既疎懶又無深謀至計可以益聰聽備采擇是以不敢有所陳於左右非敢置明教於度外也昨讀致伯韓書尤復諄諄致意私心揣恐不知所云以爲明公如是其愛之深期之厚而終秘不肯竭其愚是失可以言之時而終負盛德也方今事勢以籌餉爲急藩庫空虛非復尋常可比省垣百姓多聞習事即地方官極意安撫而此等情形久在目中人惶惶如失所恃又甚可慮者各兵勇率多兇頑獷悍平時按名給與口糧尚有睊睊狼顧者一旦廪給不繼則狂譟瓦解何以禦之計今庫項已不能支旬日而此外又無剋期可待之款捐項日無起色即有亦非目前可待萬一因此潰決則執其咎者豈獨專司儲運之一人耶

伏惟明公以忠勤體國每事必籌萬全及今無可措手之時不得不權宜以逼其變昨聞截留黔餉十餘萬此今日所萬不得不然況將來歸於黔省兵食仍屬無礙而移彼注此外可以弭非常之變內可以安士庶之心入告後函致制軍諒中外更無異議矣伏願明公奮然獨斷究觀事勢成敗則閩省兵民必蒙再生之福明公以寒素儒生蒙兩朝知遇身為大帥疆事安危定在呼吸必不肯拘泥形迹坐失機會而貽將來之戚也某迂儒小生何知至計然博稽眾論方今切時要務於此蓋莫之或先明公儻納用其愚而又諒其心之無他則隨有見聞不敢不竭知畢慮以報也又聞外間輿論頗謂使節宜駐近潯州使諸帥得所稟承而調和自易計伯韓侍御至此必能為執事言又賀縣陣亾之署都司郭為標平時極得眾心臨陣捐軀亦不草草平樂人言之多流涕者此於

側應得
賜卹如明公使之從優而速亦激揚士心召號忠義之一助也恃愛放言誠惶且恐惟明公采擇其要而無取之於形迹春雨寒暖不時惟善自珍攝以益鈞重不宣

復唐子實書

子實四兄足下圍城中屢接惠書極知尊人暨賢昆仲捍衛之勞中有不待書而始悉者則於平日固已信之也使吾鄉團練皆得如君輩者爲之足制逆賊有餘勢固難盡如吾意耳嗣有四鄉聯團之議曾涮數行奉達倉卒中詞不逮意復承足下惠書反復辯論深維其事之不易而究極乎所以集事及古者用兵之法高識遠見匡我未逮雖至愚不敏敢不敬佩然某竊維今日之團練與用兵者道不同兵者朝廷有糧餉以給之而專

爲民衛者也團練皆鄉民自食其力一旦臨敵責之以必死而要之以不逃此非平日以恩信結之臨事以忠義激之雖頗牧爲將猶未可也豈鄉大夫德化所能及耶必如君家父子兄弟督一團之衆以身先卒誰敢不從然使四鄉皆如此亦未可矣又各鄉所謂團練者雖名位卑甚實皆吾輩等夷或其齒有與吾父行者如此而罰之其任受耶雖公議無所逃不過使之避位而止而暗中主謀唆使力足以壞吾之事吾又可以扼其吭而制其命耶環顧目前孰有助吾聲勢者以孤立之身而犯鄉黨不韙之名雖至愚所不肯爲力亦不能爲也至團長團丁見賊逃者遂將論以軍律此於情理事勢皆有所不能又不在紳士之無權也今之軍營賞罰何如者果能賞功罰罪則此賊何足辦安恃區區之團練爲否則獨不畏此刁滑詭謟倖功避事之徒有以議其後而撓吾法耶足下每欲吾罰不公

正之團長一二人請試思之將何以爲罰如罰之而不行誰爲吾助而使
之終致吾罰也嗟嗟子實天下事固未易言士生三代後卽使乘時得志
其能不委曲遷就而欲徑行其意以求事之有成者亦寡矣況吾人欲有
所爲於鄉黨之閒耶雖有不得志不當以枉道論此非好爲苟且之說以
自便也至於凡事須求實濟此更不待言足下亦知某於平日非好爲虛
飾者乃今不能不以此相責望顧此閒亦籌之熟矣苟欲從實則如尊諭
籌經費製軍器自軍興以來
朝廷竭天下之餉以供轉運贍兵勇之不遑又安所有餘以贍吾鄉兵且
鄉兵誠無望朝廷養育之理則仍不能不責於四鄉之捐助瘠苦慳嗇之
區所得幾何竭其力僅足以製器械耳有器械而不練與徒手同至於練
則費不可勝言矣足下能以其鄉先之而期其事之可必集耶苟不能如

此則所謂明訓練習坐作備糗糧築關隘者今曾不敢遽言某於古人兵書非竟不寓目卽宋元以下言鄉兵者不下數十家閒亦瀏覽一再非有所遺忘而置之不議也謂議之而不行則空言不如其已也足下乃謂有章程與無章程同前之章程誠爲未盡然篇末已言之矣今所定有加詳者而於此仍未敢切實道及事有甚難而行之有序省中總攬全局與一鄉一團之事不同如使稍有隔閡則令不行人不信且又蹈虛而無實之咎也比歲以來吾省之爲團練者數十州縣得力者未易一二數其所爲章程吾皆得而讀之俱無新奇可喜高遠難行之論今采錄分爲若干條足下觀之其以爲然耶否耶盡耶猶有未盡耶有見及者無嫌增損一二其不能遍行四鄉者則不妨存爲貫鄉科條要使人易知易從而仍不忘乎每事踏實之意而已然則如今日之所爲敢信其有效乎曰烏乎敢知

其無效何如不爲知其難爲何以不去曰勢有不得已也朝廷之事可以去就爭鄉黨之事不可以去就爭某自任事以來人之以此相屬者未嘗不汗發色變與鄉人當道談者吾皆俛首斂氣出之無幾微自得之容誠萬有不得已也今日之事將因一鄉而累及一邑因一邑而累及一省此非有人維持調護之則外郡枕戈被甲之士抑鬱不揚某在局中自信所補非無毫髮而名聞所失幾若邱山此巧於自謀者不肯爲而姑隱忍以就此者家國之義不容徑去盡吾一日之心以求一日之效而已見今餘盜潛匿土匪橫滋壯勇之散遣無歸者所在剽掠即逆匪不來而可慮者甚衆及今整飭足以消患未然抑所謂不得已而思其次也足下如以爲然願勉之毋忽

致唐子實書

子實足下連日公私叢碎未及走候興居昨承見諭諄諄並致城鄉諸君再三挽留之意某非恝然於父母之邦也如肯恝然者何俟今日且亦何必自鳴孤憤而結怨於地方大吏如前者之爲也蓋於去年卽知事勢必至於此誠不忍聽其潰決故及可以補救之一日而亟言之今於大局仍無所益卽留此終歸罔濟不過以身殉衆人而已使某果能籌萬全之策於地方有所利賴卽鞠躬盡瘁所不敢辭足下試思吾於今日其能建一策而必人之見用否也勦賊重於兵餉方今時勢從何籌畫當事者果能用吾言何至今日而留吾身苟不能用吾言而留吾身亦有何益然使能留吾身而聽吾言卽今日亦未嘗無萬一之益也但不卜能聽否耳彼宜是屈於公論未必能有心相下外閒議論謂某先宜屈節俯從者此其人誠不知世閒有廉恥事使某果如此亦復何足爲重此祇可爲吾子實言

之他人蓋未能悉其一二也四鄉團練較前稍有振作然使其一律完整亦非易易其事者或時以偏徇壞公義又不願人規其過失僕之直道恐不能行於鄉此尤可爲寒心而短氣者也承諸君相愛甚厚然不可無以處僕公是斷宜緩商因僕處嫌疑之地將有人疑爲指使者此大不可也

致唐子實

子實四兄足下去冬濬僕旋里曾奉一書計早得達伏惟里居賢勞南鄉諸盜清釐有緒足見賢者處事與人不同也某在長沙聞漢陽警耗遷延月餘二月始開帆歷涉湖江三月十一日抵襄陽宿其城中襄樊前月曾有戒心因賊竄德安總督退保隨州賊竄隨州總督退保棗陽棗陽去樊一日程耳紳民慮大府爲賊褻覗懇襄守詣營力爲勸阻總督不至賊亦不來而飾詞入告者乃以回顧根本爲藉口矣見今陝兵三千及僧邸派

撥之數陸續可到賊之北竄殆無足慮而南出於楚亦大可憂京口大營
時時有乏糧之患且只能專顧水路湖南兵餉支絀必將撤防堵兩粵之
大半以赴下游復難保上游能否無事久未接家信不知吾省暨東省是
何情狀也私心計之吾鄉以相忍爲國卽以今之人行今之法又得賢者
彌縫補苴省垣或可相安無事至諸賊之起伏則又視天心之悔禍與人
心厭亂而非人力所能確有把握也如使人力有用向卽不至如此敗壞
今已敗壞卽人力無可復施況復不易其人變其道以治之事未有能濟
者深賴足下之委曲求全而已比見天下事類如此尤令人悒悒世變愈
大而人心愈不可問則豈眞無轉移之機耶滌老自克復田鎭後兵將屢
勝而驕輕進無備爲賊所乘焚其舟者二次至今日竄漢口之賊則因總
督畏葸失律咎無可逭賊將乘勢牽制曾塔使之內顧滌老分兵援鄂後

仍駐豫章修理戰船期明春氷發與塔俱進洵壯志也去臘之敗論者甚爲惜之大約氣一盈則必干造物所忌勝之高唐貽亦猶是而傳聞又有甚焉方今人材實難見一稍能自立者如人踐薄氷渡河旁觀共爲齒擊而斯人乃不知自蹈於危地也非材固未必爲時用卽用亦未必能有所立儻有所立卽未知能不自矜異否所以然者徒爲天下惜人材而已旅中之事藉得淸理舊業較里居叢碎爲樂尊處舊藏唐張漢陽王家墓石此閒有廩生席方璘者亦好古士年來購得王父子兄弟墓石共七片嵌於襄之漢陽王祠足下如還此石於席生亦一段金石佳話也數日前若雨今晴霽而陝兵過境羸馬缺乏須四月初乃能成行將取道太原以達京師中有不得已之故足下詢之家信自悉來書望寄至少鶴處須緘秘可必達公允惟順時保愛爲鄉自重

致劉玉衡書

會滌老一軍關係天下大局中外人心視爲安危向背今時事至此曷勝浩歎推原其故或屢勝之餘疏於防範耶抑賊實能軍彼之致我確有把握耶流俗多以成敗論人某未敢信其必然也少鶴來書屢有望我爲滌翁之言其意固厚惜於事理曾未加察耳滌翁德性才幹固非某所敢比肩萬一而其區區爲國之誠與夫磽磽不缺之概自揣尚爲近之前歲越分瀝陳自待具有此意乃事由中下迄未按覆於斯時也當事以怨毒忌我旁觀以爲偏目我纖人以禍機中我流輩以危言怵我某於此時實有岌岌不自保之憂然自矢此心百折不回卽使堅强如滌翁者處此殆亦無所措施況以菲材根柢淺薄豪無憑藉事勢又彌近破壞莫可收拾斯亦明知其無益而不至適與禍會也鮮矣是以迄今默默不復有所動作

爾時卽知變如吾兄少鶴者固未敢以滌翁望我也以滌翁望我則早已決裂而無餘矣夫昔日不欲以滌翁望我而今日乃欲以滌翁望我耶以滌翁尙不能爲之事乃欲氣力憑藉百不如滌翁者而責以所必能耶人之所處實難如某何足道古來英雄豪傑處萬無如何之時卒堙抑其材使與庸衆同歸於泯泯者蓋不可勝數也人生精神意氣恆在壯年稍有屈抑輒復消阻於此而能不自餒者幾矣某於此蓋愼持焉老兄試以此質於子實諸君當必以爲然也

致官秀峯將軍

襄陽得陝西大錢當百者九萬串現分二成配搭使用尙已通行惟陝錢砂重料薄恐難行久當百大錢爲利已重工料復不結實是開私鑄之門而爲姦民倡也卽日日嚴拏而重禁之庸有濟耶且如此則姦民必銷制

錢而爲大錢將來大錢必多而制錢益耗制錢日少而貴大錢當日多而輕逮其不能暢行則官中必盡賸大錢而無益於用此非計之得者也愚謂今日鑄造大錢只可至當五十而止果能暢行獲利已多錢貨取其流通國家多鑄一錢民間即承還得一錢之用成本雖重功效則深不在今日鑄過幾鑪得有若干息錢又不在急於多鑄當百大錢且不求其精良致滋流弊也即當五十之大錢亦須案照部頒成式銅色分兩一一具足方可各省通行曩日制錢所以能流通無滯者因各省所鑄大小厚薄無甚差池小民一見便知其爲官錢也如今日所鑄之大錢分兩銅色不一安望其能行遠耶

復官秀峯制軍

承示勦賊方畧水陸並進自以大軍營應居中指日掃除德安直趨武漢

彼時會同京口大營南北夾擊定可光復鄂土翹詹丰采欽羨曷窮某因奉母北行肩無旁貸不能躬陪帷幄親領運籌惟有遥聽捷音紀之鐃歌用附韓碑柳雅之末耳並云及現在兵單餉絀支持不易誘使芻蕘之見得以上陳自顧書生未嫻軍旅況以目前局勢較之徃事兼倍爲難然竊嘗謂事之難易視乎其時才之長短視乎其心時勢原有萬難此心無不可盡果能於人事有挽回之術則天心亦或有轉移之機自廣西軍興已來某不敢言躬親然未嘗無目覩但由偏裨以至統帥由大吏以至羣司苟其人能盡一毫之心則必有一毫之效蓋有旋至立應者因此歎古來能建大勳業之人未有不以方寸爲之主也至目前軍餉固難隨處飽騰但可均勻分派不致枵腹於盡心籌畫之中仍示以甘苦與同之義若輩具有天良未必不聞而知感也向來帶勇員目於請領餉項多有積弊於

此稍加核實務使實惠均霑糧臺諸員洗手奉公使帶兵帶勇之員無所藉口則兵勇亦將不約而自奮也況又有賞功罰罪必求其當集思廣益示之以公則萬人聯爲一心呼吸通於一氣以此臨敵庶乎制勝之道在我矣凡此皆節下所優爲所以區區見諸語言者聊以上酬知愛用副虛懷下問之意而已溽暑伏惟順時自重以慰下懷不宣

復馮展雲學使書

前數日劉吏寄到復書所以訓勵之者甚厚感何可言惜相離較遠未能親侍教於下執事也比維職業優閒丹鉛不廢編訂大集已有成書甚盛甚盛今日治此誠非所急然執事與鄙人幸值此暇日舍此別無措注固未嘗湛溺其中而不知返耳某在此日讀通鑑一卷將采自漢以來以諸帝爲綱諸臣爲目人約舉事蹟賢否於下大要二十餘門使後之人觀其

臣則其主可知觀所用之人則世之治否亦無不可知也擬命之曰是君是臣錄蓋本朱子中庸章句之意宋以下則取他史鑑足成之今倘未暇爲初脫稿者六代已前而已如有成書必當就正也貴同年殷小東州牧誠往上前眎以拙著古韻通說見謂不惡已命人鈔錄副本小東於六書形聲之說特有所見輯爲數十條往往有精确不磨者然某竊謂說文之所謂形聲者以他物形容其聲使人讀而可識蓋凡物莫不有形偏旁之字以聲爲形其曰形聲者猶言形其形聲其聲云爾過求則傷於隔閡矣執事以爲然否軍務近益不振蓋無賞罰而能用衆不以身先率而能制下事無古今大小難易蓋未有能濟者此又不止於楚北軍務爲然也

復王少鶴書

少鶴同年足下遞中奉到手書始知一年餘之旅況貴恙顛末欣慰無似

刻下諸證漸就平復惟足瘍乃爾纏滯計或氣血稍損調攝便可就痊收效遲則其成功也固固當徐而俟之耳不宜求速效轉滋他弊閒中作小詩慢詞亦是一適承示詩中功名時會二語評量城北恰得分際此某意中之言也倚聲多綽婉可誦之語見寄一闋尤勝近有江南耆倆在此深於此道某乃時從爲之見謂不惡去秋九月每夕作二三闋積之一月遂得二十餘首今春又得十餘首中有奉懷兩闋謹呈拍正識者以爲可與於斯道否也近之詞家專取曼聲弱字以爲不如此則不得謂之當行此亦如古文家之拘守繩尺異己者則謂之不工也安得一才力大宗法正者起其衰而返諸古乎詩文近皆少作大都爲人事所分比來於經學稍涉其藩然殊無得當處此邦才華之士固自不乏而經學躬行殊少概見如王子壽劉茱雲者誠未易鼎足也最可惜者茱雲自去歲請假歸來本

擬閉門授徒以事二親並傳其所學以教鄉之後進而沈痾展轉氣體靡弱時歷三季遂不能支易簀時力疾手書囑諸友進德修業爲之彌憾嗟乎如若人者豈今世所易得哉得不爲之潸然以悲耶足下聞此當復何如言翁有秋後南歸之語或得相遇吳中丞安尉孫君乃未識何人便希示悉

粵東紀程錄

道光二十有四年五月丁卯朔越十有二日戊寅啟瑞既受典試東粵之
命翼日己卯謝
恩於
朝辛卯自京寓行以僕五人從宿良鄉與正使何公桂清會良鄉爲京西南首邑故事使臣至驗符給傳過者去宿者留留則宿於驛館他邑以次

相受壬辰抵涿州雨甚癸巳逾新城抵雄縣積潦深數尺肩輿涉水慄慄如墜甲午逾任邱乙未逾河間宿獻縣六月丙申朔過交河其驛曰富莊宿阜城丁酉宿景州戊戌至德州宿恩縣己亥宿高唐庚子至茌平辛丑經黃山麓入東阿遂宿東阿之舊縣壬寅食於東平望泰山宿汶上癸卯過兗州宿鄒之北郭甲辰入於鄒謁孟子廟道旁見繹山逾滕乙巳渡運河宿銅山之利國驛丙午渡河至徐州欲訪東坡先生黃樓遺蹟不果丁未宿宿州之褚莊戊申逾宿州抵花莊宿己酉宿鳳陽之王莊驛庚戌渡淮宿臨淮故縣辛亥宿定遠壬子宿合肥之店埠合肥爲廬州府治所地廣而多山夏苦旱癸丑入廬州府宿甲寅宿派河驛乙卯逾舒城宿其南驛曰梅心丙辰宿桐城丁巳至潛山道旁望天柱山戊午逾太湖宿松宿楓香驛己未宿黃梅庚申自黃梅行驛路爲江水所漫以舟濟五十里辛

西渡江至九江府宿壬戌入廬山憩東林寺訪香鑪蓮池諸勝宿通遠驛在石耳峰下癸亥宿德安甲子宿建昌縣令始以八代馬負囊橐乙丑宿安義七月丙寅朔宿奉新丁卯至瑞州府館於試院院左側屋三楹是爲蘇文定之東軒瑞於北宋時爲筠文定故謫監州酒稅也戊辰至臨江府己巳至新淦庚午渡贛江宿峽江辛未宿吉水壬申至吉安府癸酉宿泰和甲戌宿萬安乙亥宿贛之攸鎮驛丙子渡贛江宿贛州府丁丑自贛州行渡贛江而西又渡而南又過江宿南康郭外戊寅宿大庾之北驛己卯至南安府庚辰過大庾嶺謁張文獻祠遂抵粵之南雄館於江干辛巳易陸而舟始入舟泊城南五里之高塔壬午泊始興江口癸未至韶州乙酉過彈子磯遊觀音巖丙戌至英德戊子過中宿峽遊峽山寺訪黃帝二少子隱處己丑至清遠壬辰至三水甲午泊廣州河南八月乙未朔入於廣

州寓於公室故事使臣至扃門不得與外賓客相見巡撫使者設關防越
六日庚子赴巡撫署謝
恩畢入貢院閱就試者七千五百餘人丙午始閱卷凡薦卷八百九十有
奇二十四日而蕆事九月乙丑朔六日庚午揭榜徹棘出故事使事畢因
得攬其山川巖壑之美風土之宜諮訪鄉先生風俗利弊所以備輶軒之
採使者職也余以疲於應接閒涉一二悤悤未及詳焉其愧於古者多矣
丙戌自廣州行十月甲午朔逾清遠重遊峽山寺戊戌再遊觀音巖補遊
水月觀皆題詩記其勝壬寅過韶州庚戌踰大庾嶺登舟泛贛江過十八
灘積雨新漲四尺許舟行晏然十一月甲子朔乙丑至南昌仍舍舟從陸
壬申渡九江乙酉至徐州欲以大車易騾馬載服物旣而弗果用十二月
癸巳朔越七日己亥還京師庚子恭復

恩命是役也往返幾七閱月中在途者五月餘在廣州者月餘入闈校閱僅一月而已自京師至粵東所歷凡七省五千六百餘里而自良鄉至景州爲直隸自德州至滕爲山東值江南之州一曰徐自宿州至宿松爲安徽中閒湖北之縣一曰黃梅自九江至大庾爲江西踰大庾而南皆粵壤也四瀆渡其三曰江曰淮曰河五嶽望其一曰岱宗其爲嶺一曰大庾山之名勝者曰繹曰匡廬曰中宿峽皖之桐城豫之萬安其巖谷叢繞處尤幽秀皆廹於使事不及往

祭先室劉恭人文

嗚乎維我恭人秉性柔嘉其婦職之修於內者雖未能無缺然心之所能盡者則不敢不勉也屢空矣而無怨尤之色驟貴矣而無矜恃之心古所稱女有士行者恭人庶足以當之德豐命蹇而左右之人復與其素志不

合吾嘗謂恭人若輩何足忌顧恃吾有命在耳不意恭人竟以身殉之此其可悲者已恭人之生也於世途無愛戀之迹其殁也蓋若得所止而休焉惟是威姑在堂弱息五人環前泣後存者視之曷能爲懷恭人於此其必有不能恝然而捨去者矣撫棺一慟恭人其知之否耶悲哉尚饗

再祭劉恭人文

恭人去我月幾再周音塵如在邂逅末由殯於堂室呼莫余酬慈姑弱女坐對增慼我之顧此而敢淹留將速毋遲爲正首邱古云族葬後以術求我信其鋥俾亘於眸相山陰陽觀其泉流近郊十里地偪人稠遠則孑棄願竟不售歸問高堂尊老朋儕僉云暫厝後始綢繆我初不忍復慮衆尤東南震郊明神所都廟側有屋深窈如舟卜是子宅夜有扞掫是不得已曰久則不我憶子存處樂不媮足不出戸膽怯心柔今將去矣適彼郊藪

荒塋日莫野燐啾啾我憶子存病弱難瘳涼風見告先擁衾禂今將去矣棲於城陬空山皓月寒飆颼飀清明良日誰共子游淒清獨夜無與子儔子宜知此其死也休宅此而安以相厥幽余時來視是黍是櫱行將卜吉□□何猶誓於北上先為子謀廿日卯時吉良既諏輀車將駕祖道聿修子其聽此強食無憂尚饗

跋長沙黃虎癡先生所藏顏帖後

顏魯公宗聖裔孫有唐元老壯歲遏祿山之焰義激丹心晚年陷希烈之庭志甘白刃固已名傳竹帛氣作山河揭日月以常行其乾坤而不朽夫豈類丁真永草恃一藝以成名亦安在柳骨顏筋作千秋之定論然而書因品貴技以人傳本之於義膽忠肝發而為銀鉤鐵畫況公世工篆籀學有淵源近承長史之親傳遠接山陰之嫡派絕去經生習氣鼠尾蠶頭居

然大雅風裁蒼松喬柏卽云妙墨價本無雙況屬名臣品居第一宜其手蹟之流傳自有明神爲呵護者矣長沙黃虎癡二丈藏富墨林學窮筆陣秦漢之桓碑彝器盡入籤題晉唐之樂石祥金都歸品藻就中癖嗜厥有公書經搜訪者三十餘年萃精華於五十九種或豐碑或斷碣細大不捐或拓本或雙鉤精神悉見蓋先生客中遊覽每具氈椎暗裏摩挲便題籤自訪古於長安肆上探奇於故紙堆中幸更觀索靖之碑因而駐馬李約見子雲之字取以名齋故能極希世之珍藏爲專門之賞鑒裝池以出臨風色煥縹囊韞櫝而藏入夜光騰芸案景行斯在拱璧何加啟瑞入鄴侯之書廚曾蒙見示慕米家之畫舫從乞借觀正笏垂紳展視而神皆煥若忠臣烈士臨摹而意更肅然因劃沙印泥之難能知立德踐行之未逮然而小子竊有慨焉夫美男擁後則正士失姿姹女當前則高人寡色誰見

茂漪之迹格競簪花修談急就之章書不及草以端勁彊直爲惡札以雎盱側媚爲名家是謂瞽談厥由心害又或筆顛似虎墨更如豬活何不參而細綫透露藏鋒雖貴而體態模糊此更誤入迷途適足滋夫訾議者也先生志存尚友愛書而實重其人名謝揮毫不學而能通其義費半生之心血存百代之典型因於趙璧之還聊附蘭亭之跋狂言肆意敢云結翰墨因緣斂股漏痕願永作弓裘世業

跋龍標芙蓉樓王少伯詩刻後

唐詩人王少伯以相如題柱之才抱賈傅懷沙之憾初由秘書而尉汜水根棘空有鸞棲復自金陵而謫龍標雪泥偶經鴻踏從來遷客不廢嘯歌自古逐臣偏工怨誹盼雁影於衡陽煙外人遠長安聽猿聲於湘浦月中夢懷鄉國況橙黃橘綠一年多好景之時芷白蘭香三楚本騷人之地宜

其豔分屈宋揮毫而珠玉隨風秀挹沅湘落紙而雲山生色者矣無如刼灰久冷斷碣難尋訪送客之江樓朱闌蘚沒問乞詩於鬱洞錦字煙消夫客到孤山問訊逋翁之遺稿人登峴首摩挲叔子之窨碑今無以傳後將何述爰檢全唐之集摘鈔尉楚之詩川原則信而可徵情事則慨焉如見東方朔吟哀時命不無落拓之懷陶淵明賦歸去來大有逍遥之致高樓既築樂石斯鐫存一邑之風騷助千秋之憑弔庶使貞珉耀彩山巔明月齊輝妙墨流香江上芙蓉共豔論劉夢得竹枝之調雅韻猶存登白太傅琵琶之亭流風未墜聊存梗概敢云採得驪珠用誌遺蹤亦愧窺同豹管

龍標芙蓉樓登高唱和詩序

從來豪士對酒當歌況值良辰登高必賦潘大臨滿城風雨名傳七字之詩王子安一色水天才豔兩言之序風流不墜寄託何常儻將白腹對人

幾致黃花笑我歲維巳亥節屆重陽天高而一雁初來葉落而千峯獨瘦夕陽烟暗汀洲橘葉新黃夜月霜濃浦溆蒹葭盡白於斯時也遊山蠟屐恆多望遠之人臨水送歸大有悲秋之客晉張翰蒓羹鱸鱠鄉思風前楚鄂君沅芷澧蘭佳人天末莫不嬋媛寄慨斐亹含情欲藉良遊共攄夙抱且夫河山者大造之奧區也文酒者風人之雅集也玉山藍水杜少陵藉以成詩苜蓿江蘺李義山因而感舊假令藐茲丸邑難尋勝地以遨敖必將闕爾足音豈易尋賢之羅致今則人逢佳節地躡危樓當古蹟之重新正盛筵之伊始碧城十二中天之闌楯玲瓏珠履三千上客則衣冠齊楚覩秋蓉兮宛在悵仙尉以何之於焉釃酒臨江憑闌送目淒風冷雨盡憑絃管以吹開爽籟纖歌半入江雲而不散既餞觴之交錯復煙墨之橫飛刻燭催詩擘箋授客摛巧思於競病矜捷得於尖叉投以滿囊鈔而成帙

夫王右軍蘭亭修禊人半無詩石太尉金谷賞春客多罰酒館商颯而麟汲讌賞宴參寥臺戲馬以雲封詩歌寂寂何圖今日得與斯文爰編觴詠之新詞用誌苔岑之雅契此日香浮菊盞涉江而遠道興懷來年錦繫茱囊分韻而詩豪繼響

貞節梁母呂太孺人序

素娥青女耐天上之寒宵玉露金風試人間之勁草遂有海枯石爛之死靡他鏡破鈿分于生何忍痛夫征之不復哭去城崩悵子美以云亡望來石化歷觀史册代有芳儀然皆名正義從且遇時窮節見豈有方諧鳳卜遽折鴛行盟白水而非寒誓黃泉其相見守符終老憑采幣爲堅城繡佛長齋視鉛華如塗炭斯人可作自古爲難其惟梁母呂太孺人乎太孺人毓自名門幼嫺內則溯侍郎之家世未絕纓音壯別駕之門楣常隨宦轍

太孺人祖熾官禮部侍郎父培緒官江南常州府通判膝前婉娩既儉亦勤閫內周旋終温且惠晨起而篋書女史紙薄桃花晚涼而詩誦關雎才輕柳絮當其奉母家居之日逮夫侍父歸里之年養能致敬無懈問寢者三喪必思哀幾欲滅身者再蓋以誠違班室早歲已輟於蓼莪痛比曹仁中年更歌乎薤露乃家人紿則謂魚鮮堂上豈可徇母而傷父心繼則謂卵覆巢中尤當撫弟以延先祀太孺人用是強存視息勉入水漿殆純孝本諸性情而幽貞嫺於禮義矣然其初也郭氏紅絲早諧佳偶楊家白璧用締良緣謂坦腹之有人豈齊眉而無日何意玉樓作記召還天上謫仙遂令銀漢支機慘絕橋邊織女望壻鄉於何處桂水雲封入子舍以潸然松江日暮則有惘其孤苦作爾蹇修以合巹之未成縱改絃其何害太孺人矢諸皦日凛若秋霜謂婦人從一而終敢以未婚爲解儻女子十年乃字除非死者復生人自多

言天非不諒旣而阿翁殂謝服縞絰以奔喪嗣子夭亡繼孫枝而爲後太孺人身則常居外氏心則恆念汝家時享蒸嘗無廢蘋蘩之薦歲歸省視克修榛栗之儀蓋教弟姪者卽以教其孫而全孝慈者斯能全其節故兩家子姓之成立皆太孺人教育之力爲多也爾乃歌傳寡鵠雖同室罕闚其聲韻製哀鸞卽比鄰難窺其面廚下進伊蒲之饌供養若斯燈前諷般若之經幽閒如許譬諸緣空證淨固將白首同歸而地老天荒惟有丹心不改悲哉蘇武十九年尙得生還寡矣陶嬰五十載終成死別此則從容尤難於慷慨婦烈且遜於女貞者矣嗟嗟萱草解忘憂木能連理非無梁孟式好琴瑟亦有姬姜工顰粉黛孰若太孺人之生而薄命沒身不識所天死亦完人執手無慚入地者鮮哉然使當日根非盤錯魄本團欒旣約指以定情遂同心而偕老亦不過傳夫人之禮法生色笄珈又安能動織室之悲

吟爭光日月是知名者實之歸奇者正之至淒風苦雨儵易時而仍變和甘獨鶴孤鸞縱別調而總歸雅正顧或謂女而不婦人盡可夫少乖中正之宜微覺陰陽之戾然則臣皆率土未委贄而猶非女既許纓復見金而不有是何言也庸可訓乎啟瑞居鄉杜母引企風前交契元兇同遊日下辱一編之展示庸百拜以陳詞謂太孺人苦節可貞則庸行翻爲餘美幽光自闡知潛德無俟虛聲然而松嶺孤標雪霜斯咀栢舟一賦神鬼皆驚即今

詢曰榮膺綽楔千秋式燦叢祠列祀馨香百世不遷書竹簡以如新起蕓砧而無憾又孰非太孺人辭之所不得辭而報之適如其報者哉於戲典無忘祖是當年資政之女孫德足裕昆式此日孝廉之天母

徵和芙娉女史絕命詩啟

夫使媧皇鍊石補完離恨之天精衛銜沙塡滿相思之海綠珠井畔泉影常圓紫玉墳邊烟痕亦活將絲彈别鶴聞之未必傷心曲譜孤鸞作者亦爲多事無如佳人命薄少女風淒蓋自古而已然復於今而更甚如芙娉女史則有可感焉爾乃一詩旅館兩字閨名未辨何年不知誰氏雖墨痕將淡宛如薄霧迷空而怨氣難消猶共奔精照夜加以館人解事爲護餘芳過客憐才閒書逸句知其椿庭隨宦梓里牽絲橋待渡以鵲塡篋未承而鵲覓遂乃燕臺一騎送以于歸將同秦國三良要之臨穴古人云死生亦大矣豈不痛哉所異者冶豔華年淒涼遠路餞荆卿於易水豈有生還送蘇武於河梁眞成永訣而乃安閒就道慷慨登車楊太眞環上羅衣占來此日薛靈芸壺中血淚乾罷何時雖春令之在原奈子規之啼樹以故瓊花夜半墮地無聲楊柳春殘飄風有絮幽思縛繭憾三起而三眠彩筆

鉤心腸一廻而一斷若非識字招忌何來設使多情彼蒼亦老此蓋憐生顧影故作不平之鳴愈知節誓撫心無異靡他之志矣然僕於此尤有惜焉夫其元豹一斑吉光片羽已覺薰香摘豔黃絹斯稱若教累牘連篇玉臺何讓倘令嫁王昌於早歲歸元相以終身允宜名擅頌椒才工詠絮卽使凰求不遇鳳侶仍孤以衞女之兩髦守陶嬰之七歲從容就義苦其節而節亦亨婉娩全貞死者生而生不愧則更爲絳幬之雅話彤史之幽馨已豈知玉質恆碎蘭香易摧公主琵琶魂空歸於月夜才人鸚鵡血竟染於芳洲此絲絃所以多變徵之音織室所以有愁容之繭也僕哀頑感豔自覺情深拂壁籠紗頓增心重鈔陽春於一紙和巴曲之四章敢告同人共賡妍唱庶使徐陵操選佳製堪傳杜集編名彼姝不朽假九原可作方幸知己有人料一寸已灰敢怨他生未卜

正藍旗護軍統領富僧德祭文 翰林院撰擬

誥戎制勝爰資將帥之材加禮飾終用顯勤勞之績念干城而望邈俾泉壤以光生聿考彝章載頒寵綍爾正藍旗護軍統領富僧德素矢篤誠夙昭果毅初登宿衛馳驅歷有歲年繼典戎行敭歷兼乎內外當分旄於玉壘遂移鎮夫金城耀池水之旌旗壯邊城之鎖鑰再登朝籍復掌禁軍陪都則用試師干內秩則副膺翊衛身依輦轂心歷久而彌勤卒練京營位屢遷而弗懈洎乎出關秉鉞分陝建幢六城之枹鼓稀鳴麗譙風暖四扇之關門不閉畫角霜清中雖罷職以還朝旋即賞官而入侍海疆防守壘氣潛消禁旅統司鵷班仍晉方冀老成之倚畀忽膺末疾以淪徂錫以嘉名命之武壯既荷頒金於內府復申奠醊□□□緌鶡冠宣力之勤隆茲典禮篤虎旅奉公之節視此哀榮靈而有知庶其歆格

題明茶陵陳氏文選補遺後

昭明文選一書擷七代之英華集諸家之翰藻秦漢以下蔚爲大宗雖辭多排比義聚鋪張音則雅鄭不分人則賢姦並列江都三策不與於篹綴右軍一敘或歎乎遺珠然而體裁綜密詞條豐蔚約舉片言風雅斯在隨指一篇門徑可尋意尊餉文士以膏馥故非詒哲王以龜鑑也古之述者意各有指不託虛美以涸名家陳氏此書意在正蕭氏之闕失補斯文之脫漏然既襲其名號便當挹彼芬馨使後人知俎豆不祧波瀾莫二斯爲寶已而乃體製多歧淵源互異不以能文爲本而以立意爲宗事異篇章義乖準的又況搜羅之富未盡乎辭林注釋之精復愧乎書簏是猶絓牛鼎於纖枯綴狐裘以羔袖也然而磨厲人心標挈政軌方之前哲所得爲多平心推論陳氏此書但當別爲一集而不當廁於蕭氏之後至於詩賦

頌贊蓋無取焉評隲諸詞更加商搉庶乎觀文化成不讓前人以專美矣今輒於梭讀之次刺舉疑義列於眉端復揭全書之得失於左

經德堂文集卷六

嗚呼此　先方伯所著經德堂文内集四卷外集二卷蓋在咸豐丙辰年官京師時手所釐定大要始於道光庚子辛丑訖於咸豐丙辰而止丙辰而後如是君是臣録諸帝論及官通政司副使米捐奏議各稿皆不入此集　先方伯平生好學嗜書著作最富成書已刊行者小學高注補正古韻通說南樓吟草粵闈唱和集經籍舉要字學舉隅粵西團練輯略七種書成而未及刊者爾雅經注集證是君是臣録班書識小録通鑑識小録諸子精言莊子字詁昌黎詩選眉山詩選山谷詩鈔遺山詩鈔浣月山房隨筆視學須知味道腴室制藝霏碧軒詩賦皆藏於家若春秋古禮輯鈔春秋列國年表天下金石文字記略金石待訪録談瓮遂涉藝録之類尚多皆存稿而書未及就　先方伯學術品望至今士林見思而政事勳業被於湖北江西人之口者數十年如一日繼棟少壯無成不克收拾墜緒

頻年南北奔走靡有暇日今幸於京而留滯有年始克盡取家中遺稿交雖寫定首刻此文集六卷詩詞各稿次第梓行伏思　先方伯丙辰而後詩詞有韜壽集散體文於殘稿內檢尋不一二首而官江西布政使時逆匪踞東南江西僅省會暨一府未沒於賊　先方伯籌餉籌兵心力交瘁以此致疾不起則當年蓋謨魁畫宜必有見諸文字可傳於後者而繼棟時年十四在署閲五閲月以致遺文多半散佚未從搜輯蹈有美不稱之誚則尤繼棟所每懷而永痛於心者也　先方伯手定文稿本三集別集爲視學湖北時政書今故遲梓又文一類中而其事疑所先後者以經手定今亦未另次第駢體文自富曾德祭文文選補遺題後之外皆少作中有闕文一二字皆原稿爲鈔胥所脫誤無可校正故姑從闕如也光緒四年夏六月男繼棟百拜敬識

經德堂文別集

經德堂文別集二卷

光緒戊寅
臘月栞成

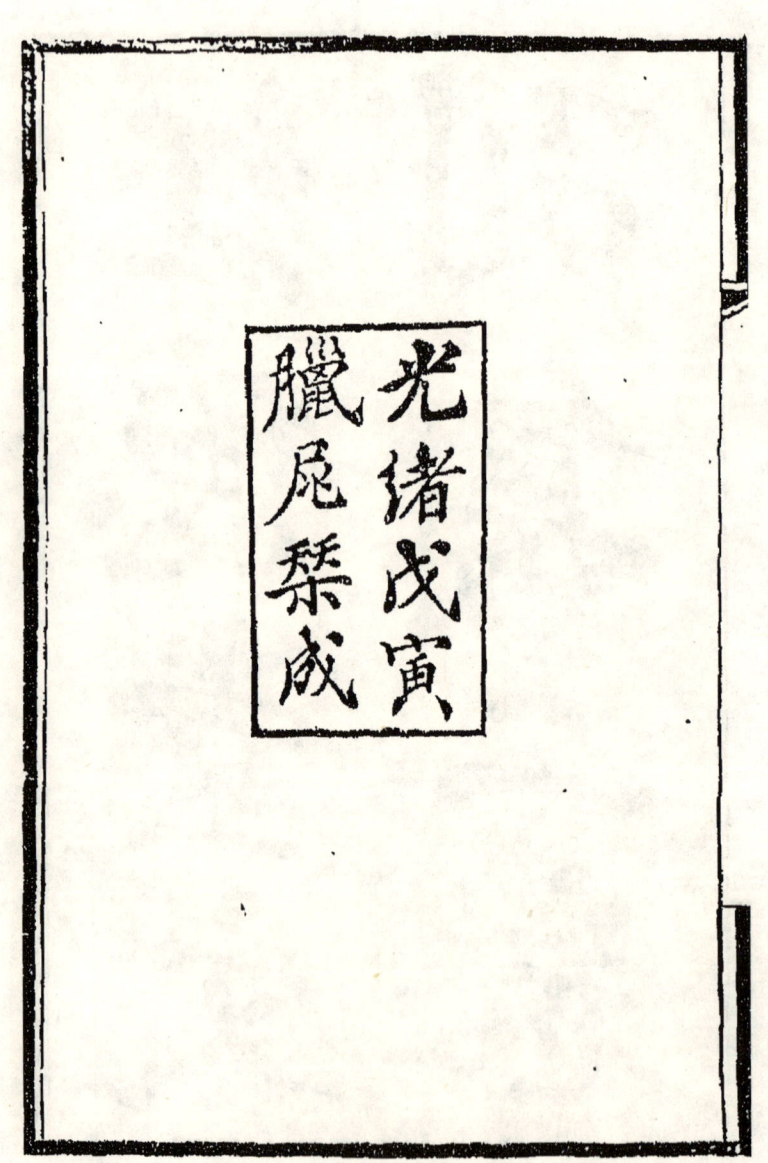

經德堂文別集上

臨桂　龍啟瑞　翰臣

書檄二十二首 自此至下篇經籍舉要後序皆視學湖北時作

到任告示

爲剴切曉諭事照得

朝廷設立學校之官所以培養人材以收異日得人之效也故必有以導之於先則規模可得而立必有以防之於後則弊竇可得而除本院恭膺

簡命視學斯土自惟譾陋竊以不克勝任是懼惟是父兄師友之訓所淵源而漸漬之者固亦有年矣又科名於諸生有一日之長用以舊所聞知者爲諸生童告且爲之申明約束將以保全於先事而不犯者爾生童其詳聽之夫所貴乎讀書爲士者貴其有高乎四民之節非取其美名以厚

自崇奉也爾生童自入塾受書以來凡宗族交遊無不以讀書之人相待即爾亦儼然以讀書之人自居然試問爾起居飲食之間所爲不負此讀書之名者何在毋亦煖衣飽食與蚩蚩之氓無以異乎夫將欲盡此讀書之實則必身體力行以求爲孝弟忠信之人而無憾即淺而言之旣生爲天地間一日之人必當辦天地間一日之事今試問爾閒居終日不耕而食不蠶而衣於區區所得自盡之職業尚不能自問無愧此直閒民之遊手者而已返躬自省能無汗顏故今欲策勵爾等於學必當以立志爲先此志一定則聰明材力俱從此出夫志慮衰于逸欲而精神生于勞頓苟能以勤振之于始以恆要之於終將見德成名立天下無難爲之事矣器識旣定則文藝乃可得而言文無今古一以貫之頗側之美矜怪僻而自憙庸陋之子守殘缺以自安是在閎通皆所貽誚夫十三經廿二史固學

宙不刊之典乃學人必讀之書或慮註疏奧博鮮所折衷全史浩繁難於

覩記則有

欽定諸經各學俱有頒發及司馬氏之通鑑在以資治通鑑原本爲佳坊刻之鳳洲綱鑑及綱鑑易知錄簡陋不足讀也至若漢儒之訓詁首通說文解字之書東漢許叔重撰近日金壇段氏註者爲勝宋儒之義理宜先讀小學近思之錄二書皆朱子所輯先輩於小學皆能成誦近則罕有讀之者矣近思錄以江慎修氏註者爲勝然後毛鄭解經毛名亨漢人作詩傳者鄭名元字康成漢末人諸經皆有註程朱講學謂語錄性理諸書成書具在博考非難格致誠正之功固同條而共貫矣若夫宋王氏應麟之困學紀聞國朝顧氏炎武之日知錄又讀書考古之鈐鍵也近日嘉定錢氏之十駕齋養新錄高郵王氏之經義述聞讀書雜志等書亦攷證經籍殫洽見聞之助學者所當朝夕覽玩者外此如老莊管荀之書與四子以該諸子韓柳歐蘇之集蘇氏父子三人益之曾氏王氏所謂古文八大家非惟覽其雄文適亦資其名理六代而降選學最尊謂梁昭明文選要其沈浸醲郁亦自成一家之

學苟能擷其菁華亦終身用之而不盡若乃漢魏古風（文選備矣）唐宋佳什（杜韓蘇黃諸大家全集能涉獵更佳其選本則謹奉欽定唐宋詩醇作圭臬足矣）陶性淑情固學者所不廢苟登高能賦庶不擯於大雅之林以上諸書皆學人所必由之路特爲爾生童舉其大概其餘應觀書籍可循序而自得之本院素所肄習及今日考試爾等俱不越此諸書之外爾生童有能讀書者所宜加之熟復有未讀之者所宜勉於方來乃者塾師過崇簡略經傳則每從删節史鑑則多未寓目其他子集更所略諸抑知文藝不從經史而來便如强得易貧無本易涸且讀書既少則才識卑陋今日既爲樵夫所笑異時豈於家國有禆士不通經果不足用此賢父兄之責也萬一生長僻鄉師承或實亦當使其子弟遐稽古籍博訪通人廣彼見聞宏茲器識使夫出則可爲華國之材處亦可爲潤身之具要於科名亦必有得無失也望實兼美不亦善乎至

於制藝試帖律賦小楷乃
本朝取士之典尤文人進身之階託名於中而不能自精其業是惰農不力穡而望有秋也試思應試而來所挾持者何具如以有司爲有識則眞賞固難以倖邀如以有司爲無目則盜竊尤覺其可恥且聖賢之學首宜執事敬今士人以應試爲事較之尋常日用其鄭重當何如而乃以悠忽剽竊之心掉之若如此可謂盡心焉者則其虛浮詐偽已不堪自問乃欲以欺考官而竊名器耶苟能盡其實心則文藝皆爲有用蓋於我所當爲之事皆以實心實力縴乎其閒推之事事莫不皆然則此生之學問經濟其建立必有可觀此尤本院婆心苦口之言指示親切之理也凡茲大節所宜究心本院平日所聞於父師者如此今爲爾生童告者卽以此要之事則切而不泛功則簡而易從守我良規庶幾佳士若乃譸張爲幻僥倖

爲心在爾等既以不肖之行處己則本院亦將以不肖之心待人作僞孔多數難更僕其大約有懷夾槍替聯號賄囑諸弊爾生童萬一有蹈於此便爲不知自愛自陷於法網之中本院覯承

聖訓諄諄以除弊爲務凡茲數者有犯必懲言有在先誼無後悔若夫招搖撞騙之徒其造作可無所不至爾生童求名念切或至墮其術中抑思本院忝竊功名備員侍從嘗酌水以勵志可焚香而告天至於幕友家丁早以嚴爲揀擇必無姦宄不法之輩爾等如遇此匪人信以爲眞在靑蠅點璧固無傷本院之名而淸晝攫金亦慮損爾等之實一有訪聞定與招搖撞騙之人一同鎖挐嚴辦要之本院既愛才如命亦嫉惡如讎若寬法網於作姦犯科之人是長倖進於造士興賢之地過存寬厚必所不爲教戒之言至此爲悉或從或去能者詳之夫教之而不明使者之罪也言之

而不從爾生童之責也是邦鍾靈江漢代有偉人兼沐浴
國家二百餘年教澤人文淵藪莫盛於今爾生童有志自立必有能輝映
先達領袖後進者本院首之以培養申之以約束庶幾造就人材期爲我
國家收得人之效區區之忱實盡佈焉爾生童各宜凜遵毋忽特示

隨棚告示

爲申嚴約束事照得本院自蒞任以來早有剴切曉諭一通頒行各屬其詞繁而不殺所以致其諄切之意也但於勸學育才之意多而摘姦發伏之詞少在有志自立者因此得率循之路而行險僥倖者或仍存希冀之心爲此再詳示爾生童知悉凡作姦犯法之人本院早深燭其僞一經訪獲斷難免於法網之中又文人輕薄苟賤及市俗刁健詐僞之習尤爾等之所當戒者今特條列左方用備頁箴以昭烱戒

一讀書以立品爲先士有百行方正其尤要也向來生童考試每因朋輩衆多三五成羣穿街插巷窺人婦女又有假尋覓寓所之名因而闖人室家佻達之風至斯極矣更有鬬牌觀劇酗歌羣飲小則因口角而滋事大則徇嗜欲以忘身試思應試而來所當爲者何事如此自甘汙下與屠沽市儈何殊既爲齊民之所不爲豈尚得以斯文自負本院如有訪聞及爲他人指告生員則押寘劣等童生則佳文不錄若其情節較重定加以應得之罪

一生童只須恪守學規閉門攻苦出而應試以爲顯親揚名之地不宜干涉外事與人爭訟既爲安靜讀書之人人必不敢欺負於爾即萬一有横逆之來亦須甘心順受蓋我輩之所爭者大豈屑與蚩蚩者逞一朝之忿乎又有憑權藉勢出入公門假排難解紛之名爲武斷鄉曲之計此等揚

揚意氣只能欺哄鄉愚不知上則爲
國法之所誅責中則爲有司之所簡賤下則爲里閭之所唾駡干謁酬應
究有何榮本院隨處訪察爾等如有自恃斯文尋人爭訟事不干己暗地
主唆好結交官場與平民硬作干證及爲人代作刀筆著有訟師名目者
定分别從重斥革究辦以清學校

一地丁錢漕

國課攸關無論新舊各宜依限早完斷不可延宕拖欠既已身列黌序即
當爲民表率若爾等尚如此藐法則愚民更罔知畏憚本院於此等風氣
疾之最嚴儻有恃衿抗欠鬧漕包糧等弊立即從嚴究辦

一考試爲

朝廷拔取眞才之地若使僥倖得以濫列則名器因之而輕乃愚昧之人

不知攻苦于平日祇欲倖獲於一旦或懷挾舊文或倩人槍替甚則行賄
買囑隱人招摇撞騙者之術中試思考官出題千變萬化爾卽掤截而來
亦難望其倖合且程文亦有佳否未必盡能命中萬一搜出責辦何顏歸
對父兄求榮反辱莫斯爲甚至於槍替賄囑其身更爲行險不惟本院稽
察嚴密爾等難以倖逃卽同考之人皆得摘發於爾一經犯出罹於重罪
毀傷形體汙辱門戶豈不可懼可哀若夫父兄境處殷實愛其子弟當勉
以平時攻苦苦心之人天無不福如行險儌倖無論犯出獲罪卽幸而得
計外人冒竊者愈多自身則陷於至愚子弟愈流爲不肖卽因此而得掛
竊之號祇增其醜未見其榮至於槍手之人本皆用功寒士但以饑寒切
身急何能擇不知天下事有至于餓殍而不肯爲乃愈見讀書人骨氣貧
者士之常也豈遂可犯法營生且榜上多一 冒進之人卽學中少一 眞才

之士矣。畯致身之途自此而塞，故槍手最為學校之蠹。本院益深惡而痛絕之。要之此輩果自謀科名，何患不出人頭地？較之為人作嫁，所得孰多？而乃舍己芸人，惟利是視。彼既為人竊國家之名器，而冥漠中即以伊所應得之名器折之。試觀自來槍手，其為人無不獲儁，而本身必至潦倒場屋，子孫斷絕書香。蓋天與聰明而誤用之，其受罰必較他人更甚。本院深願爾回首迷途，自致其身於青雲之上。如其作惡不悛，訪獲後定當盡法懲治，平日憐才愛士之心，萬萬不施於此。爾等其戒之慎之。

一、自來考試之時，招搖撞騙之徒所在多有。此輩百出其術，以為騙人錢財地步，或妄稱本官密友，或濫認本署舊人，或稱與家丁幕友相周旋，或稱與內署官親相識，認譸張為幻，不可勝窮。爾等但當深信本院而不疑則此雖自無置喙之地如本院尚爲此貪汙不法之事必將爲天地所不容至于幕友官親家人等亦隨時稽察再三約束必不至以如此之人置之署內深願爾等早絕妄念以免貽累僉人察湖北爲粵省進京要道本院當日公車北上或多識面之人今茲戚友南來不乏故鄉之客在本院向所認識及親朋來投者決不冐爲此作姦犯法之事深恐姦人假冐爾等墮其術中本院除按臨所至諄囑地方官嚴密訪拏究辦外特先行諭知無貽後悔

一生童既爲應試而來定須心和氣平沈潛安靜則輕浮因之以除智慧因之以生入場作文自然充暢活潑機法俱到其於命中十得八九矣若乃浮躁麤陵逐物妄動或因開門之始聚衆而肆其喧嘩或因點名之時乘勢而競爲擁擠甚囂塵上皆所不辭不知開門自有時刻點名亦有次

序喧嘩擁擠但見其苦未見其益徒使心麤氣浮文思迷亂豈非於自己進取之途轉有害耶又有不守場規移席換卷丟紙說話顧盼攙越抗拒犯規吟哦不完者謹照學政全書刊刻十印犯者印於卷面文擯不錄幸勿自誤

一凡考武生童爾等旣名爲習武平時弓馬衣服之費花消父兄錢財較之考文者所用尤多更須用心巴結謀一進身之路方可爲人爲子如因得逐隊觀場便爲體面終日閒遊放蕩全不思練習武藝愛惜有用之身將來爲

國家出力則爾等所考者何事爾父兄有如許之錢供爾花用耶且旣無事閒游必至成羣結黨橫生口角如犯出使本院聞知者定行從嚴懲戒

一向來學政之與生童誼等師生無不聯爲一體本院忝爲讀書之人豈

有不存此心蓋常譬之如塾師然其徒有與人爭競者無論事之曲直但當嚴飭自己之生徒使他人聞之而自愧若又助其徒以與人爭競即使其直豈不長囂陵之風而爲他人所竊議乎故爾等有干預外事與人爭競本院祇知嚴懲決無袒護此實先事預防愛惜同志之苦心因不憚再三致囑愼勿以爲過刻而疑之也

右所戒八條皆學校中向來同病爾生童生長名邦承父師之教誨其於此病犯之者自當或寡然猶恐其中立腳未穩比匪有傷溺向來之積習逞一朝之意氣迷途自誤蓋不免焉一經犯案鎖拏本院卽痛切肌膚亦不能以三尺之法爲爾生童曲恕因此不憚重申教誡冀畏法者愼之於始悔過者改之於先爾等安分讀書束身寡過如經此次曉諭之後仍有作惡不悛犯吾所戒者定當盡法懲治決不姑寬稟之愼之毋違特示

責成派保示

爲申明舊章事照得童試設立認保原以稽查童生舞弊本童如果犯法廩保無不知情本院先有責成認保認眞稽查之諭爾諸生旣得見之矣復查
功令設有派保以廩生補廩先後按照童生府考名次照數均派周而復始原恐認保及本童通同作弊更難摘發是以復設派保以爲糾察良法美意至周且密通行天下罔敢不遵本院風聞襄郡考試該童私立派保不邀提調及教官照例所派公事私辦實爲向來陋習本院執法從事豈容長此澆風業經訪聞合行先爲示諭爲此示仰該派保廩生等知悉爾等須將名下所派之童實力稽查身家清白有無冒名頂替儻有此等情弊許爾等派保先行出首或點名時當堂回明如其事有根由本院定將

認保本童治以應得之罪且將爾察出之派保提優等如其扶同作弊定與該認保本童一體究懲本院今出惟行如該生童等有因其礙難作弊造言阻撓或仍復視爲具文是玩視國法而不遵本院之條教也定當按律嚴懲決不姑寬凜之愼之毋違特示

嚴禁夾帶示

爲嚴禁夾帶事照得文場夾帶例禁森嚴本院欲拔眞材先剔弊竇深慮爾生童等自甘僥倖求榮反辱合行先爲示諭爲此詳示爾等生童知悉本院無論四書五經及詩賦策題決不命割裂書理隱僻險怪等類務使爾等不必定閱講章而後可以下筆萬一詩賦題有稍有隱僻者本院必于題下注明出處使爾等了然於心自能了然於手儻有工夫結實學問

淹雅者自可於所作中見之爾等若私帶講章及類典諸書誠爲無益至於小本時文其中所擬之題甚熟其文惟取其備不取其佳爾等帶之未必倖合卽合亦未能必售作僞心勞徒自苦耳試思勝敗乃文家之常卽不考優等不入泮於我固覺無傷有志者事竟成將來誰得限量如作此犯法之事一經敗露其受辱豈可勝言本院深慮爾等無知自陷於法羞及爾父兄師友不忍不教而誅經此次曉諭之後如有不自愛惜尙圖僥倖者本院惟嚴飭差役搜檢無論片紙隻字當卽照例嚴懲爾等其戒之愼之爾父兄師友亦宜預先教誡勿待法及於身而悔之弗及也特示

嚴禁匿喪示

照得匿喪應試例禁森嚴推其忘親求名最爲風俗人心之害本院職司教化豈容稍長此風昨據襄陽府詳報襄陽縣武童尙光典尙定泰伊父

武生倘學仕於去歲九月病故伊等並未呈報丁憂自請扣考直至生員張福雲等公呈舉報傳訊該童始認丁憂屬實試思院考在即萬一未被該生等舉發該童等豈不朦混應試棄天倫而藐服制其心尚可問乎本應按律嚴究姑念其未過院考且或陷于不知未經呈報是以從寬免究因思此外武童及將來科試文童保無有仍蹈故轍自罹法網者除仰該府隨時查明詳報扣考外合行曉諭為此示仰該屬文武童生知悉爾等如有服制在身斷不可赴郡應試一經地方官查出詳報或被他人告發本院惟按律懲辦決不姑寬爾等自思罪當何條應亦稟然生畏復念忘親者不可為子更覺於心何安一遇此事即當赴縣報名自請扣考以防他人冒爾之名私行應試將來株累不清至此次生員張福雲實作相武生張得祿朱連三呈報得實應於此次歲考時提等示奨該童認保張宏

錚等業已罰停餼廪示懲並諭各屬廪保知之爾等具有稽察之責如有此等情弊本院亦難輕恕於爾也慎之毋違特示

嚴禁匿名揭帖示

爲預行剴諭事照得匿名揭帖例禁森嚴犯出之後其獲罪亦甚重本院案臨夔郡訪聞此郡士習素稱安靜文風亦多可觀惟匿名揭帖之風向屬不免此種造言生事誣害善良誹謗官長其居心甚險其詐僞亦不可勝窮本院明知此不肖之事斷非爾郡中安靜讀書人所爲然而非爾郡中之人亦孰肯甘心爲此此等惡習深爲爾郡人之恥本院深願爾等束修自愛者廣爲勸諭更願無知犯法者力洗前愆試思爾等匿名揭帖於人何損而暗則必遭冥譴明則蹈於
國法有何益哉本院不忍不教而誅合行先爲示諭爲此示仰闔屬生童

人等知悉經此次曉諭之後爾等如有仍蹈故習不知自愛者本院已面諭地方官及各學教官等一體嚴訪密拏獲日照律懲辦爾等當加倍懍遵毋蹈於法至爾父兄耆老及知事生童如能將本院之言廣爲勸戒以期共革澆風尤本院之所厚望也毋違特示

復試告示

爲預行曉諭事照得本院衡文校士原貴識拔眞才是以槍冒頂替卽嚴禁於未發之先搜檢稽查復愼重於臨場之際務期姦僞盡絕則英俊可卜其彙征然猶恐行險僥倖者竟出於所防之外覈實之方安可不嚴查向例文童新進設有復試一場如有筆跡不符文理荒謬者照例扣除究辦誠爲鄭重人才起見非樂於旣與之後而復奪之也本院意存覈實於此等復試尤不視爲泛常必終日親爲巡視如有作僞之徒斷難倖逃於

其閒即經查出之後必破除情面立予扣除並嚴究正場槍冒及通同作弊之人以憑核辦深恐爾等見正場取進即視爲已得而意氣揚揚則一經扣除其情形必更有難堪合行先爲曉諭爲此詳示爾新進童生知悉爾等如自揣得之非分雖正案有名愼勿欣喜或舉家相慶及飲酒讌客等事萬一既得復失何顏處於鄉里之中本院執法嚴而慮事周實爲
國家愛惜名器之心於勢不得不然而慮爾等無知妄爲致被扣除猶復受人訕笑亦哀矜之情有不能自已也愼之戒之特示

復試臨場示諭

諭新進童生知悉照得復試一場所以嚴覈眞才杜絕冒僞使僥倖於正場者無不敗露於是時本院於此等考試尤不視爲泛常是以有預行曉諭之言爾諸童既得見之矣深恐爾等能文之士欲救人而實以自誤若

不先爲教誡則犯法尤屬可矜爲此示仰新進諸童知悉凡正場以舞弊倖獲之人遇復試之時倩爾等代爲執筆或以不通文稿求爲删潤者必不可聽其情懇賄囑如有此等情弊經本院查出定將爾等代作代改之人一並扣除懲辦爾等愼勿以已成之功名毁之於他人之手也特諭

曉諭生童講求音韻示

爲諄切誨諭事照得

朝廷功令生童考試設立試帖一首將使之揚扢乎風雅陶淑乎性情恬吟密詠以漸進於温柔敦厚之域而不自覺也楚北向爲風騷之地先賢餘韻留遺至今襄陽又孟浩然皮襲美舊鄉風雅之宗於是乎在本院昨日考試見生員試帖多有可觀工緻者亦不乏人乃童生正場其試帖頗多劣句並平仄不調者幾於十之七八因思爾等入塾受書之日豈竟未

將此專肄習抑或父兄師友具有傳受淵源而爾等置若罔聞因而場中率爾操觚村俗之氣殊不可耐遂有佳文坐此擯斥者非一本院深念爾等陷於不知並非有心之誤觀此時文兩藝匀稱卽詩中失黏一二字尚不能不勉强取進因思明歲秋闈伊邇爾等若尚不知改則因此被斥豈能歸咎主司卽本院科試在卽爾等如再沿此陋習亦殊非鄭重場屋之道合行剴切曉諭爲此詳示爾應考文童知悉爾等當謹照

欽定字典四聲分韻之法於平上去入字音平日熟悉講貫且於試帖名作熟讀多看則口角自然流利音韻自然調協場中閱看其於取中之道必能相助爲功本院忝居此任以培植士風振興文教爲專責但當取爾之長何敢形人之短深願爾諸童潛心講貫共成彬雅之才復望爾生員以教讀爲業者講塾中尤宜以此爲先務在爾生員等見聞較廣豈可以

己之所知所能者而於後進獨秘而不宣儻能戶誦家絃使承學之士不貽譏於鄙陋用以繼爾鄉先輩之遺風而無負

聖朝文明之化區區之意有厚望焉凜之毋違特示

勸諭鄖陽府生員入省讀書示

爲廣行勸諭以育人材事照得良材不擇地而生而英靈亦積久必發故庸流多自棄於無聞之地志士每奮迹於寂寞之鄉風會視人心爲轉移人心之奮發實風會有必開之漸司化導之權者不過提挈之引翼之而已樹風聲而破積習者顧不在豪傑之士哉本院忝以詞曹持衡楚北按臨鄖郡爰及於茲始聞道路紛紛多謂鄖陽地方向來偏僻文風在楚北爲最下士習樸陋皆無足觀乃先於途次接閱各屬觀風課卷見其詩文亦頗彬雅可誦下車之後接考生童經古正場復試各件文藝亦多斐然

可觀始知外間之言未盡足憑而英偉之材所在多有顧檢閱志乘見其登賢書者二百餘年中不過十有餘人細思其由不能自解豈真文藝之拙較他郡莫之或先抑亦風會所開在邊隅輒居其後夫善賈必集於五都之市而高談恆萃於稷下之門非其性然其所處之地宜也古之英傑有生其地而不囿其地者矣未有不離其鄉井游於上國而可以發名成業者也本院思爾郡科名闃寂之由得非地處偏僻師承尟少因之見聞寡昧不能得風氣之先縱有美才亦湮沒而無以自振昔公孫丑遇孟子之賢尙致子誠齊人之歎況於今之人士又何怪乎本院深惟陳良北學之風竊仿文翁教蜀之義欲令爾諸生之才質尤異者肄業省城江漢書院冀得博觀約取收事賢友仁之功蓋見聞由茲廣博而器識亦因之閎遠矣至於文字涵濡漸染功候成熟必當易易科名之捷更無難焉儻遇

本院駐節省垣或傳爾等進署面課詳悉講解必不視爲泛常膏火之資待與各大憲籌款從厚資給所選生員起馬前再爲牌示卽不在選中而願去者自屬有志之士本院亦當視同一律卽或選中而家有父母不令遠出或須以館穀營生者亦不勉强抑更有慮者省城爲繁華奔競之地諸生閉戶習業當無暇更及其他如有不自檢束失身卑下者是本院教育之苦心轉足爲長浮囂壞心術之漸一有訪聞卽交該監院教官勒令回籍註劣示懲爾父兄等於子弟進省之時尤須以此諄諄教誡無令務其末而忘其本使爾滑橫之地致開浮靡之風夫時地之說庸流之所以自限而豪傑有志之士所樂乘之以自見者也諸生苟能奮然興起卽方之古人尚不多讓何況於並世之士哉行矣勉旃異日有學成名立而歸於鄉里者是爾父兄之所大願抑亦使者之所甚快也毋忽特示

牌示

照得本院前有告示一通勸爾生員等入省讀書誠爲培植爾郡中人材起見所有挑取生員合行牌示左方諸生可卽赴該管教官衙門自言可入省讀書與否以便由學申詳本院再札行江漢書院監院使爾等到省之後得所依歸至此外各生有志赴省者卽赴該學報名一律辦理諸生當力圖上進無負本院培植之苦心勉之特諭

勉勵不得選拔諸生示諭

照得選拔一途將取通今博古之才以備
國家之用士之得預選者較之鄉薦人尤豔之蓋以歷年既久而始遇而得之者又出於衆目昭著非可以倖獲也是以
功令旣定爲十二年一次而其額則限以府學二人縣學一人但許缺數

無許濫充

朝廷慎重遴選之心斤斤若此無如科目向有定制而人材日見奮興襄陽爲古來形勝之區士之鍾靈秀於山川者代不乏才本院校閱各學考拔生員除遵照定例俱屬足額及按照前院朱所辦定章程不敢陪貢外如襄陽縣學之應考生員劉漸逵張起靜宜城縣學之魏滄南漳縣學之劉組青穀城縣學張恒泰均州學之陳愃童梓類皆潛心績學各件尚佳實因每學額定一名而悉心校閱諸生較現在所取之人亦不能無一日之短是以割愛姑從舍旃此外縱不能各件俱佳而詩文或有一長者亦不無其人要之戰勝於棘闈則摸索暗中得鹿者未知誰手而衡文於試院則光明白地獲雋者要自有眞本院公正存心潔淸自矢諒爲士林所共信不慮誹謗之橫加今所以不忘諸生而復爲是嘵嘵者恐諸生因此

小失輒銷鋭氣轉致明歲秋闈伊邇自弛厥功夫士人出身正途自當以鄉舉廷對為致身青雲之地今乃舍寬就窄一發不中便生退葸或形怨尤豈不負此大可用之材而為豪傑之士所竊笑乎本院恐諸生或蹈此失不憚諄言用當忠告所期諸生無忘已能之業加以日益之功先窮經以厚其本原多讀書以擴其識見古所稱歷金門而上玉堂者吾知非生等莫屬也目前區區之得失何足介意乎勉旃毋忽

月課書院示

為曉諭事照得書院之設原為培植人材起見但行之日久不免視為具文每逢課期多有倩人槍替或一人冒領兩卷及聯坐私改文字僥倖優取亦有擁擠喧嘩臨場東西亂號或高聲笑談似此惡習既失先輩講學

修業之意亦違

朝廷崇儒造士之心本院隨在務挽澆風亦每事須求實效此次月課業定期在院扃試場規略仿正場毋許爾生童仍蹈從前諸弊或有敢違拗不遵教率者於其初犯姑提出面加誨諭再犯之後定行戒飭重者革出書院爾等如謂本院故爲多事立意過嚴則

國家設立書院之意豈容有此蔑禮犯義者於其中抑思爾果能恪守規條本院豈有苛求之理其生員取列超等童生取列上取者於出榜之日卽示期再進院面試以期眞才之得以自見而作僞者莫能倖邀如復試託故不來卽將其優取抑除不計爾等之懷才待試者當甚願本院之嚴切斷不怨本院之煩苛也愼之毋違特示

曉諭書院生童示

爲曉諭事照得

國家書院之設所以培養士林而士之來處於中者固將以事賢友仁收嚴憚切磋之益以成其材也然而立法既久或名在而實不相符聚處既多或益少而損將彌甚本院昔爲秀士肄業其中稔知書院風氣不齊莠艮雜出要之能自立者雖入汙而泥不染苟自敗者則先腐而蟲乃生精於勤者日起有功荒於嬉者自貽伊戚是以歷陳其利害得失爲諸生童詳告之諸生童既肄業院中便是勤苦讀書有志上進之士平日父母兄弟所屬望於我者莫不以顯親揚名爲重儻不盡心攻苦努力向上自問何以爲子何以爲人科名本身外之物然一念吾親屬望之心則不敢不視爲分内所謂人子體此而以父母之心爲心卽是孝道之大端也諸生童苟能刻刻常存此意則立身制行自不至流入不肖而讀書作文精神

必益加奮勵志氣必不敢怠荒一念之善天牖其衷諸福之源由此而集何患所業之不成所志之不就哉如其委靡不振防檢不修則羣萃州處之中正可爲談笑嬉游之地呼朋引類觴酒往還浮華相尚奔競日開甚而恃衆陵人議論蠭起凡此諸弊皆本院於他處確有見聞楚北素稱多士諒能不染澆風但使者愛才爲心見人之失如己之失教誡之方不得不防之於早總之爲不肖之人便是天奪其魄聖賢於不可與有言不可與有爲者而謂之爲自暴自棄見得彼只是不知自愛而已於人何與哉又曰天作孽猶可爲自作孽不可活人苟自甘頹廢汙下不辭則貧賤艱難便是自己所招理所應受以最淺最顯者言之如見人應試發科便曰彼誠有命豈由攻苦而得我卽攻苦其如命何不知爾不能攻苦便是爾命當窮餓苟能奮然興起則卽此一念便爲將來顯達之徵推之惠迪吉

從逆凶罔非此道故學者之立志不可不預也諸生幸處太平無事家中纔有衣食便當返己問心過一日盡一日間應爲之事每逢官師課期所作文藝不必預期其善否但當盡我心力爲之功候成熟必有效驗平時伏案讀書務思開卷有益本院所刻經籍舉要一書言之備矣窗下不知積累臨場空疏無據雖悔其可追乎至於院中朋友雖雜大約賢者多而不肖者寡總要自己愼於出入遇匪人則遠之使若冰炭不投安能浼我居恆所往來者同心之友毋過二三專取直諒多聞助成德業此乃眞能收朋友講習之益而不愧爲書院肄業之人矣諸生童由此則利不由此則害循是則得反是則失願身體而力行焉本院出棚在卽不能親課爾等夏閒回轅必訪問山長及監院學師爾等如能愼守學規專心誦讀本院之所甚幸也如有不遵教率犯前所戒經本院體訪得實定當分別戒

飭用示薄懲重則革出書院夫以養士興賢之地而果有此事亦使者之所不忍言也爾生童諒能自愛爲勉之毋違特示

與書院諸生論文諭帖

近時文章通病大約經籍之温習未熟史册之探討未深專於時墨數篇尋討生活以故根柢淺薄所作之文卑者則塵俗腐爛不堪入目高者亦不過機局流暢皮膚光華細索其中有如醫家所謂葱脈外浮中空按之毫無實際楚北鍾靈江漢黄岡鍾陵並峙其閒其文之精實雄厚夫復何如近日風會所趨實有今不如昔之歎本院忝司文柄細思文風與世運相維之理良用惕然深願文風之日進於博大昌明則世運乃日見夫鴻龐敦厚而此中相維相繫之旨則必以諸生之作養爲先因此下車之日即諄諄勸諸生以讀書爲務並詳示入手用功之法今觀諸生所作之文

大都華而不實囂而不靜浮而不切淺而不深此皆由平日絕少爲己之功疲精役神於務外徇人之事本院聞武昌省城中最重生日喜慶酬酢往來此固風俗之克敦古處而以讀書人爲此大有妨於誦讀之功深願有志者鍵戶下帷毋爲時俗所誤又書院陋習多以一人頂作兩卷以致筆機剽滑品望旣卑名場亦遭擯棄圖小利而忘大害更爲愚焉果有潛心伏案之士便當溫習經與瀏覽史籍士人雖貧然七經與綱鑑諸書不過數千文可得稍省日用便可獲益終身不當枯守高頭講章臭爛時文以致場中極意經營不過成爲千手雷同之技且平日根柢培植深厚下筆自有理實有理實則有議論有議論則有光燄卽用詞藻自能顯經之腴不致拾人牙慧陳陳相因兼且文心靜細無甚囂塵上之習氣脈沈實有岳峙山安之象文風旣振則民俗之歸厚卽在其中庶幾代聖立言乃

有裨於實用矣本院竊惟朋友相交尚有忠告之道今明知諸生之失而不舉以相告揆之使職殆有歉焉如曰發人之短以炫己長則殊非本心之所敢出也願諸生無忘其已能者而益勉其未能者則使者有深幸焉

考古牌示

示諭考古生童人等知悉本院閱爾等觀風之賦多未識體裁今將易犯各病開列於左場屋其自檢之毋違特示

一既作古賦不得用四六排調用四六排調便謂之律賦律賦中不得用五七字句

一五七字句乃六朝俳賦體既作俳賦通幅皆不得用四六聯

一作古賦末段可用歌曰亂曰律賦則斷不可用

一律賦每段起處不得用四六長聯即四字句雙排亦不可用

一賦句雖長無過七字若八字九字便不相宜惟長末收束處裏之筆則不論

生員考古草率牌示

爲曉諭事照得科試選拔在邇此
朝廷科名鉅典自宜拔取眞才諸生有志向上者更宜用心已結以爲出身之地而經古等場尤足覘其宿學乃昨日考試經古生員有經本院於觀風時取列前茅者此次竟以草率了事與其前卷如出兩人此等若非觀風卷非其自作卽昨日場中代他人執筆因而勢難兼顧試思爾等皆可望取拔貢之人何爲舍己芸人自誤若此又考拔場中向有幫貫陋習本院惟擢取眞才果係本人自作雖未能盡佳亦屬可取如出於衆人幫助卽幾於美善亦所不錄爲此先行剴諭知之以便爾等於考拔時專心

用功作己之文而明日經古復試尤宜各盡所長可也懍之毋違特示

補取經古童生牌示

照得前日考試經古有襄陽縣童生朱元佶本院復閱試卷各件俱佳不肯譚言衡校粗心致令埋沒朱元佶着補入正取一名仰原廩保帶同於　日　刻進院復試毋得遲誤特示

扣除考古荒謬童生不准入正場牌示

照得昨日考試童生經古內有天門縣童生童某一卷直作戲而不作文詞意尤荒謬異常本應嚴傳重責姑從寬免究正場著不准其應考該廩生左莘衡如再濫保此等不肖之徒定行從嚴斥責特示

責成廩保牌示

照得

朝廷功令設立廩保原以稽查童生舞弊本童如果犯法廩保無不知情本院欲除考場諸弊自當以責成廩保爲先爲此牌示各學廩生知悉爾等如查得某童生不甚的當着即將保結掣回他廩保知情許當堂首告並責成派保一體稽查如果舉發得實本院定優加獎勵儻敢扶同作弊定照例加倍嚴懲至正場點名之時尤當認真本童高聲答保慎勿視爲具文釀成弊端以已成之功名毀之於不肖童生之手毋忽特示

獎勵舉發槍冒及懲戒認保槍冒之廩生牌示

照得前日衡陽童生謝登翰雇倩槍手咸寧童生王用賓頂冒伊堂弟謝登青姓名入場換卷經該廩派保等當堂同明查出業將該童等枷號示衆照例嚴辦此外各屬應考諸童當知所儆戒矣惟是童生舞弊廩保無不知情今該童謝登青之認保謝樹模雖據當堂同明惟在假冒者應名

接卷及該派保等舉發之後當其答保之時已屬失於覺察謝樹模着發學戒飭此後永不許派充認保至該童謝登翰之派保靳燡謝登青之派保張名衍當堂指出其中情弊實屬稽查得力持正可嘉靳燡已應考着於此次科試提等張名衍未經科試着於賞賚日進院一體聽候獎賞以示鼓勵爾廩生亦當知所儆戒毋蹈於法自毀其前程也特諭

嚴飭認保槍冒之廩生斥革究辦牌示

前日襄陽府學吳教授萬訓導當堂回明廩生張誠肅向不的實業於府縣考時諭令不准充保乃該生抗不遵諭仍保八至六十名之多本院因事在臨時不便當堂更易是以姑准充保隨將該廩生面加申飭諭以所保之童如有取進者定行從嚴另提面試並着落該教官諭令派保等實力稽查乃於點名時隨被廩生虎方璘舉發槍冒一人即係該生張誠肅

所保是該教官之先事預防不爲無見而採聽得實尤屬可嘉府學吳教授萬訓導着各記大功一次此後各屬教官務於考試時認眞稽察如有廩生向著濫保之名即於府縣考時諭令不准充保儻該生抗不遵諭即行申詳革辦所認之童責令另行取保至此次張誠肅濫保槍冒一案業經提調官訊係知情應於定讞時將該生加等重辦以爲廩生扶同舞弊者戒查科案新進文童並無該生所保之人前諭嚴行面試並令該教官及派保等著實稽查一層應毋庸議特諭

經德堂文別集下

臨桂　龍啓瑞　翰臣

書檄十八首

諭生童來郡應試各宜安靜牌示

照得諸生童來此應試理宜安肅清靜方足以昭
功令而崇學校除嚴行申諭外合再牌示爲此示仰闔屬應考生童知悉凡一切茶樓酒館爾等既係讀書之人毋得濫入生事各人在寓安分守己所有衣服文具留心照管庶免遺失致生口角如果恃衆滋事本院亦斷不寬徇爾等務各束修自愛無負本院教育之心凜之特示

扣除不另補牌示

照得此次科試東陽縣學復試筆迹不符致被扣除者二名查晉係廩生

史某所保雖據詰問時力稱進場俱係本童並非槍冒頂替惟該縣學額僅有十五名而此次以筆迹不符扣除者竟有二名且係該廪生所保是該生平日之濫交臨場之濫保已可概見姑從寬罰停餼廪二年用示薄懲着該學註册存記下次如再有濫保實蹟卽同明後任學院斥革加倍嚴辦至此次東陽應考文童臨場雇人頂冒者則有謝登翰復試筆迹不符者又有唐文鋭及楊正煥二人該縣士習之不安靜醇正卽此可知此次楊正煥扣除之缺業不另補使該縣缺額一名以爲士習偷詐者戒本院將來仍移知後任學院於下次考試時細查該縣生童如再有此等情弊定將該縣撥府名數盡行移歸別縣以儆澆風爾縣士子當知所儆惕無蹈於法而各屬廪生尤當知所創懲毋待法及於身而悔之弗及也特

諭

嚴禁武童技勇夾帶示

照得

朝廷設立武場考試原期得勇力之士用備干城若使冒濫者得以倖邀則真材無由自見本院聞近日武童考試技勇多有私帶皮條上至手腕中緣腰膂下迺至足凡遇開弓之時可以偷助氣力至十餘力二十力不等似此僥倖存心實爲試場之害本院早知此弊復念襄陽府武風向來稱盛未必有此弊端然不可不預防其漸爲此示諭武童等知悉明日考試硬弓本院查看形迹可疑者必令差役搜檢如帶有皮條等件定行罰跪責逐爾諸童慎勿求榮反辱自取罪戾至開試硬弓亦須自量其力不必勉强凡力量中平者只須先請二號既開二號力量有餘再請頭號或請出號不得冒昧妄請如妄請頭號而開不能脫或不能平者本院亦不

計算愜之毋違特諭

馬步箭不入格不必考試技勇牌示

照得勝敗乃兵家之常至於射箭之中否更難一定特是名場取士不能不覯一日之短長以爲去取之分爾諸童中如有馬步箭全行落空及馬步箭共計不及三條者自難僥倖錄取明日考試技勇俱可不必觀場不惟本院空費目力而爾等亦自賠辛苦但須趁此青年力圖上進下屆考試必可成名不必以今日之終場爲體面也特諭

武童技勇牌示

諭應考武童知悉本日考試技勇諸童等上堂先行報名便行請弓或請頭號或請二號三號或請出號只須三字不必多言既開弓之後便下舉刀石再行報名接卷又開試硬弓須各自量力不必勉强凡力量中平者

只須先請二號既開二號量力有餘再請頭號或請出號不得冒昧妄請如妄請頭號出號而開不能脫或不能平者本院亦不許算傾之毋違特示

嚴飭新進武童復試玩延牌示

照得本日武童復試延至戌刻尚未齊集現據襄陽穀城均州三學教官稟稱有新入各該學之武童某某等竟不邀同廩保親身赴學該學飭門斗往傳並不採理兼有本家及教師人等赴學把持出言辱及學師似此目無師長豈尚可爲學校中人照例竟予扣除亦爲伊等應得之罪今時已至此不便再延本院視升堂時無該童印卷定行扣除並許該學將把持之人即行稟明以憑究辦庶足以整學校而革澆風特示

發還月課卷札

爲發還課卷事照得全書內開載教官每月課試士子仍將課期及取列優等試卷按月按季報解查覈是定例月課之文原歸教官評定甲乙然後解院覆閱所以察勤惰而肅綱紀也今該學解到月課卷並未詳加評閱取定等第殊屬違例取巧厭職不修合將原卷發還爲此札仰該學卽將原卷詳加評閱取定等第剋期解院以憑查覈毋違

頒發五經詩題經解札諭

照得本院有五經詩題及經解題共一紙發給歲試一等各生及凡生員之有志上進者俾於窗下肄習爲此札仰該學文到卽將發來題紙先分給一等生員其餘願作者就近傳鈔作與不作各從其志其卷務於科試前申解呈閱亦准於案臨時就近呈送本院將培植諸生經古之學該學毋得視爲具文草率了事尤不許書斗於傳送題紙時藉端滋擾毋違此

札

經解內徵引書傳用小字雙行注於句下不能實指爲出於某書者不閱以己意論斷者不在此例引及策學纂要暨經解斠等書者不閱

嚴飭鬧糧阻考札

爲札知事照得考試爲
朝廷大典自宜整齊安靜方足以肅學校而振士風凡生童中有抗糧阻考等弊尤爲律所難容誠以身列黌序更當奉公守法以爲愚民觀聽也本院前據通山縣及該學教官稟知該縣定期考試之日忽有鄉民張斗一等資言阻考以致該廩保童生爲其所惑不肯投結畫押業已照稟俱行批示飭遵在案因思該生童等來城應試人數自屬衆多何遽聞一鄉愚之言遂至爲其所動此非該生童中有與謀之人樂於隨聲附和即係

陰藉罷考爲抗糧之計以致觀望不前此等惡習深爲學校之害除嚴飭該學教官密查有無滋事生童據實申報如實係該生童等不安本分挾制官長本院即會同督撫兩院照例

奏辦外合行札知爲此仰該府官吏文到即轉飭該學加意約束該縣地方官亦有整齊士習之責著一並轉行飭遵本院以防微杜漸爲心不得不嚴諭之於早也切切毋違此札

又

爲嚴札飭遵事照得考試爲

朝廷大典必須整齊安靜方足以肅學校而振士風凡生童中有抗糧阻考等弊尤爲律所難容誠以身列黌序更當奉公守法以爲愚民觀聽也本院前據該學稟知該縣鄉民宣言阻考諸廪保童生爲其所惑不敢投

結盡押業已批示飭遵在案因思該縣生童來城應試人數自屬衆多何遽聽一鄉愚之言遂至爲其所動此非該生童中有與謀之人樂於隨聲附和卽係該生童等陰藉罷考爲抗糧之計以致觀望不前而該教官等巽懦無能不復嚴行飭諭該廪保聽其扶同玩視考試此等惡習大爲風氣所關除業經照稟批示外爲此札仰該學札到卽明查暗訪此案中有無生童扶同造言生事如有一人入該鄉民之黨卽據實申報以便斥革嚴辦本院現與督撫兩院商酌如查實該縣士習有如此不安本分挾制

官長者卽會銜照例

奏辦該生童等須自顧前程毋蹈於法該學有約束之責亦不能當此重咎也切切毋違此札

幕友條約

敬啟者某以菲材忝膺重任惟是衡文校藝之事所以識拔眞才禁絕姦僞者深賴諸君子襄助而贊成之但取材不厭其從寬防弊無嫌於過密敢以鄙慮所及質諸左右伏祈采納而擇其中如爲鄙言所未及者尤望隨時示知以匡不逮則受益無量矣謹將所擬各條開列於左

一閱文以淘汰爲先沙礫既除金玉斯見固不必心存泥愛轉致妍媸迷目然輕於棄置亦恐倉猝之際或有遺珠今擬生員正場諸先生所閱之卷仍案一二等之數分爲三束其可以備取一等者卽置諸二等之前擬取一等之卷仍不必過多至生童考古及童生正場則分正取備取二種正取卷每百本無過五卷備取倍之如其佳卷實多則備卷不限以額而正取仍不過五本之數備取而外皆其必不可進之文則一經棄置便無足觀要之兄弟文章場屋固自不乏但當就其一藝之長節而取之如次藝優

於首藝詩字優於文之類其餘平平無奇無足多道從而擯之不爲過矣

一眼力高下本與作手無關故昔人有眼高手低之說且眼力亦隨時變易卽以一人之身而情有欣厭地有明晦時有迫暇其眼力卽因之而移某前在闈中衡文有夜中擯斥至旦閱之而實見其佳者因汗流浹背嘗恐暗中負人不少今敢爲諸先生告試倣大場搜落之法於閱完時將打落之卷互相復看其復看時不必動筆亦不必全閱但將其要害處畧觀一二便可平氣而知如其滄海遺珠無損於離婁之明也儻因此見錄亦愈見我輩虛公之意諒愛才者必不以爲嫌也其某位交某位復看送卷單上早爲註明閱完時照單轉送、、可也

一落卷不必盡點而首藝似宜點完次藝亦須點完前半試帖必須全點如遇大不通及大違礙之處卽以一大點住之以後無論多少皆可不閱

雖甚不通不必加以塗抹非的知其誤亦不必加以批語恐轉得執之以爲口實卷首總批尤宜加意無妨寬泛不必過作貶辭亦不必加好字面及痴惜語又文中不經見之字雖保其不出於僻書此種故爲詭奇似博實陋惟從旁加點則彼必謂因此被斥適以長其荒誕之風苟非確知其謬卽存而不論可也

一幕中爲校閱重地關防尤須嚴密某非敢疑諸君子有他但以僕御多人亦爲是非出入之地儻防檢有一不到不惟於某之聲名有礙諸君亦從而受垢焉今除到棚之日手諭家人閒雜人等無許一人闌入幕中此外如諸先生缺少應用之物卽開條酌發管門管廚家人剋期送到其送物入幕之人只許於堂前傳語不得進屋逗留凡送卷入幕包封上俱有親筆花押如有拆裂形迹可疑者煩諸先生卽爲追問幕中送卷亦如之

亦要有包封花押 凡送卷之時煩諸先生面爲收取點明卷數卽將自備圖記印於卷背以備遺失混亂凡送卷入內之時亦須囑紀綱到籤押房當面送交或遇公事外出卽交籤押房看守家人以便登簿掛號並將送卷單上印一收字繳還以爲憑據包封仍不許擅拆 茲事所關甚重不得不過爲嚴密至閱卷之時尤防他人偷看坐號或遇外出卽將卷匣封鎖晚間仍擱於枕旁諒諸君子必能愼之又愼固無俟區區之鄙慮也卷初進而未閱時及已閱而將薦時尤宜愼又凡未送閱之卷某必不於其上加圈特先爲告知以杜冒僞

右所擬四條所言未必盡當卽所防亦未必能周諸君子有深謀遠慮能書以示我者當卽揭於左方與同人共相參酌遵而行之可也

致家中親友書

啟者某得此差事固蒙 祖宗餘蔭亦託賴伯叔兄弟及衆親友之福某

惟有益加謹慎務為公正廉明始不負
朝廷使任之意以貽宗族鄉黨羞今不揣冒昧特有一言告白以某在此處忝居風憲衙門凡署中人等出入俱有關防因思我親友中豈無有與某睽別多年思念之深前來看視此眾親友愛我之厚某豈能不感切於心但念學政署中最是嫌疑之地無中生有造作多端我親友若在此出入往來萬一被招搖撞騙之徒造言生事不惟於某之聲名所累不小即我親友懷好意而來得惡名而去自思亦覺不直兼且此處不比各項衙門除通文墨者可延請分校餘人到此別無位置勢必來而復去使我親友奔走道途自心亦覺難安某雖不才夙承　祖父之教刻刻以敦睦九族矜恤貧困為念縱不能如古人廣立義田贍給親族乃於初得外差之始即寄信回家攔阻親友之來且目下並未知有人肯來與否而發此無

情之語反躬自問幾於不近人情然實有不得已者天下事與其無情在後不如有言在先衆親友或不知學政署中防範如此之嚴某不直言相告及至來時後悔莫及亮復念我親友本多寒苦某所素知即令遠來投奔原非情所樂爲然而山長水遠程途往反花費孔多某即從厚佽助及到同家所餘無幾欲長留在署又復無事可辦欲別求薦書某又不能徧給則得意而歸自屬勢所難必左右思維不如某於一年三節畧分廉俸從重相幫在出之者既不費力而得之者亦沾實惠如有誑言　明神鑒之某於親友中斷非刻薄寡恩之人知衆親友必不以我之直而疑我也至於孤寡老弱孑然無依親友中如有其人某更當周恤於格外必不因其不能遠來告訴遂置之於不問不聞或因某離家許久一時偶然忘記尤望各親友以書來告莫令我暗中負疚將來有憾於心又如我本家伯

叔兄弟雖房分有親疏遠近而水源木本一體相關某今日固當加意優恤更望諒我苦衷不必遠來跋涉待某兩年任滿叨庇平適則廉俸所積除花用外亦尚有數千金某必倣照古人祭田義莊之例稍置恒產分潤宗族儻有盈餘以資戚友之貧窮孤苦者志雖如此敢謂其事之能成原不當先事而言使人謂願奢難副其所以言及於此者亦願我親友知某非專利自封之人今日之爲信攔阻實有萬不得已之苦衷異日當自知其詳必信我爲非忘根背本之人也梓鄉在望敢告腹心某謹白

約束家人手諭

字諭衆家人知悉爾等隨我遠出無論或新或舊無不願長久在此我亦願爾等長在我處將來俱爲我舊人但主盡其恩僕亦當遵其教既在我處而不能聽我約束豈能望長久哉今特將我教訓於爾者一一詳說爾

等各宜遵守如有干犯定行責逐不貸有言在先萬一爾等不知自愛勿謂我無容人之量也爾等其敬聽之

一學政衙門最貴弊絕風淸凡跟隨於我之人大抵皆小心謹慎不至作奸犯法但恐他人以錢財誘爾爾等心貪其利遂不顧天理良心不管我主人聲名不計你長久衣食爲其所動跟着他人一同作弊或在外招搖撞騙此便是自絕生路我主人斷難姑容一有訪聞定行從嚴責逐無論新人舊人事同一律爾等第一所當警爾等試思爲此等之事所得之錢雖多然一犯出來不惟脫了飯碗且慮陷於國法何如長在我處將來通盤計算所得之錢豈不比此更多且此等不義之財爾得之亦不安必有飛災橫禍暗中折損凡各種錢財皆當如此看方可望有收場

一跟主喫飯之人最要安分守己勤於辦事爾等有不知自愛或吸大煙嫖娼聚賭酗酒滋事故意尋人口角好喫貪睡唱曲吹笛者此數事以吸

烟嫖賭酗酒爲最重爾等如犯此病經我訪有實據者定行立刻斥逐其尋人口角及好喫貪睡唱曲吹笛者若教訓兩次不聽外亦行擯斥不用

一凡衙門內外多因酒食談笑嫌話最多不若禁之於先方免犯之於後爾等既在我處須各遵禮法卽派門上簽押之人較之衆人微有體面亦不許向官親師爺側時常往來官親師爺們是我一輩的人你等有見面或同辦事之時須以禮相待萬一聽有嫌話我必不依

一凡在省在外各衙門爾等如有朋友親戚只許考罷一爲探問不得以酒食來往若在考前斷不許爾等出去各宜留心防範勿待我訪聞致干斥逐

一凡衙內書差外間鋪戶不許爾等往來酬應書差如遇辦公之時伊等自須入內尋你管事之人爾等無事不可到彼閒談書差如有公事面稟

門上須立刻傳見不得攔阻

一凡兩人同管一事者有事須齊心商量不可各執己見致生口角如有一人不講理者此一人便從直同我我自有主張如管事之人不能得力恐致誤我之事亦許爾等不管事之人明白告我我再教訓於他假若他不遵教訓或轉憾爾等告訴者我必從嚴斥逐爾等如挾嫌妄告亦必斥責不貸

一凡遇我出棚後所有留省家人更要誠實妥當此必我所信心之人因以此重事付託爾等勿謂留在省城便是閒散之際尤當謹慎自愛終日在署中照應不可外出晚間小心火燭謹防門戶乃是爾等專責我回省時若聞爾等失於照應以及在外走動各情必將爾等應得之項立行扣除以示重責

一內跟班人等只須常在上房門外聽候呼喚傳遞飯食茶水不許爾等時常在外或早眠宴起以致呼喚無人亦不許爾等將外間之事往裏傳說更不許爾等代老嬷丫鬟常買物件或花錢買無用之物與少爺姑孃等若聞知必行斥責

一凡遇關門考試之時不許爾等下大堂一步如在堂上見有犯規越號者亦須立刻回我不得裝作不見

一凡遇考試之日無論已閱卷未閱卷俱不許爾等到師爺處說話送卷之人非我分付亦不得去爾等須各避嫌疑庶無後悔

一我主人雖仕宦之家而向來自安儉薄並不愛穿好的喫好的爾等既跟隨於我亦要與我癖性相同衣服不可過爲華美飲食不可過求豐盛非爲省錢亦可惜福留有餘錢寄回家中養活父母妻子乃爲正道若混

花混用將來必無下場各宜切記

一凡我教誨之言皆爾等所當盡之道爾等須時常記誦不可以爲口頭空話我素來無難伺候之僻氣亦斷不虧負於人我今日既對你細說若不能遵守將來被我斥逐我主人之道已盡如有冤屈可以交之於天我向立志要做好官亦須爾等幫助若能聽我的話便能幫助於我我必加恩看待主僕同心豈不美哉爾等其凜遵毋忽特諭

留任告示

爲再行剴諭事照得本院督學於茲巳二年矣俛焉孳孳惟不克稱職是懼比者猥承

恩命重留使節清夜以思益增慚悚私維人文蔚起之地值多士奮興之目復得假手歲月以觀厥成功亦使者之厚幸也期望之心曷其有極除

一切讀書學古之法及關防條件已於初任時剴切曉諭外爲此申諭闔屬生童等知悉楚北士習文風向稱醇茂輶軒所至始得目驗斯言比年巳來淫潦爲災而鄉邑之閒民氣恬然盜賊稀少雖蚩垠習尙敦龐亦爾多士之表率與有力焉夫士人讀書首當以行義爲重不能敦行於門內者則於父母昆弟之閒必多閒言不能立品於鄉校者則於宗族鄉黨之中必招物議人於父母昆弟之閒無閒言則其於朋友之交可知矣人於宗族鄉黨之閒無遺議則其立乎朝廷之上可想矣以此處爲修士出爲良臣豈非表裏如一而體用兼備者乎多士既列名學校之中上焉當以千百年之名士爲期次之亦當以數十載之完人自命果其辱身賤行何顏自立於衣冠卽使饑寒切身窮愁交迫正天與以磨鍊英雄之路動心忍性必不當悔而之他如使分外營求往往利則未形而害已先見又文

人氣骨必不可卑降志相從所損實大此中兩誤在貧者多迫於衣食而富者又害於夤緣或則攀援聲氣以希榮或則鑽營捷徑以求售不知倖得之後受他人指摘唾罵固嚴於斧鉞之誅又況天網不可倖逃敗露之時毀傷及於髮膚羞辱貽於父母此所以作姦犯科之事卽此於不孝不弟之尤也總之諸生童顧名思義旣自以爲束修之士必不冒居不肖之名而且閉戶窮經晨昏定省惟日不足尙有他念及於營求餘閒干預外事耶本院以諸生童生長名都文章之事代有承傳所殷殷致望者尤以敦崇品學爲先務品端學裕則文藝何患不工今旣刊刻朱子小學一書板置漢陽崇正書院將於優等新進生童中量爲頒給多士有聞風興起者如能先爲肄習於考試古學時面試默寫小學數段或作小學論一通必加優獎蓋以此書爲蒙養之始事作聖之階梯諸生童果能依此而得

雖不敢望至於聖賢必不失爲端人正士於
國家化民成俗之道學者守身保祀之方不無裨益如其罔知自愛束書
不觀干犯規條圖謀非分
國有常憲律不容寬本院必不至勤於昔而怠於今尤不敢嚴於前而弛
於後爾生童其戒之勉之毋忽特示

附取士條規

一治經學作文根柢端在羣經近來趨重時墨輒荒經典不知爲時文講
章所圖識見安能廣大場屋焉有佳文爾生童有能於考經古時淹通漢
儒注疏旁證諸解或能精熟許氏說文及宋五子書朱子小學近思錄等
書皆許專門報名求試本院定加拔擢夾帶鈔襲面試自窮不必希冀若能默誦五經或
七經十三經小學等書者亦先赴該學報名果有可觀生員必列優等童

生正場通順加意取錄其名及早精研以備臨場之用

一治史學鑑古知今諸史爲備果能博觀廿四何難雅擅通才卽務其所先如史記前後漢及司馬氏通鑑雖寒士不難家有其書熟而復之大有裨益本院於考古場多以此命題有能扼綱舉要備以宏詞定高列以示鼓勵

一熟文選靈均響微漢京再振魏晉以降雖趨卑靡而富麗雅潔古質猶存昭明玆選誠納圭璧於寶山收珠璣於海藏也唐宋名手咸資取材本院樂與多士追漢魏之鴻裁儲許燕之鉅制用備他日館閣所需考古場有能塡註擬選體詩賦駢體文者提堂面試以擢鴻才

一重經策明經射策古有專科我

朝遴經史定始著令試以五經五策歲科小試先發其端前輩入場俱精

心結撰蔚爲大文時手漸趨僻易不知是皆苟道爲有君子而肎以苟得乎本院秋闈曾膺分校復典文衡所有振拔儁異多從留心而得多士其勿蹈故習儻有典贍詳明之作斷不負爾風檐苦心凡屬通材定當踴躍

一肅場規本院生平嚴毅自持作生員時跬步不苟因此見偭規越矩者嫉之愈深今日奉使督學考試正場必終日堂皇一卷未交不敢入內所以防弊竇盡職也爾生員中謹飭者倘多童生或未諳例禁如有出題以後下位越號者查出定提堂照例嚴懲決不姑寬諒鑑前車毋貽後悔

一重武場　國家設立武學原以收果毅之才備干城之選本院前任閩過三府武場與文場一並盡心校閱凡中步箭者不惟記其中否兼圖其中之高下左右以爲制勝之分凡開硬弓者不惟記其幾力兼記其開之平滿分數以定挽強之量其餘馬箭刀石無不細心觀看爾業武者其乘

時肄習然力有强弱原難勉强亦不可不知自量致病傷身至於平日務須安分臨考勿釀爭端更當自愛毋蹈國法本院於爾等認眞從嚴亦使爾早知師律不枉爲學校中之人也

督行季課札

照得

朝廷功令整齊學校設爲季考月課之法士子之勤於其業教官之能舉其職胥於是而可見本院旣蒙恩命重留視學觀風之舉不必再行今特申明季課之法酌命數題卽作爲明春季課爲此札仰該教官知悉文到卽傳齊諸生面加課試其卷彙齊仍由該學批點改削因本院出棚在卽不能更閱多卷且該教官原有訓迪之責本院亦欲藉此覘司鐸之明通務各秉公持正盡心校閱酌列

爲超特壹等一學兩齋者各注該員之姓某關於下以覘得失本院於考試餘間必詳加披覽其卷仍發同給諸生取益該教官等務各盡其職以收成己成物之功毋貽不明不公之誚此外月課仍照例舉行毋忽切切此札

經籍舉要後序

右所舉各書皆於諸生有益所宜置之案頭以備觀覽其爲目多而不繁簡而不漏由此擴而充之可進於博通淹雅之域即守此勿失亦不至爲鄉曲固陋之士謹查

聖諭廣訓地方官朔望宣讀列在學宮諸生平日自宜潛心講肄又如

欽定諸經

御批綱鑑

御纂性理精義等書暨
列聖御製集
今上御製集覺世牖民允為藝林矩範但業經頒發者各學俱有藏書諸
生志切精研無難敬謹借讀其未經頒發者外閒書坊亦無其本非諸生
所得購覓今故不敢以著於錄又如
欽定大清會典
大清一統志
皇朝三通等書尤講求經濟通知世事者之所必及但以卷帙浩繁坊閒
難於購覓諸生異日讀書
中秘自能窺美富之全茲亦不復及焉要之道德文章本同原而共貫諸
生但為弋取科名則揣摩之書歸於簡練原不必博觀羣籍乃為得之然

而事實求其本原學必將以實意時文試帖律賦其根柢豈能離經籍之中果能胸有積軸用之舉業斷無不利惟空言高古橫肆粗才不能平心靜氣以就範圍或自矜博洽流於險怪晦澀而不自知者亦難望其入彀乃不善讀書之過非書之足以誤人也且既身列膠庠則平日之所事者何事於此等有益之書倘不能讀則其人之悠忽怠惰可知欲望他日有益於國家難矣今以三年大比計之諸生於此等年分不能不以十分精力專注舉業無暇更及羣書若遇閒年正當於此時講求根本之學根本既立則舉業乃其枝葉自有暢茂條達之象屆期再講求規模格式較之沾沾用功於時文者自必事半而功倍矣或謂此等書籍寒士力難購買而堆書滿案亦處有妨正業則請倣讀經之例各就其性之所近者習之有志聖賢者宜先讀宋儒義理之書留心經世者宜博觀諸史已然之迹推之詩古文詞能執一藝者即為過人之技文字音韻能精一業者俱為

有用之書凡茲舉其大綱乃爲導以先路果能剛讀經而柔讀史卽爲今與居而古與稽願學者貴盡其全功未能者且俟之他日如此銖積寸累自見富有日新而又何鶩廣而荒好博而雜之患乎夫文運與世運相維而欲文敎之興未有不從讀書始者本院自維寡薄未嘗學問自忝竊科名以後恒悚惕不安於心今復恭膺
簡命視學此邦實與同人講求讀書之日因舉夙昔所聞有志未逮者與諸生共講明而切究之諸生異日有能因博學以進乎篤行本文章而發爲經濟者則移風易俗胥有賴焉使者之榮莫大乎是矣若夫鴻博之君子則是編誠無足道有寓目者諒無誚諸

勸諭通省團練文

蓋聞無平不陂者天地之運也而有害必除者帝王之法也我粵西地處

偏隅向稱樂土況蒙
聖朝生息休養垂二百年人懷忠敬之心戶有可封之俗庶民老死不見兵革山穴之民過乘輿冠帶之客垂手侍立如嚴天吏爾日之民俗何其古樸比者乃有外來不逞之徒煽惑我鄉人籠絡我丁壯導之以殺人奪人之事而誘之以好貨好殺之心故今之名爲渠魁者無論其爲會爲盜大率非吾粵西產也雖然彼荷戟而從擔橐而走者豈皆異人哉毋亦吾鄉人動於利脅於威彼得誘之以可欲而迫之使不得不從耳夫天地之道不外順逆兩端順天者存逆天者亡聖賢所言決無不應我
朝
列聖深仁厚澤無以復加
皇上鼎命初基即曾免道光三十年以前既過奏銷民欠復於粵西被過

兵州縣分别繳綏本年錢糧凡所以體卹嚴疆者尤爲至優且渥而若輩自外生成行同豺虎貪淫殺戮獲罪於天□僞作逆肆其狂吠毀謗縣官凡厥所爲曾狗彘之不若者今試觀自古以來亦有公然作賊而能享受江山終成大業者否彼漢之黄巾張角隋之王世充單雄信唐之黄巢宋之宋江輩其人無不骨與灰飛形同煙滅而惡名被於天壤蠢婦指爲至愚豈不哀哉況彼之蜂屯蟻聚者較之黄巾張角輩其能事又相懸萬萬也夫知游魂之不可久則良民之志自堅觀衆志之可成城則守望之心愈固我鄉人素多急公好義志切同仇雖在窮居僻處之鄉俱行保甲團練之法蓋保甲所以清内姦而團練所以禦外侮無事則聲息相通嗜絶賊人覬覦之漸有事則呼吸立應可無召募徵調之煩現今群盜如毛勢方滋蔓若處處待官兵之至便時時有不保之心何如先事預防同心合

力使其聞風遠遁不敢犯我邊圉上也否則豕突而來我已整兵相待以主制客以逸待勞以義勇誅逆賊以父子之兵勦烏合之衆何敵不摧何攻不克亦上之上也夫人即不愛其鄉里未有不愛其身家但使人人存一捍衛室家妻子之心則士氣不約而自奮故一鄉有保甲團練則一鄉之賊無所容推而至於一省有保甲團練則一省之賊皆無所容矣所爭者在辦理之得其人而凡事必求其實際耳方今

聖主深憫吾粵之苦因嘉與吾民被賊蹂躪猶能舉行團練殺賊立功舉凡擒渠奮勇之紳耆皆蒙

恩破格獎勵見於

詔旨卓哉煌煌誠吾人肝腦塗地未能報其萬一而豪傑有志之士可以建功立名之日也今因逆賊尙稽

天討

特命相臣來粵視師添調皖蜀滇黔官兵俱挑勁旅復多籌餉銀源源接濟凡此議兵議食之政無非救民水火之中使之兵精餉足滅賊決無不破之理近復

特飭大中丞鄒公來撫吾粵循良幹濟之才允孚人望中丞謂今日守禦之計與將來善後之方莫如保甲團練為急現今飭諭各府州縣督率地方紳耆實力舉行我士民側聞

聖主之憂勤如彼親見中丞之號令如此有不感激奮發為國效命者豈情也哉所願俊傑識時秀良知義富者無擁護金錢之見貧者無愛惜筋力之心庶幾兩有所資團練之成更當生色如有微勞已奉中丞鈞諭地方官自當秉公持正一一上聞此外或設計招攜賊黨或用閒捆獻賊酋

果能建立奇功更無不膺懋賞即彼中有去逆就順歸命投誠在中丞體
聖主好生之德亦必寬宥自新苟能擒賊自贖便與立功無異凡此皆我
等仰承教命遠布風聲別有恭刻
上諭一編凡
皇上之軫念吾民鼓勵團練者敬謹備載我粵民覩之尤可以奮然興起
矣夫粵西者我
聖朝之土地而粵產者皆
聖朝愛養之黎民也豈容鼠輩肆其荼毒慫其蔓延者哉今若輩運窮數
極惡貫滿盈
王師所至即奏捷音所願先固藩籬爲之向導同敦誼氣敢布腹心相望
之情曷其有極

致各府紳士書

啟者竊自去夏鄭大中丞蒞任以來奏諭普行團練業將章程各件函致閤屬續據各練局函復現在辦理情形一面由地方官稟報業經中丞札派委員並總局紳士分府查辦各在案大中丞於振作團練不遺餘力以爲規模雖已從新而條件隨時增立章程行之既溥或怠玩日久潛生此中持恆經久之方貴有振作日新之法除前次頒發團練章程十四則已遵照普行外今又續定整飭團練章程八條刊板通行前當立政之始重在團以一衆心今則普成之後重在練以收實效至於變通盡利鼓舞盡神者仍聽本地官紳自爲酌裁永遠遵守之弗懈夫團練之道不外乎官民一心但使正氣盛則邪黨自衰亦必上德宣而下情乃固今既蒙大中丞諄諄以此爲務各大憲及地方公祖父臺加意振飭將來永絕盜萌長

享乂安未有不歸於我團練之得力者然善後之法條緒繁多欲求確當乎事情必貲諏咨於衆論某等忝居省局自可知無不言今特奉詢貴處地方其土俗民風若何何者爲利所當興害所當除向來錮習爲害在於何處藏伏盜根在於何所小民衣食之源何以廣開今就其切要者言之墾荒一法雍正年間巡撫李公紱行之著有成效此後久未議行或謂吾鄉地土磽瘠開不及尺便多沙礫其說信歟然則廣東湖南江西福建客民在鄉墾荒者不乏彼皆獲其利以去毋亦客民勤而土民惰歟又謂稻田必資水利今凡有水之地無不開荒餘者多高亢無水夫有水之處方可種稻穀無水之處未嘗不可種雜糧以至栽植蘿蔔薯芋等物豈必盡資水利且今之未開墾者豈盡無堪種稻田之處耶惟開墾荒田自應丈量荒地以便計口分給但地有官荒亦多土民管業何以清釐得法於民

不擾而有裨實用至搭蓋棚廠有費籽糧牛具有資始事自須官爲分給需用經費必當預籌或利多而弊少又豈得顧惜而不爲歟布帛之利徧於天下惟吾鄉所出者甚希豈真土物之不宜良由倡導之未豫査今日貴州遵義紬通行各省推原其始實自乾隆年間遵義太守劉公爲山東歷城人見黔地山桑其葉可飼山蠶與山東所產無異乃捐俸遣人至山東買取繭種雇覓蠶師廣爲教導期年有成至今利賴查山桑爲槲樹有大葉小葉之分又一種名橡樹又一種名柞樹吾鄉地氣和暖於養蠶種樹最爲得宜可仿而行之否然雇覓機師教習村民子弟自須官爲設局或於各練局之自願學習蠶桑者赴官報請自籌經費將來游手之無業可歸藉以養活多人以補農業之不足其可行歟茶者爲利最大廣西所出者多運至廣東售賣洋賈以爲奇貨可居夫茶性宜於山陂石隙粵地

多山處處可種如岑溪四鄉皆有茶廠其運至城外榕木墟售賣者每年出息不貲採茶焙茶之時養活閒人無算各處仿而行之豈非衣食之原耶此外又有害所當革者如賭廠爲藏姦招盜之媒烟販爲匪徒出沒之藪以及私賣硝磺拐帶人口者向有其區各郡地方類此積習恐亦不少其何法禁之以清盜源團練興則姦民不作往往有團練得力之處鄰境匪徒來此招馬本地無賴因有所鉗制而不敢發其盜首之歸團者亦不敢復出生事固其明效大驗也此後大股剿平各匪有悔悟自新逃亡歸業者應如何分別收錄鉗制以堅其向善之心夫物腐者蟲生而景直者表正諸君子清潔自矢正直無私不受非類之餽求永絕入團之規費則自新之民歸之如流水而戀之如樂郊矣豈非保障桑梓之盛業耶古稱設險守國吾鄉山嶺最多隨處可立關隘除業經修築卡樓照數登册具

報外今寄到册式一紙務祈照式塡寫語不嫌詳其應增設關梁徙勢兵壯者務擇其尤要者言之至生監之爲團長者禦賊捐軀業經本局具呈撫院懇請入　奏照外委例議卹蒙恩旨允准今將事實册式寄去遵照塡寫如有聯名請卹公呈應由地方官轉詳另錄一分寄本局備案如未經賊擾及曾經禦賊而生監團長未有損傷便稱吉祥盛事此項册式無庸議焉總之前所詢各條務望諸君子博採旁稽勿掉輕心勿執已見所期建白有裨於實際庶轉達不託於空言至團練原以自衛身家但使賊去民安便爲地方之福有功必錄大憲豈無眞知萬一稍有遺漏本地公正紳耆團長自當上聞如紛紛聯名請獎遞禀爭功此則近於挾求殊失辦團自衛之本意此外關涉地方官聲名事迹及他項詞訟案件與團練善後兩層無涉者便可不必形諸紙

墨旣非居是邦之義亦忘農有畔之嵗想諸君子必能深維至計宏此遠謨副大憲虛懷求治之心答某等諮善爲謀之願此啟

經德堂文別集下

南槎吟草

南槎唫草

玉堂天上秋生旌節之花銅鼓山邊夜燭珊瑚之網惟文章得山川爲助而烟霞與英蕩相輝是宜衡尺手提珠璣口吐釆奇律於滄海穆清風於輶軒然而陸賈歸裝但詫千金之槖張騫奉使未題八月之槎非備大夫之九能罕獲小雅之五善同年翰臣殿撰表奇孅辰擢第鼎盛本桂林一枝之秀作蓬萊絕頂之人固已日影步花露華分草紅杏錫尚書寵號金蓮照學士歸來詩催成而鉢乍敲賦傳抄而紙爭貴甲辰恩科銜

命典試東粵是役也行路萬八千里閱時百九十日月中
桂樹芳隨問俗之軺嶺上梅花香送還朝之節占使星之
出則律紀林鐘釋來雪之思則聲歡臘鼓發燕昭黃金之
臺訪劉鋹碧玉之阯弦歌文學行來鄒魯之郊襟帶江湖
身到滕王之閣風沈宵柝而雞鳴戒塗日薄西山而馬首
倦路飛蓋倚棹騰岑降深迫歲月以駪征極川原之遐矚
於是發揮五色旁招三辰杜少陵之野館春帆權德輿之
瑤琴星傳僕夫負弩先投古錦之囊候吏修垣解護籠紗

之字謠詠閒作烟墨横飛景有觸而即鳴境無接而不繪葉飄鎖院無忘昔日之心圖進監門願作豐年之頌素馨感物繁華增喟於玉鉤曲江瞻禮英靈有懷乎金鑑詞藻覘其利濟毫素𢛣其襟靈歸效皋颺

天子爲之前席出宣聃史太師於以陳詩爰裒篇什題曰南槎非僅袖挹爐香誇瀛洲之十八聲探鈴索譜風月之三千已也鼎 苕岑同心鸞鳳接翅攬越臺之勝衡鑒盌襄聯韶石之舟笙鏞共聽豈意風塵之走獲覩霓裳之音用綴

弁言自忘簡陋至其陶冶萬態噓翕眾妙比律長城導源
積石開府新而參軍逸太康英而元嘉雄陽雪徵歌非下
里所敢抗墜纂組合錦豈常杼所能經綸識者辨之言可
略也道光二十有四年十月齊年生思唐王銘鼎謹序

題辭

貴州　王銘鼎　恭三

得讀南槎集眞推第一仙時方重經濟才已溢詩篇結習爭餘事興懷抗昔賢此行殊陸賈山水化雲煙

石埭　沈衍慶　槐卿

鰲頂啣　恩詔乘槎南海來珍羅珊網瀾浪擁筆花開舟楫匡時略文章大雅才風塵逢上客登岸許追陪同舟送至鷺洲書院

題辭

番禺　張維屏　南山

去歲星槎嶺外浮新詩傳唱海天秋八千里路多名勝大筆淋漓一卷收

星使兩賢詩兩集何根雲太僕有集杜詩各開生面不從同裁雲修月皆能事妙手由來似化工

一曲霓裳冠衆仙手提玉尺到南天頑仙也有游仙曲要與眞仙結墨緣僕有游仙詞三十首蓉石比部和之刻之今讀集中惠詩始知有求題之事

八桂峯巒天下奇憶曾探勝每留詩知君不少驚人句欲
覩瑤篇互證之桂林山奇甲天下君里居必有佳什
極欲先覩爲快并以拙詩就正也

題辭

番禺　梁信芳薌甫

墨妙淵雲未易才軺車驛路興悠哉高吟莫訝探星斗曾
踏蓬山頂上來
文雄領隊又詩雄欲起韓蘇振古風一卷南槎當採訪恬
熙寫入蕩平中
憐才心苦已探驪學海尋津慶得師猶喜玉堂添著作清
風歸去一囊詩

題辭

番禺　陳其錕　棠谿

善眼仙人駕紫騮采詩持節到南州攜來五色支機石不
負星槎萬里遊

探得驪珠敵夜光斗邊龍氣辨精芒已傳文字金針度更
把河山玉尺量

雨雪官程柳萬絲水郵山驛遍題詩要留四牡皇華句記
取千蠶食葉時

翰林風月百篇新洗盡鉛華見性眞好與玉堂添故事一
官一集繼王筠

南海　譚瑩玉生

無雙綵筆本飛騰況值星槎得意乘仙蝶文章同絢爛嶺
梅標格鬥崚嶒詩成畫馬黃山谷集著驂鸞范致能
輦轂敦槃知不讓有人膜拜待傳燈

題辭

槎泛天南使鰲山頂上來自攜燕許筆共仰漢唐才清興同何遜謂根雲太僕使粵吟高吟到越臺雙流原一脈八桂指蓬萊

香山　鮑　俊逸卿

綵筆從天降南槎嶺外編鑑衡珠海月冠冕玉堂仙銜節山川記籠紗文字緣歸裝何所壓珍重錦囊篇

番禺　梁國瑚筆珊

題辭　南槎合草　五

國家重典試之臣固欲其具精鑒得實才抑浮華絶請謁
盡心考校刻意關防而德教之隆汚山川之險易采風問
俗課雨量晴
九重之耳目寄焉兆姓之身家繫焉任至鉅也
恩宜渥也甲辰省試我翰臣夫子銜
命粵東其衡才之當革弊之嚴耳謀者載在口碑身受者
銘之心版賦闈中即事八首流傳達乎遐邇好寫徧乎東
南人盡孤寒地仍辛苦賢良擢進風化轉移物望交推人

言無間己而星軺之所涖玉節之所經弔古懷人撫時感
事貞淫並錄水旱必書復得南槎吟草一卷瑩受而讀之
而竊歎其用之宏也材之裕也夫野橘秋荷之作春蠶鬬
蟻之吟各負盛名爭傳佳話亦祇如其常分偶爾寄其閒
情卽謂趙北燕南雪來柳往卜晝侵星之句模山笵水之
才直到古人無慙作者猶然餘事孰見本原夫子丰神特
異溫飽俱忘無忝科名原期忠孝
帝心特簡民瘼勤求聚落誰圖道里悉記出行所作類集

歌謠入
告之言宛同謨訓眞得大臣之體丞宜秘閣之藏漢問事
以六條唐省風以五術采訪者十道安撫者六州夫子殆
兼之矣又況湊泊天然專集杜陵之句謂根雲夫子使粤吟高寒地
接均同玉局之忱他日丹地並趨黃扉共拜十聯詩寫一
品集成彌搜淵陸軼材同豔門牆盛事至若根柢之深杼
軸之妙當今無輩與古維新寸心自知有目共賞無庸贅
己乙巳冬十月受業南海譚瑩頓首謹跋

南槎吟草

臨桂龍啟瑞輯五

出都門作

積雨逢初晴郊原澹溽暑草木含新意快如目未覩夙昔西山色延望在庭戸逶迤沿其麓石髮紛可數林開霽色見峯淨雲容吐洗滌及蓊蔚陶汰盡塵土晝長蜩始鳴晚熱蚊猶聚但恐泥濘去炎歊失和煦念彼僕夫勞喘吁氣如縷輿蓋吾何傷筋力爾亦苦王事有程期遲速難自主

還應烈日暴少勝陰霾阻清風何處覓作詩聊慰汝

過河間獻王墓

嬴氏愚黔首羣經遂遭燔菽粟委塵壤聖道不復尊炎漢挈天綱六籍光幽昏王生際平世介圭列雄藩華縟厭玉食寵榮遺金昆懿彼先聖言寶之逾瑤璠皇皇日華宮文士供駿奔掇拾灰燼餘刮磨如彝鐏維時周禮經成書貢天闕大哉聖人道朗若扶桑暾廣川產鉅儒王實開其源吾門有傳法功與十子論如何千載下籩俎不復存我來

重憑弔坏土餘荒墩鬱鬱松柏樹青青拱墓門石馬雖已折佳氣被無垠斯文其在茲來者永勿諼

沙堤行

君不見道旁沙堤白皚皚凍雪融盡無纖埃春雨一洗十丈裂砯崖轉石聲轟豗行人失足易傾跌策馬欲進終徘徊乃知易築旋復潰古來金堤安在哉

道旁見田家二首

余生在廛市未爲郊壠行賴於客旅間得知田野情稍能

辨菽麥兼喜問雨晴茲役維仲夏原隰騰炎精二麥已登場文雉驕不鳴高粱及晚稻薿薿含金英瓜田繁紫芋翠葉紛縱橫朝陽擢寸穗夕露抽尺莖時見野老來荷鋤如春耕問之何其然辛苦歲有成田家婦子閒城市尠所營耕饁得自盡飽此粥與羹用以勞筋力行與壽考并豈如彭澤翁尚以善自名對此私用愧吾亦拙謀生

憶昨出都門禾黍青離離漸入齊魯郊穎栗紛葳蕤及茲過淮泗壓隴黃雲垂感彼華實異始覺經旬時旬時尚云

爾歲月亦如斯嚴律轉孟冬茅屋迎朝曦新糧已入甕陳粟亦在炊遙知此物候正我歸來期今年雨暘調高下恰相宜時哉及秋穫場圃築毋遲歸來當賀汝爲汝歌京坻驛路多好花紅紫紛高枝時物易變換我行胡逶蛇但使慶有年餘事安足知

東阿道中

碧嶂參天影四圍松林一徑破煙霏朝行石磴看雲上暮入山橋送雨歸景物漸宜鄒魯近峯巒欲認楚黔非乘槎

更有滇南客謂根雲前輩 棖觸鄉心十載違

固鎮題何氏別墅

妙得林亭趣簷楹廠更幽疎花微見日高樹遠含秋隱几山光接開軒樹色浮征途苦塵土爲爾一遲留

渡淮時中牟大工未竣黃水迸入於淮書所見作

爲問長淮水頻年更若何舊流歸海疾新漲近城多自可吞羣派焉能受九河會當分濁浪還爾舊時波

盧州

我行廬州夏六月火雲燒空四山熱旱禾刈盡晚禾枯老
農踏車汗流血開渠引泉亦何濟昨日有水今日竭行人
下馬騶亭裏一飲清泉冰到齒問之致此路幾何云自村
南十餘里憶從兩月皆大旱近井泥乾無滴水淮北諸邑
地苦低春漲灌田田成溪淮南諸州亦沃衍黃流泛溢侵
畦畎是邦形勢占高原南來坡坨似陟巘餘波不及未足
倖亢陽偶遇知難免深山旱魃胡跳梁平地蛟龍易偃蹇
我今作詩爲汝告要與赤子蘇殘喘夜來涼雨飛高松雷

聲隱隱東南峯嗟爾民兮愼勿苦擊鼓吹笙報田祖

新晴行山澗作

川原新雨後驅馬復行行日薄數山影天空一鳥聲遠林散煩燠曲澗洗幽清獨有芙蓉渚遙遙芳草情

晚宿店埠

客途苦炎熱征輿困息偃行行日已暮詰屈下山阪喧聲鳥雀散暝色牛羊返繽紛古澗藤歷亂幽花晚隱隱聞輕雷迢迢隔雲巘欲宿投何處野闊人家遠華燈照古驛蒼

苔閉深苑蕭然一雨來清風動羅幃離懷度長夜欲寐側復反長路無書札何人問餐飯

大峽關

入山天冥冥出山風泠泠出山入山各異態平原芳草長青青千巖萬壑不知數何年琢就蒼玉屏長松百尺誰所種一一偃蓋皆龍形深林雲日含變幻騰躍光怪藏精靈峯頭積霧晝疑雨髣髴尚帶龍涎腥石滑但愁行旅過徑仄或恐猿猱經道旁野藤花歷落含芳馨老鴉銜子種巖

谷霜根蟠結餘千齡一翁買茶貌何古終日宴坐惟茅亭
鶴髮非僊亦非隱得毋內視存黃庭我生日夕在塵世勞
勞軒蓋何時停他年待訪赤松子有緣無慮雲巖扃

桐城

桐城山色遠連天萬疊嵐光落馬前幽澗藏花迷野寺小
橋通竹隱人煙秋藤處處青圍屋晚稻村村綠滿田惆悵
簡書多促迫未能佳處便流連

黃梅江漲以舟濟五十里阻風不得行榜人進香稻

白魚甚美詩以紀之

陸行更乘舟放眼輒一快方覺五十里所見未爲大孰知片帆發適與飄風會停舟燚不前小憩猶可耐日午饑腸動筋力稍覺憊水村遠城郭欲市苦無賣舟人大解事壺餐具不戒玉粒淨可數銀絲細堪膾精鑿去糠粃鮮潔謝葱芥食罷思更索老饞無乃太行廚致珍膳圖飽難一嘬豈知眞味存美在芻豢外吾鄉近澤國魚稻家風最他年瀨水旁蓑笠尚足賴此飯未可忘何地償能再

題潯陽驛館

南渡悠悠天塹長郵亭駐馬立蒼茫閒門有路侵幽草高閣無人送夕陽江到湓城聲漸大秋來彭蠡氣先涼琵琶消歇誰堪問獨向風前一引觴

過廬山遊東林寺

我從江北來已見匡廬峯天門晃蕩射初日赤霞照耀金芙蓉渡江覿面無咫尺秀爽使我清塵胸潯陽旅舍偶一駐夢想勝槩精魂通山靈爲我助清興曉行未遣頑雲封

老松蕭蕭俛絶壁石徑獵獵驅長風千巖萬壑不可計攀陟有願知難窮不知香爐之峯在何許但見往來雲氣飛冥濛羣峯負地皆湧出靈鼉掉海羣魚從鱗甲之而了難辨巨脊突兀撑青空我疑鴻荒渾沌誰所鑿得毋神工鬼斧精磨礲萬年元氣老不死出沒光怪含清雄天台雁蕩果何似未知奇奥當誰同遠公蓮社有遺蹟小憩一一稽靈蹤老僧爲我指林岫辨别名字分南東開先棲賢俱不到雖有二勝無由逢（東坡先生有廬山二勝詩）我生日在山水窟當門

桂嶺青蘢葱探奇往往薄目見浪説泰岱誇衡嵩兹山之遊十日耳倉卒未得擕枯笻乃知人生侈遊覽及其既至心轉慵却尋驛路滿斜日陂陀掩映林光紅歸來應更山下宿待識眞面難匆匆

石耳峯 在通遠驛乃廬山西南麓也

兹山乃神駿翕雲欲上馳雙尖插霄漢峻削如竹批北望遠公臺浩落長風吹馱經來聽講幻化歸無期

曉發

宵柝遞急響晨關啓嚴扃僕夫趣我駕吏卒候郵亭披衣攬帷幕曉色辨窗櫺斗室貯虛白樺燭光猶熒危檐挂殘月破壁見疎星主人治離筵桂盞傾綠醽對此不能飲馳心入郊坰郊坰滿初日雙旌鳴和鈴霏微草露溼繚亂林花馨飛蓋上長坂仰視天杳冥寓目有奇賞躡足無昔經朝逐繖御返夕共羲轡停寄語林棲子無爲嗤勞形

偶作

鄉愚尠知識未見輒疑怪高軒偶一駐比鄰鬧若沸癡騃

突不避老弱走相會攀緣壓牆壁塡擁礙旌旆鼠伏或幽隱狙伺極狡獪環覷如得雋竦立若預誡後至意猶歉先覩心始快姑姊互奔告童稚猶跪拜嘤咿作村語私議不敢大我行朝至暮筋骸甚矣憊安能及此暇觀聽困若輩呵叱誠已過驅除苦無奈方慙居處便笑嚬不自愛

東軒

瑞州府試院左側蘇文定監筠州酒稅時所築

幽軒下夕陽庭宇森衆綠古人遊息地遺芬在卉木卉木豈昔栽沿砌補修竹牆東李與桃嫩葉青蔌蔌緗昔次公

賢官小志不辱抽閒簿領餘退息兹焉足阿兄黃州來十日假休沐依依老兄弟握手話幽獨蕭瑟夜雨涼黯淡寒燈續室有犀角兒詩句清如玉傳家賴汝賢歸計可預卜爲指夙昔心信美嵩山麓兹軒特寄耳鴻瓜驗芳躅我來風雨夜更翦窗前燭空庭悄無人影動花枝簇新詩猶可繼古道那能復惟有檐間月曾照對牀宿

明珠篇

明珠棄道旁光耀人不識賈客東海來見之三歎息世人

浪說明月璣肉眼安知魚目非石家百琲矜言富唐宮一斛空爾爲漢皐煙草斜日暮仙子淩風去不顧由來交甫未識眞棄言祇恨江妃誤千年寶氣在江干化作芳蘭綴秋露潭邊昨夜老蛟鳴深林月黑飛鼉精白蚌潛波玉蟾沒萬里秋空無復明始知奇寶在人世鬼物震盪天神驚古來荆山之璧和氏斯得豐城之劔雷煥是測噫珠兮珠兮我能拔爾出泥中置爾光明之桂宮使爾劔珮相磨礲但恐宵來望氣驚驪龍風雷攫去迷無蹤我欲拂拭將安

從

發萬安行山溪作

遠山延空青近壑俯寒綠縈紆一石徑細如腸在腹清陰
古檜蟠奇氣蒼松鬱幽花每倒垂怪石故斜出平皋露野
田晚稻青蔹蔹時見遠人村環繞山之麓牆頭引瓜蔓門
外補脩竹下有雙板橋溪流瀉寒玉我來乘清曉佳氣滿
巖谷天風吹雨雲前後互相逐村雞破午啼煙散聲喔喔
賞心極清曠引興在幽曲一覽焉可窮十日良未足樂哉

此清景游蹤謝樵牧

道中雜詩

路轉山溪深復深何年古寺陰沈沈老僧飯飽鐘磬寂門外野風吹竹林

天際黑雲掃不開山風吹雨撲人來馬頭忽訝數峯失村女田中收麥回

曉行卽景

江頭夜雨新漲闊秧田放水聲活活十里桔槔靜不鳴入

耳聾蛙強喧聒嶺頭黄日高三丈馬首紅雲低一抹山翁
汲水烹苦茗道旁誰解行子渴

大庾嶺謁張曲江祠

東山西山雲氣濛馬前忽見青蘢葱不知梅關突兀在何
許絶頂尚有人煙通贑南諸山顔盡赭奔走荒原亂如馬
天教留此作崇墉瘴煙隔斷蒼梧野曲江相國命世英作
事能使山神驚不然螺旋曲磴二百里炎荒萬里無人行
桄榔葉密天欲雨古寺空垣走饑鼠一代宗臣濟世心千

年祠廟荒山主廟前梅花三百株花時氣壓蠻雲粗相公
風度猶想見令人不憶孤山逋南來奉使六千里眼見雲
山幾如此攀崖緣壁不須驚嶺南風物故鄉情歸時正及
南枝發待向祠堂餐玉英

南雄江上

遠水蒼茫一葉舟乘槎眞作海南遊綠橙過雨香初透丹
荔含霜晚未收極浦蛟龍潛永夜深山鸞鶴起高秋南來
欲問戈船事畫角西風滿舵樓

夜泛

近水急如箭遥山去若浮祇應明月影不共大江流

觀音巖在英德縣

峭壁遏奔流屹若千仞鐵何年六丁斧斫此一線裂驚移老狖巢走避潛蛟穴龍宮浮羣木湧現金銀闕上絡天梯通下懸地維絶中有長明燈萬刧光不滅我挐小舟來探彼雲水窟初若虛牝投漸覺幽扉開秉燭造深迴緣磴趨㧞折軒豁見禪堂下憩忘盛熱石壁本天成潦倒古碑碣

卻觀窗楹外遠揖三峯列更上古佛龕隨山露凹凸當檐
滴石乳幾瓣青蓮綴欲墮不墮時狀若箕噏舌靈境吁可
畏幽芳猝難擷下巖理歸棹靜聽迴湍咽頗聞水月觀在巖
西北與此風景別惜哉咫尺地欲往不敢決迴首巖間樓但
見香篆結夜來孤枕上鐘聲盪斜月茫茫煙水際清夢不
可越曉風吹片帆妙想參寥泬

舟夜寄懷

河漢無聲夜自流西風獵獵送行舟⿰去咼來遠渚思鴻雁却

憶深宵話女牛好夢易圓滄海月微霜新警薊門秋封侯嶺表平生志肯爲乘槎悵遠遊

峽山寺 在清遠縣

昨遊觀音巖已識峽山寺朝來鼓枻往腳健意頗銳仰觀衆山合似東奔流勢石根浸沈絲倒插疑無地突見金碧宮聳若淩雲氣捨舟入寺門老衲拱而待西堂引客坐軒豁掃塵翳長風捲江流俯視心轉悸是爲凝碧灣妙語坡公記西北循曲磴歲久蒼蘚膩捫壁見古藤石鏽霜根刺

上連老杉栝雲日互虧蔽何處大聲發颯然風雨至飛沫濺巖壑餘潤侵衫袂巖間瀑布落奔驥猛難制僧言此泉好佛土資灌溉引澗通山廚何用餅罌致亭前烹苦茗甘冽快一試盤姍復再上山半得小憩松陰覆石床側度清風細似遊太虛境聆此鸞鳳吹却觀古飛來縹緲青林際遙遙帝子居白晝巖扉閉仙蹟縱難尋半塗安敢棄淩虛造幽迥取徑愈深邃參差玉宇出燦爛丹霞被何年舒州來飄若流星墜壁間古碑碣詎有六朝字相傳寺於梁時自舒州飛來有

神人夜叩眞俊禪師語其事茲山神仙宅頗具煙霞祕老僧一何愚荒怪託山魅轉令二禺祠千載失位置二禺祠乃祀黃帝二子者寺址實帝子修道處今寺僧建佛像於中而移二禺祠於山麓失其本矣更聞歸猿洞遺事尤詭異仙人久不出山徑亦蕪穢我欲窮其勝餘勇賈難繼逡巡赴歸途力倦時恐躓回觀舊遊處一一雲煙逝東行逕禪房南與高峯對肅肅古房顏渺渺空遙企微陰連暝色江樹動蒼翠歸船猶惝恍清境入夢寐

歸猿洞世傳孫恪袁氏事即此

幾日脩眞隱石關暫時游戲向人間曾隨帝子偷丹訣又向高僧返玉環別後蘼蕪怨遙夜歸來鸞鶴嘯空山即今洞口蒼雲滿採藥靈峯還未還

三水縣

南匯三江翠嶂連浮家初見蛋人船寒流夜漲潮通海急雨秋來霧滿天林際酒香椰子熟嶺頭日落荔枝然西來已飲吾鄉水欲見雙魚何處邊

三十六江樓 在三水以三十六水滙於下故名

卌六江流勢盡呑危樓過雨瘴煙昏估船不待西風起直趁歸潮到海門

花田 廣州城西南十里南漢劉鋹宮人名素馨者居此歿卽葬焉素馨較他處更盛

廣州城南香作國千載靈洲瘞芳魄五更晴絮吹曉風滴粉搓香萬株色芳華苑裏花無主豔桃穠李爭相語蓉城窈窕瑤英家玳瑁爲粱珠作戸誰知原是此花身陌上歸來暗惹塵金燭銀屏雙照影玉顏珠字兩宜春宜春別苑仙人住畢竟芳名被花誤紅雲夜宴綺羅新碧月秋郊煙

草暮昔年名花變香骨十里幽馨黯不發至今香骨還作
花素豔娟娟弄秋月樓船簫鼓付滄波南漢繁華掣電過
何似停橈江上路清芬還比舊時多

闈中即事八首

棱閱殷勤帀月期西風香滿桂林枝寶山獻璞何嫌早濁
水求珠豈厭遲五色漫迷開卷後一鐙猶憶讀書時十年
辛苦分明在敢道今朝便不知瑞四入鄉試五赴禮闈中間辛苦場屋蓋十六年矣
木天偉望幸追陪袞袞羣公未易才謂根雲前輩及同事諸君子文字

夙緣千里合海山晴色一堂開願移明鏡當空照會有珊
瑚入網來知否青袍門外望五雲高處羨蓬萊
馳騾文壇大合圍回恩往事與遄飛健兒百戰年方壯同
學諸人賤者稀誰向崆峒倚長劍更隨時世換新衣近來
會否飜花樣獨覓窗前舊錦機
暗決朱衣計已迂平生不受古人愚早經雲海淘沙礫深
恐璠璵間碔砆文士苦心從見此矮簷風景記來無可憐
踏徧槐花路半世升沈定一夫

百粵巖疆啓尉佗山川靈秀近如何風流丞相梅花嶺文教昌黎荔子歌遠物豈惟珠玉貴良材應望杞楠多相期力挽文河水洗盡滔滔瘴海波

牝牡驪黃到眼眞敢言伯樂是前身玉如可琢無妨玷錦不成衣未足珍每念文章關氣運肯教英傑老風塵祝他白屋青鐙客平步丹梯志早伸

憶昨新乘使者軺風雲萬里護征鑣茲遊幸得江山助迴首方知道路遙驛館頻仍官膳致行囊豐渥

帝恩邀（向例試差準給盤費）不知鎮日冥搜裏可有忠良答

聖朝

瑣闈忽忽已秋深試事將闌歲月侵海國煙波游子夢（家大人遠宦浙中未得便道往省）河梁風露使臣心雲梭已織登科記月府新成下里吟待寫情懷莫匆促鴻泥他日重知音

瀕行諸生餞於花埭（即花田）賦此誌別

是邦豈吾土小住已彌月諸生四方志行將赴京闕聚散詎有常跬步視燕粵胡為一樽酒意等灞陵別憶昨歌鹿

鳴上座余幸竊峩峩青袍彥濟濟在行列大僚走相賀茲榜盡時傑執贄至階下覿面始親切會城賓客衆典謁無時輟倉卒問行第座席不得熱今朝喜再晤姓字猶恍惚深秋鴻雁來嶺路梅花發悠悠行子心劍氣衝霜雪長安壯游地城西盛簪笏策蹇儻肯來問字尚能說茲行勿相送來日多於髮

黃生子璣績學士辛苦三十年唐生承恩耿介者囊中無一錢譚生瑩實奇傑文字富千篇我觀諸子中莫如三子

賢覿面始一再衆美知難全我才實粗疎忝此一飯先常恐志節墮科名重無緣諸生始得舉視此若登天孰知造其途有如尋常然名至實不充戰慄時恐顛人生祗百歲時事多變遷當世尙無述來者何由傳勉矣千秋業毋爲虛名牽

茲地號花田種花如種穀耕耘所不事利可專菽粟想當南漢時佳麗侈金谷珠樓連道左畫舫張羅縠香風捲地來紅翠紛欻欻憶昨承平久闤闠頗豐足笙歌夜成市燈

火照華屋天道本惡盈何當縱人欲比年海氛肆繁盛非
始俶招禍固有由此理幽可燭諸生念桑梓訏謨想預蓄
寂寂煙月地風景何由復他日論時事夜坐應更僕

今年秋典試羊城撤棘後疲於應接知有詩人張南
山先生而未暇一訪挂帆後悵然久之舟過清遠
峽遇王恭三明府同年手游仙唱和詞一卷見示
蓋先生首唱而黃蓉石比部和之者恭三且曰子
盍題詞亦南山老人之意也余與先生無邂逅之

緣而來意殷拳若此豈以余爲詩人者流歟抑先
生好善之誠固有不可及者已因勉成七絶四首
寄呈雅教

織就登科記一篇匆匆忘訪老張仙誰知卅曲鈞天夢觸
動靈心五百年

玉詔分茅佐紫宸碧桃花底過千春雲端一笑君知否綺
語消除現在身

絶調初平有繼聲泠泠鳳管和鸞笙霓裳舊譜分明記暫

欲拈毫怯未成

碧宇飆詞唱夜闌紅雲遮海曙光寒人間不敢尋常讀歸去瓊宮洗眼看

舟中雜詠

海珠城上海珠浮十五娃兒解放舟船裏織將花絡買也應勝作石城遊

曉樹陰森帶露腴荔枝灣裏翠縈紆祇應未識楊妃面羸得芳華南漢苑名十萬株

三江口外織風梭圓樣輕浮穩似螺草長斷汊人不識往
來應是蛋船多
韶石江頭尚觱然泠泠風起誤鳴絃峯名在英德南誰知寶瑟淒
涼曲輸與衡湘一派煙
中宿峽中潮水來潮來經宿復潮回於今江上潮無信野
老山葱任意栽
海表功名孰破荒風流人羡曲江張嶺頭尚有祠堂在消
受梅花是鐵腸

中宿峽

雙峽闢山門滄江勢盡吞鳥呼黃葉下猿去白雲存古刹
餘鐘響秋江落漲痕山僧知許事採藥自朝昏

補遊水月觀

游山不盡山意如索逋負豈必所歷勝懷疑終欲剖昨來
觀音巖石洞祕深黝沈陰壓虛殿驚視不敢久頗聞茲觀
殊軒敞出其右覿面不一到既往吾則咎北歸纔兩月巖
扉幸得扣小舟接石磴仰面見窗牖拂衣識水蕉納屨辨

山韭虛堂鑑江色高潔不容垢岸前諸峯環肅立若頫首長呼盡煙霞高據失培塿壁間蒼霧出丹崖塞其後古藤纏石罅一一皆瓊玖茲地實奇特與巖爲先後吾欲書磨崖光怪字如斗來者愼勿笑靈字神所守

秋懷四首

夜深江月照人寒淼淼煙波水國寬昨見曉風披綠葦近傳宵露溼紅蘭西窗舊約論刀尺南浦秋心怯綺紈欲賦離情且拋卻嶺雲原不見長安

我有　高堂浙海濱一家分作宦遊人暫勞定省惟諸妹
且喜康彊未老親望遠豈無烏鳥思懷歸應畏簡書頻近
聞澤國安魚鼈萬里馳驅慰此身
瀟湘驛路洞庭舟十載重湖感舊游書授伏生誰惜老謂黃
虎癡學博詩成平子但工愁謂張哲堂茂才未看別後書盈篋可憶登
餘月滿樓欲向西風問消息澧蘭沅芷不勝秋
西江源自桂林分曉日猿聲嶺上聞斥堠遠連番長國樓
船空憶伏波軍荒荒瘴霧迴炎海渺渺知交隔暮雲猶喜

故園無恙在晚來松菊自繽紛

喜遇王恭三同年至韶關又言別賦此以贈

客舟岑寂甚相見爲顔開芳草秋前盡碧雲天外來江月迎詩舫燈花照酒盃早知行客意度嶺首重回

晚望

茅屋欹斜野老莊數叢秋柳抱寒塘夕陽一片疏紅影知道前溪夜有霜

尋常一樣江頭月照作秋光分外寒酒後花前等閒事未

應留向客中看

十八灘

贛江之水利如鐵觸石爭撞勢將折奔流劃轉怒有聲三尺雪浪將舟齧何人鑿就十八灘江心巨石紛簇攢至今此險滅不得坐使長年生愁歎我來積雨添新漲石角嵯岈沒高浪中流迴轉作盤渦舟人指視猶惆悵北望江海深復深老鴉嘑徹古榕陰造物設險蓋有意對此可鍊行人心蘇子南來說惶恐壯志消磨詎爲勇我今海上攜明

珠光耀足使江神趨夜來寶氣徹幽都風前莫怪灘聲粗
然犀相照非吾徒

泰和大令沈槐卿同年衍慶泛舟相送至廬陵賦此
以贈

與子遠離別掉舟相送徐莫言一日聚終勝數行書中澤
苦鴻雁長江多鯉魚近聞書下考守拙意何如
連日北風起天涯將歲寒滄江向晚急遠樹入雲團客久
思歸切宵長話別難明春桃李月相憶在長安

滕王閣

千秋江上滕王閣不朽文章信有之勝蹟祗今猶在眼才人到此始伸眉兩言眞景工難匹萬里長風會豈遲帝子英靈還撫掌雕欄終古似當時

過黃梅紀所見作

淼淼長江北孤城舊日經凍來山更綠雪後草終青泉木餘生意羣峯儼畫屏沙明去鳥蹟堤起伏龍形曉霧冰花坼朝陽露葉醒萊畦寒轉茁菊圃晚猶零走馬莎痕亂多

魚水氣腥浮家依短棹寄跡等飄萍稚子窺牆立鄰翁擁壁聽故衣形黯淡窄巷影伶仃憶昨車初過洪湖漲正渟頗勞具舟楫何處覓郊坰漁網蒙高閣篝車掛遠汀殷勤問疾苦飄泊閔生靈歲晚災方澹槎回馭暫停隴添新版築田認舊畦町種麥秧初翦編茅戶不扃雞豚爭竈急瓜果壓天冥撲被投荒店披衣上短亭早餐人二鬴薄醉酒雙缾俯仰關民命周游感使星生涯憐細碎肉食忝芳馨願附輶軒採歸陳

黼座銘隆康惟樂歲長此頌
堯齡

余於辛丑歲請假南歸同行爲蘇君虛谷旅館對牀
征車把襼唱酬自適商訂多資良時難得計相距
已三年餘矣追思我友悵然久之

每憶吾鄉蘇季子朗吟佳句挾飛仙秋風匹馬看山出暮
雨荒村對榻眠歲晚幾囘驚遠夢夜寒何處聳吟肩行囊
無恙花箋在惆悵天涯月正圓

大雪憶庾嶺梅花

我昨大庾江上住，夜夢梅花向我語。朝來特遣一枝開，好將春色過江去。披衣起拜丞相祠，靈旗晝卷風絲絲。國香忽放四五朵，始信山靈不吾欺。摩挲古碣時偶耳，過眼已失千瓊枝。十八灘頭坐三板，深林月出鳴鳶鴟。是時天氣已十月，楓葉黯澹如凝脂。滕王閣下舍舟去，凍雲黑壓江之湄。更來石耳峯下宿，大風拔木沙揚箕。嚴寒到枕錦衾薄，燈燭無暈青光微。玉龍脫甲知幾許，凜慄未敢窗中窺曉看廬阜在何處但見白波萬頃堆琉璃卻憶百株嶺南北風前十日過花期疎林欲迷皓月影冷豔自濯澄江漪歲寒千里豈有異遙想玉肩團冰肌青裙縞袂不可見魂夢欲到空山陂眼前茲景縱奇絕惜少瑤蕊飛參差南來驛使好問訊玉妃有約應相思明日渡江踏晴雪又對江城悵離別

省城西湖街效文堂刊刷